... und kein bisschen müde!

Reformation in Hombrechtikon, Stäfa und Männedorf:
damals – heute – morgen

TVZ

... und kein bisschen müde!

Reformation in Hombrechtikon, Stäfa und Männedorf: damals – heute – morgen

Im Auftrag der reformierten Kirchgemeinden Hombrechtikon, Stäfa und Männedorf
herausgegeben von Arnold Egli, Ueli Flachsmann, Martin Gabathuler, Monika Götte und Achim Kuhn

TVZ
Theologischer Verlag Zürich

Der Theologische Verlag Zürich wird vom Bundesamt für Kultur mit einem Strukturbeitrag für die Jahre 2019–2020 unterstützt.

Bibliografische Informationen der Deutschen Nationalbibliothek
Die Deutsche Nationalbibliothek verzeichnet diese Publikation in der Deutschen Nationalbibliografie; detaillierte bibliografische Daten sind unter http://dnb.dnb.de abrufbar.

Umschlaggestaltung, Satz und Layout
Mario Moths, Marl
Unter Verwendung einer Illustration von Raphael Roll: Huldrych Zwingli, der schweizerische reformatorische «Superheld» mit dem «R» auf dem Rücken, steht vor den drei Kirchen Männedorf, Stäfa und Hombrechtikon. Damals, ab 1519, kam die von ihm angestossene Reformation auch in die Gegend am oberen Zürichsee.

Druck
Rosch Buch GmbH, Schesslitz

ISBN 978-3-290-18200-7

www.tvz-verlag.ch

INHALT

500 JAHRE REFORMATION AM OBEREN ZÜRICHSEE UND KEIN BISSCHEN MÜDE

Totgeschriebene leben länger: Immer wieder auf die grossen Festtage hin publiziert die Tagespresse lange Leitartikel mit Abgesängen auf die Reformierten, immer im gleichen Tenor: die Reformierten werden älter, weniger und ärmer und ihre Kirchen sind leer. Das ist alles nicht ganz falsch, aber doch sehr pauschal. Das war nicht immer so, aber auch nicht immer ganz anders. Immerhin sind erst ein paar Jahrzehnte verflossen, seit die Reformierten in Zürich und auf dem Land die grosse Mehrheit in der Zivilgesellschaft bilden. Und was die leeren Kirchen anbelangt, so kommen Sie doch einmal nach Stäfa, Männedorf oder Hombrechtikon. Sie treffen nicht immer volle Kirchen an, aber im Schnitt sehr gut besuchte.

Seit 500 Jahren gibt es sie schon, die «Zeiterscheinung», wie die reformierten Christen einmal vor nicht allzu langer Zeit von einem zeitgenössischen katholischen Bischof etwas herablassend und wenig zukunftsorientiert bezeichnet wurden, weil er mit ihnen nicht über Ökumene diskutieren wollte.

Noch ein Buch zur Reformation, noch ein Anlass zum grossen 500-jährigen Jubiläum, werden Sie als geneigte Leserin oder geneigter Leser denken. Das haben wir uns auch gefragt. Und, Sie haben natürlich nicht Unrecht. Denn es sind ja bereits viele Schriften erschienen. Weitere werden noch dazu kommen. Viele handeln mit grösster Selbstverständlichkeit von Luther, Zwingli & Co. Ihre Geschichte wird in grosser Detailtreue akribisch nachgezeichnet. Aber eben nur ihre. Wenn viele Freunde der Reformationsanführer auf dem Land nicht mitgezogen hätten, wäre der Erfolg der Reformation wohl etwas bescheidener ausgefallen oder sie hätte sich gar nicht erst zu heutiger Bedeutung entwickeln können. Davon will die vorliegende Schrift zeugen: Davon, dass einige Gemeinden am Zürichsee von Anfang an mitgezogen haben.

Die 500-jährige Geschichte der Reformierten ist wechselvoll. Sie und ihre Zeitgenossen der Zivilgesellschaft haben in all den 500 Jahren einiges erlebt. Reformierte wurden verfolgt, sie halfen vielerorts in Europa und in Übersee die Wirtschaft zum Laufen zu bringen bzw. zu halten. Und, sie halfen gar ganze Staaten aufzubauen. Oder könnten Sie sich im 17. und 18. Jahrhundert das Einsetzen des technischen Fortschritts in der Schweiz ohne die aus Frankreich in die Schweiz geflüchteten Hugenotten vorstellen oder die Staatsgründung der Eidgenossenschaft 1848? Oder wie viel länger hätte die Einführung des Frauenstimmrechts in der Schweiz ohne das wichtige Engagement reformierter Frauen im mittleren 20. Jahrhundert wohl gedauert? Zugegeben, es gab auch düsterere Abschnitte. Die Reformierten waren als aktive Partei in Religionskriege verwickelt. Den Täufern gegenüber verhielten sie sich schon zu Zwinglis Zeiten nicht besonders neutestamentarisch und in der Bewegung *Kinder der Landstrasse* haben sie auch keine rühmliche Rolle gespielt. Sie waren eben immer auch ein Teil der Zivilgesellschaft. Sie fühlten sich zwar zugehörig und haben am Gelingen und manchmal eben am Misslingen mitgewirkt; sie führten ein möglichst gottgefälliges Leben, engagieren sich für ein möglichst friedvolles Zusammenleben, haben gestaltet und halt eben auch immer wieder Fehler gemacht. Wir gehen davon aus, dass die Reformierten auch in den kommenden 500 Jahren immer wieder als das Leben prägende Protagonisten der Zivilgesellschaft auftreten werden.

Was macht es denn aus, evangelisch-reformiert zu sein? Eine einfache Antwort auf diese Frage gibt es nicht, schon gar nicht eine einzig richtige. Wir sind überzeugt, dass es immer mehrere Wege gab und gibt, um reformiert glücklich zu werden. Stellvertretend für uns Reformierte erzählen 15 Autorinnen und Autoren nachfolgend ihre Lebensgeschichten, schreiben von ihren ökumenischen Zukunftsfantasien oder träumen von der Zeit, wo sich der Mitgliederschwund in einen Mitgliederzuwachs verwandeln wird. Kurzum: Geschichten von Reformierten, die es immer waren und von anderen, die im Laufe ihres Lebens das Reformiertsein entdeckten. In einem ersten Abschnitt des Buchs sucht der Historiker Martin Gabathuler Antworten auf die Fragen, wie die reformatorischen Bestrebungen aus Zürich damals im 16. Jahrhundert in unseren drei Kirchgemeinden aufgenommen wurden. Damit wollen die Herausgebenden zum 500. Geburtstag der zürcherischen Reformation ihr eigenes Zeitzeugnis des lebendigen und hoffnungsvollen evangelischen Reformiertseins am oberen Zürichsee ablegen. Was werden unsere Nachfahren in 500 Jahren wohl zu lesen bekommen?

Wenn Ihnen der Titel des Büchleins auch ein kleines Schmunzeln entlockt, dann freuen sich die Herausgebenden und wünschen Ihnen eine bereichernde Lektüre. Wer weiss, vielleicht entdecken Sie ja ein paar Ideen und Aspekte zu ihrem eigenen Reformiertsein?!

Uns Herausgebenden bleibt zum Schluss allen Mitwirkenden an dieser Schrift herzlichen zu danken. Speziell auch den evangelisch-reformierten Kirchgemeinden Stäfa, Männedorf und Hombrechtikon, die dieses Buchprojekt auch finanziell ermöglichten.

Stäfa, im Juli 2018

Im Namen der Herausgebenden:
Dr. Arnold Egli, Präsident der Evang.-ref. Kirchgemeinde Stäfa

Der Reformationsheld schwingt das effektivste Mittel gegen die Missbräuche seiner Kirche: die Bibel. Im Mittelalter wurden einträgliche Geschäfte mit Reliquien betrieben, sogar von Sünden und dem Fegefeuer konnte man sich und andere gegen Geld freikaufen. Damals kam es zu Missbräuchen dieser Praxis, indem Ablässe gegen Geld verkauft wurden und mancherorts behauptet wurde, die Vergebung der Sünden sei beim Kauf des Ablasses auch ohne die persönliche Reue gegeben. Daneben gab es verschiedene andere Missstände, sodass Theologen wie Martin Luther oder Huldrych Zwingli die Differenz zwischen kirchlicher Realität und den Massstäben der Bibel anprangerten.

Die Reformatoren kritisierten, dass die Kirche durch ihre missbräuchliche Ablasspraxis das Heil der Menschen nach eigenem Gutdünken verwalten und verteilen würde – nach reformatorischem Verständnis der Bibel ist es hingegen allein Gott, der den Menschen Vergebung zuspricht. Gottes gnädige Liebe konkretisiert sich im stellvertretenden Tod Christi am Kreuz. Der Zugang zu diesem Kreuz darf nicht von der Kirche und ihren Praktiken verstellt werden – dafür haben sich die Reformatoren eingesetzt.

Welche Auswirkungen hatte die Reformation in Zürich auf die Region, insbesondere auf die Orte am oberen Zürichsee? Wie kamen den Bewohnerinnen und Bewohnern von damals die reformatorischen Neuigkeiten zu Ohren und wie wurden die Bestrebungen aus Zürich auf der Landschaft aufgenommen? Das erste Kapitel beschäftigt sich mit diesen historischen Hintergründen.

Die Reformation am oberen Zürichsee

damals

EINBLICKE IN DIE REFORMATIONSGESCHICHTE AM OBEREN ZÜRICHSEEUFER

Martin Gabathuler

2017 wurde in Deutschland mit einem grossen Kirchentag im Mai der Reformation durch Martin Luther (1459–1530) gedacht. Der Augustinermönch, Doktor der Theologie und spätere Professor für Bibelauslegung hatte durch seine theologische Auseinandersetzung mit den Psalmen und den Paulusbriefen die Prinzipien «Allein Jesus Christus» (*solus Christus*), «Allein durch Gnade» (*sola gratia*), «Allein durch den Glauben» (*sola fide*), «Allein die Heilige Schrift» (*sola scriptura*) erarbeitet und mit seinen 95 an der Kirchentür von Wittenberg angeschlagenen Thesen gegen den Ablass und andere kirchliche Missstände grosse öffentliche Aufmerksamkeit erregt. Er forderte eine grundlegende Reform der Kirche, die Zugänglichkeit zur Bildung für alle, und nicht nur für den Klerus, die Abschaffung des Kirchenstaates und des Zölibats, die Begrenzung des Zinsnehmens und die Einführung einer geregelten Armenfürsorge.[1] Er verwarf das Papsttum, das katholische

1 An den christlichen Adel deutscher Nation von des christlichen Standes Besserung (1520).

Bischofsamt und das Sakrament der Priesterweihe, weil das Neue Testament das «allgemeine Priestertum» der Gläubigen lehre. Die Geistlichen sollten nur die Gemeinde leiten durch Unterricht, Seelsorge und im Gottesdienst. Und er forderte, dass jede Kirchgemeinde ihre Pfarrer und Lehrer selber wählen und abwählen dürfe.[2] Die sieben katholischen Sakramente (Taufe, Eucharistie, Firmung, Beichte, Krankensalbung, Priesterweihe, Ehe) reduzierte er auf Taufe, Abendmahl und Beichte, die Jesus im Neuen Testament selber eingesetzt habe.[3] Schliesslich formulierte er, ein Christ sei durch den Glauben ein freier Herr über alle Dinge und durch die Liebe ein dienstbarer Knecht aller und jedermann untertan.[4] Er brach mit der katholischen Kirche und veränderte auf lange Sicht die europäische christliche Religiosität grundlegend, nicht zuletzt auch durch seine Bibelübersetzung in die deutsche Sprache, die biblische Inhalte auch dem einfachen Volk zugänglich machte. Die durch Luthers Bestrebungen ausgelöste Bewegung wird nicht verständlich ohne seine ausgedehnte schriftliche Tätigkeit, und die Verbreitung dieser Schriften durch den um die Mitte des 15. Jahrhunderts erfundenen Buchdruck.

Reformation Anno Domini 1519: Von Zürich nach Hombrechtikon, Stäfa und Männedorf

«Die Reformation war eine Bewegung kirchlicher Selbst(auf)klärung. Anders als für ihr philosophisches und politisches Pendant zweieinhalb Jahrhunderte später stand nicht die Erleuchtung des

2 Dass eine christliche Versammlung oder Gemeinde Recht und Macht habe, alle Lehre zu beurteilen und Lehrer zu berufen, ein- und abzusetzen (1523).

3 Von der babylonischen Gefangenschaft der Kirche (1520).

4 Von der Freiheit eines Christenmenschen (1520).

menschlichen Verstandes im Zentrum, sondern die Rückbesinnung der Kirche darauf, wofür ihr ‹Herz brannte› (Lk 24,32).»[5] Dem ist, was den innerkirchlichen Aspekt der Reformation betrifft, sicher zuzustimmen. Der Kampf der Reformatoren für die Befreiung von autoritären kirchlichen Strukturen und gegen eine amtskirchliche Bevormundung in seiner konkreten Umsetzung zu Beginn des 16. Jahrhunderts wurde von den damaligen Zeitgenossen sehr wohl auch in weltlichem Sinne als Aufforderung zur Befreiung von allerlei «Beschwernissen» empfunden. Die Reformation darf deshalb auch im vorliegenden Fall nicht losgelöst von der politischen, sozialen und kulturellen Situation im Gebiet des heutigen Kantons Zürich betrachtet werden.

In dieser historischen Einleitung zur Einführung der Reformation in den drei Kirchgemeinden Hombrechtikon, Stäfa und Männedorf am oberen Zürichsee wird aufgezeigt, wann und in welcher Weise diese drei Gemeinden an der reformatorischen Bewegung im 16. Jahrhundert Teil hatten.

Die Aufnahme der reformatorischen Ideen in den drei Gemeinden ist meist nur indirekt in Streitigkeiten der Gemeinden oder von Einzelpersonen bezeugt, die Eingang in Gerichtsakten oder «Nachgänge», d. h. Befragungen durch Abgesandte des Rats zur Beurteilung eines Falles, der zu einem Urteil führte, enthalten. Direkte Zeugnisse hingegen fehlen weitgehend, es wird deshalb ein breiter Zugang unter Berücksichtigung aller schriftlichen Quellen gewählt. In einem ersten Schritt werden die Kultur und Mentalität am Vorabend der Reformation beleuchtet. Diese Darstellung der Zeitumstände soll die Entwicklungen in unseren

5 Locher, Gottfried Wilhelm, Geleitwort zu: Die schweizerische Reformation. Ein Handbuch, hg. von Amy Nelson Burnett u. a., Zürich 2017, S. 9.

Gemeinden und ihre Verstrickungen in die Umwälzungen im 16. Jahrhundert verständlich machen. In einem zweiten Schritt wird dann nach Episoden oder Geschichten gefragt, die die Veränderungen während der Reformationszeit in unseren Gemeinden darzustellen vermögen. Dabei wird weniger auf Vollständigkeit geachtet, vielmehr werden zeittypische Entwicklungen und Ereignisse hervorgehoben.

Kultur und Mentalität am Vorabend der Reformation

In einem ersten Schritt ist es nötig, die für uns fremd erscheinenden Elemente oder Eigenarten der Kultur und Mentalität am Vorabend der Reformation zu betrachten und aufzuzeigen, wie anders die damaligen Zeitgenossen verglichen mit heute lebten und wo sie «der Schuh drückte».

Zürich und die Eidgenossen

Zur Reformationszeit war die Stadt Zürich in ein eidgenössisches Bündnissystem mit den weiteren Stadt- und Länderorten Bern, Luzern, Uri, Schwyz, Unterwalden, Glarus, Zug, Basel, Freiburg, Solothurn, Schaffhausen und Appenzell eingebunden.[6] In gemeinsamen Zusammenkünften (den Tagsatzungen) wurden Fragen zu Kriegsfällen sowie rechtlichen, wirtschaftlichen und organisatorischen Aspekten der Verwaltung der gemeinsam verwalteten Territorien geklärt. Diese «gemeinen Herrschaften» hatten sie während der Phase des sogenannten Territorialisierungsprozesses, d. h. durch kriegerische Annektion oder Kauf von strategisch und wirtschaftlich wichtigen neuen Untertanengebieten im Laufe

6 Schmid, Regula, Die Schweizer Eidgenossenschaft vor der Reformation, in: Die schweizerische Reformation. Ein Handbuch, hg. von Amy Nelson Burnett u. a., Zürich 2017, S. 27–68.

des 15. Jahrhunderts erworben. Konfliktpotenzial zwischen den Verbündeten war reichlich vorhanden.

Besonders seit den Burgunderkriegen (1476) hatten sich die Eidgenossen als schlagkräftige und erfolgreiche Kämpfer einen Namen gemacht. Sie wurden als Söldner in den Diensten ausländischer Mächte sehr geschätzt. Oft kam es vor, dass eidgenössische Söldner im Dienste fremder Herren in sehr verlustreichen Auseinandersetzungen gegeneinander kämpfen mussten.

1502 verabschiedete die Tagsatzung den sogenannten Pensionenbrief. In ihm wurde der Militärdienst und die Verteilung der ausländischen Zahlungen geregelt. Dieser Ordnungsversuch zeigte aber keine nennenswerten Auswirkungen.

Der Friedensvertrag nach der verheerenden Niederlage der Eidgenossen in der Schlacht von Marigniano 1515 beendete den eidgenössischen Einfluss in Norditalien. Die Eidgenossenschaft wurde fest im französischen Herrschaftsbereich mit einem exklusiven Soldvertrag verankert, dem sogenannten französischen Bündnis. Zürich galt als treuer Verbündeter Roms. Seine Beziehungen zum Papst waren erst 1512 im Zürcher Bündnisvertrag mit Rom nochmals bestätigt worden. Zürich weigerte sich also, dem französischen Bündnis beizutreten und noch mehr Männer in fremden Kriegen zu opfern.

Zürich und sein Untertanengebiet

Das Gebiet, das um 1500 bereits etwa die Grösse des heutigen Kantons umfasste, wurde von den städtischen Behörden verwaltet. In der Stadt lebten etwa 5000 Menschen. Der weitaus grösste Teil der Einwohner der Zürcher Herrschaft wohnte jedoch auf dem Land. Zwei halbjährlich wechselnde Bürgermeister, der Grosse und der Kleine Rat bildeten zusammen die Zürcherische Obrigkeit. In der Regel lagen Entscheidungen über Krieg und Frieden, Vertragsabschlüsse, Bürgerrechtserteilungen an fremde Herren, die Wahlen für gewisse Ämter sowie die Steuer- und Münzgesetzgebung beim Grossen Rat. Der Kleine Rat erledigte die laufenden Geschäfte. Als Exekutive war er die höchste Verwaltungsbehörde und wirkte auch als oberstes Gericht. Zur Vorbereitung und Durchführung ihrer Beschlüsse auch auf der Landschaft setzten die Räte zeitlich befristete Ad-hoc-Kommissionen ein, die sogenannten Verordneten. Huldrych Zwingli wurde nach Beginn der Reformation häufig in solche Verordnetenkommissionen delegiert.

Der Kleine Rat regelte die Verwaltung von Stadt und Landschaft mit seinen Mandaten (Verordnungen). Auf der Zürcher Landschaft beanspruchte die Stadt die Landes- und Gerichtshoheit. Die Landschaft war in Landvogteien oder Ämter und Vogteien unterteilt. Die Landvogteien wurden von Landvögten[7] regiert, die auf einem Schloss innerhalb des ihnen anvertrauten Herrschaftsgebiets wohnten und für die administrativen Arbeiten, den Finanzhaushalt, für das Gerichts- und Militärwesen verantwortlich waren. Die Landvögte waren Stadtbürger. Sie wurden aus den Reihen des Kleinen Rates gewählt. Diese Landvögte besassen in Vertretung des Zürcher Rats die hohe und niedere Gerichtsbarkeit, d. h. die Blutgerichtsbarkeit und damit das Aussprechen von Todesurteilen. An den Gerichtstagen und besonders, wenn Todesstrafen ausgesprochen wurden, mussten aber auch Abgeordnete der Stadt anwesend sein, die den korrekten Vollzug überwachten. Daneben existierten Obervogteien, die von einem Obervogt, der ebenfalls ein Stadtbürger sein musste und vom Grossen Rat gewählt wurde, geleitet wurden. Diese konnten mehrere oder auch nur eine Kirchgemeinde umfassen. Im Gegensatz zu den Landvög-

7 Mehr zu ihnen in der Herrschaft Grüningen siehe Diss. Doris Klee, Konflikte kommunizieren.

ten wohnten die Obervögte nicht in ihren Vogteien, sondern in der Stadt. Die Land- und Obervögte nahmen jährlich die Huldigungen dieser Dörfer entgegen. Die Dörfer mussten ihrem Land- oder Obervogt versprechen, ihm treu zu bleiben und seine Mandate und Weisungen einzuhalten. In den einzelnen Dörfern sassen Untervögte als Stellvertreter der Land- oder Obervögte. Sie waren z. B. für den Einzug der Steuern vor Ort oder von Bussgeldern für Vergehen der Gemeindebewohner verantwortlich. Sie besiegelten auch Handänderungen von Liegenschaften oder Gültverträge. Jährlich fanden in den Dörfern Gerichtstage statt, an denen die Dorfverfassungen (Dorfoffnungen) vorgelesen wurden. Diese Offnungen enthielten die Vereinbarungen der Dorfbewohner untereinander und ihre Beziehungen zur Herrschaft.

Zu den wichtigsten Forderungen des Stadtstaates Zürich an die Landgemeinden gehörte die Bezahlung der sogenannten Schirmsteuer für den Schutz der Landschaft gegen äussere Gefahren und die Verpflichtung zur Leistung von Kriegsdiensten auch in fernen Gebieten, das sogenannte Reisen.

Politisch gehörten die Gemeinden Esslingen, Oetwil am See, Stäfa und ein Teil von Hombrechtikon seit 1450 bis 1798 zur Obervogtei Stäfa. Der andere Teil von Hombrechtikon gehörte in dieser Zeit zur Herrschaft Grüningen. Männedorf bildete vom Zeitpunkt seines Erwerbs durch Zürich von den Österreichern 1405 bis 1798 eine eigene Obervogtei.

Ein wichtiges Instrument, das Landvolk von der Sachlage und den Anschauungen der Obrigkeit zu unterrichten und sich gleichzeitig auch der Zustimmung des Landvolks zu versichern, waren die sogenannten Fürträge. Diese Volksanfragen gingen möglicherweise aus den früheren, seit 1401 gesetzlich vorgeschriebenen Befragungen der Konstaffel und der Zünfte in der Stadt Zürich hervor. Sie kamen in einer Zeit auf, «wo das Landvolk selbst sich politisch zu regen begann und die ersten Versuche machte, Willen und Stimmung kund zu geben, in einer Zeit also, wo das Volk erwachte und auch seinerseits Einfluss zu erhalten strebte, ja schon eine Macht geworden war, mit der man rechnen musste»[8], besonders seit dem Waldmannhandel 1489. Beispielsweise erhielten die Zürichseegemeinden damals das Recht, Bauern- oder Gemeindeversammlungen durchzuführen (Versammlungsfreiheit) und die Untervögte selber zu wählen. Die Zürcher Anfragen betrafen nur eidgenössische Angelegenheiten, Landkriege und Bündnisse, im Unterschied etwa zu Bern, das solche Volksbefragungen zu äusseren und auch zu inneren Verhältnissen durchführte. Vor 1531 bestand keine Verpflichtung für die Zürcher Regierung, solche Anfragen zu veranstalten. Sie hingen von ihrem Gutdünken ab. Es gab auch keine festen Regeln und Normen für die Anfragen, und keine Verpflichtung der Regierung, sich nach Wunsch und Willen der Mehrheit zu richten. Wie spätere Anfragen erstmals 1549 und 1554 zeigen, sind die Sprecher der Gemeinden nicht die Pfarrer, sondern die Untervögte. Man traf sich morgens um 6 oder 7 Uhr, oder Mittags um 12 Uhr, in Stäfa in der Kirche, in Männedorf zunächst vor Peter Hansens Wirtshaus, ab 1584 auch in der Kirche. In der Regel kamen viele Leute zusammen, z. B. «ein ganze versamlet Gmeind zuo Zollikon», also nicht bloss Vorsteher und Beamte. Die Ratsverordneten aus Zürich lasen die Anfragen vor, traten in Ausstand, während anschliessend über die Antwort in der Gemeinde beraten wurde. Die Verordneten wurden von der Gemeinde bewirtet, wofür Zürich die Kosten übernahm. Die Gemeinden liessen ihre Antworten verschriftlichen und liessen sie durch die Ratsverordneten oder später durch Boten der Stadt zukommen.

8 Dändliker, Zürcher Volksanfragen, S. 149 f.

Kirchliche Herrschaften

Am Vorabend der Reformation waren Stadt und Landschaft Zürich stark geprägt durch die Kirche, ihre Institutionen, Amtsträger, durch Gottesdienste und andere kirchliche Rituale. Bis zur Zeit der Reformation war ein weitgespanntes Netz von Pfarreien und Klöstern mit ihren Ländereien entstanden. Das Zürcher Herrschaftsgebiet gehörte mit weiteren grossen Teilen der Eidgenossenschaft zum Bistum Konstanz. An seiner Spitze stand seit 1496 Bischof Hugo von Landenberg (1460–1532). In seinen Händen lagen die geistliche und administrative Leitung seiner Diözese, die Weihe der Priester und neu erbauter Kirchen. Zudem besass er die Gerichtsbarkeit in geistlichen Fragen sowie die Ehegerichtsbarkeit.

Die landesherrliche Gewalt auch am oberen Zürichsee hatte die Stadt Zürich inne. Dagegen besass in unseren drei Gemeinden das Kloster Einsiedeln die grundherrlichen Rechte über ihre althergebrachten Besitzungen. Dazu auch die Rechte über die auf diesen Gütern lebenden Personen und die Rechte über die Pfarrkirche. Die Pfarrkirchen von Stäfa und Männedorf waren dem Kloster von einer Grossgrundbesitzerfamilie aus schwäbischem Hochadel zusammen mit der Insel Ufenau geschenkt worden. Dafür zeugen Urkunden des 10. Jahrhunderts. Seit dieser Zeit waren beide Kirchen dem Kloster Einsiedeln inkorporiert. Dies bedeutet, dass das Kloster an beiden Orten das Patronat[9] und damit die volle Verfügungsgewalt besass. Mit dem Patronat verbunden war der Einzug der Zehnten der Gemeinde (Zehntrecht) und die Wahl und Einsetzung des Priesters (Kollatur). Grundbesitz war Voraussetzung einer jeden Kirchengründung als Ausstattung der Pfarrpfründe. Vom Zehnten aller Pfarreiangehörigen an das Klos-

9 Wälti, Einsiedeln, S. 15–72 am Beispiel Meilen.

ter Einsiedeln wurde der Pfarrer besoldet und der Unterhalt der Kirchen bezahlt.

Zwischen dem Kloster und dem Stadtstaat Zürich herrschte ein entspanntes Verhältnis. Man respektierte sich gegenseitig und sprach sich in einzelnen Fragen ab. An diesem Zustand vermochte auch die Reformation wenig zu ändern. Einsiedeln war in der Stadt verburgrechtet. Der Abt und seine Verwalter wurden demzufolge als Bürger der Stadt betrachtet und der Abt von Einsiedeln ist noch heute Ehrenbürger der Stadt Zürich.

Die Stadt Zürich besass das Vorschlagsrecht für einen neuen Pfarrer bzw. Prädikanten, wie Zürich die neugläubigen Pfarrer nannte. Als Besitzer der Güter der Grundausstattung der Kirche (Kollator) hatte Einsiedeln das Recht zur Wahl und Einsetzung des Prädikanten in den Gemeinden. Einsetzung bedeutete, dass Einsiedeln dem jeweiligen Prädikanten die zur Grundausstattung der Kirche gehörige Pfarrpfründe als Lehen für seinen Lebensunterhalt verlieh. Zur Übertragung der Pfründe[10] musste der Prädikant persönlich in Einsiedeln erscheinen und den Abt in Anwesenheit des Dekans als Vertreter des Mönchskonvents, des Statthalters (Gutsverwalters), des Küchenmeisters, des Archivars, des Kanzlers und des Sekretärs um die Belehnung mit der Pfründe bitten. Der Abt sagte unter der Bedingung zu, dass der Prädikant sich an die Artikel des im Doppel ausgefertigten Bestallungsbriefes (Lehensbriefes) halten wolle. Der Kanzler las den Brief vor und der Prädikant kontrollierte in seinem Exemplar, ob alles stimmte. Der Prädikant versprach darin, «bei seiner Treue und dem dem Abt geschworenen Eid, mit höchstem Ernst und Fleiss, die Pfarrpfründe und die dazu gehörigen Kirchgenos-

10 Die Zeremonie beschrieben nach Ringholz, Ehemalige reformierte Pfarreien, S. 12.

sen mit wahrer göttlicher, biblischer und evangelischer Schrift an Sonn- und Feiertagen in allen ihren Vermahnungen und Predigten, auch sonst allezeit Gesunde und Kranke mit Taufen und andern Kirchendiensten, wer dessen notdürftig sei und es von ihnen begehre, ordentlich und fleissig versehen, ausrichten und versorgen zu wollen. – In ihrem Wandel, Tun und Lassen dermassen sich halten und alle ihre Lehren und Predigten dahin richten, dass die Untertanen nicht zu Aufruhr, Ungehorsam oder anderen sträflichen Lastern, sondern zu einem gottseligen, christlichen, frommen, gehorsamen und ehrbaren Leben angewiesen werden.»[11]

Dann las der Kanzler den Eid vor und der Prädikant sprach ihn nach. Dieser Eid war persönlich und entsprechend mittelalterlichem Brauch bei jedem Abtwechsel neu zu leisten. Er wurde nach Widerständen der Prädikanten seit 1637 durch ein Handgelübde ersetzt.[12] Der Abt überreichte das vom Kloster ausgefertigte und unterzeichnete Exemplar des Lehensbriefes dem Prädikanten, und dieser das von ihm unterschriebene und besiegelte Exemplar mit einem Handkuss dem Abt. Der Prädikant dankte in einem kurzen Schlusswort für die Belehnung. Der Abt und die anderen Anwesenden gratulierten dem neu installierten Geistlichen und entfernten sich. Nach dem gemeinsamen Mittagessen an der sogenannten Hoftafel (Gasttisch) und der Bezahlung der Taxe als einmaliger Antrittsgebühr durch den neu Investierten war die Einsetzung in den Genuss der Pfründe vollzogen.

Die Pflichten des Abtes bestanden in der Besoldung des Priesters und dem Unterhalt des Kirchengebäudes aus seinen Zehnteinnahmen.

11 Ringholz, Ehemalige reformierte Pfarreien, S. 13.

12 Ringholz, Ehemalige reformierte Pfarreien, S. 12 und 14.

Anders lagen die Verhältnisse in Hombrechtikon. Die Bewohner waren in die Ufenau pfarrgenössig. Sehr früh, bereits 200 Jahre vor der Reformation, bemühten sie sich 1308 zusammen mit den Gemeinden Pfäffikon und Freienbach am linken Seeufer, die ebenfalls auf die Ufenau pfarrgenössig waren, beim Bischof von Konstanz zunächst erfolglos um die Aufwertung ihrer 1308 erstmals erwähnten Kapelle zu einer Filialkirche. Die Kapelle in Freienbach wurde damals aufgewertet und Hombrechtikon blieb vorerst bei der Ufenau. Eine eigene Pfarrkirche erhielten die Hombrechtiker erst im zweiten Anlauf 1369, zusammen mit einem eigenen Priester. Weiterhin hatten jedoch die Kirchgenossen von Hombrechtikon dem Sigristen auf der Ufenau eine Abgabe von 40 Pfund als Sigristengarben und Kerzenpfennige an sein Gehalt zu zahlen. Diese Abgabe wurde mit einer Urkunde vom 15.07.1526 abgelöst, in der es heisst: «Es ist auch eigentlich harin abgeredt, als dann jetzt seltsam Läuf [gemeint sind die Entwicklungen der Reformation] vorhanden sind, ob über kurz oder lang die Sachen sich ändern, so sollen die Kirchgenossen und auch ein jeglicher Sigrist Macht und Gewalt haben, diese Sach' zu mindern oder zu mehren, je nach ihrem Gutbedünken.»[13] Mit dieser Ablösung wurde die Trennung der Pfarrei Hombrechtikon von der Mutterkirche auf der Ufenau vollständig. Feldbach, Schirmensee und Gamsten trennten sich ebenfalls von der Ufenau und schlossen sich Hombrechtikon an. Der Abt leistete lediglich noch «aus Gnade» einen Anteil an die Besoldung des Priesters, jedoch nicht regelmässig, sondern nur, wenn der Pfarrer ausdrücklich darum angehalten hatte, und auch dann nicht immer, damit daraus kein Servitut für Einsiedeln erwachse.[14]

---

13 Ringholz, Geschichte Einsiedelns I, S. 604 f.

14 Ringholz, Ehemalige reformierte Pfarreien, S. 17.

Die kirchlichen Untertanen

Die Kirche bestimmte mit ihrem allumfassenden pastoralen Anspruch, für das Seelenheil ihrer Pfarrgenössigen und Gotteshausleute zu sorgen, ihrem liturgischen Kalender und mit ihrer Rechtssprechung weite Teile des Alltagslebens der Bevölkerung. Die auf den Gütern des Klosters Einsiedeln lebenden Leute wurden mit ihrer Wohnsitznahme auf diesen Gütern automatisch samt ihren Nachkommen zu Eigenleuten bzw. Hörigen des Klosters und wurden Gotteshausleute genannt. Das Kloster übte über sie eine personale Herrschaft aus. Dies im Gegensatz zur Stadt, die eine Territorialherrschaft[15] über ihr Untertanengebiet ausübte. Die Gotteshausleute waren unfrei. Dem Kloster gegenüber waren sie zu verschiedenen Naturalabgaben, Zinsen und Gebühren verpflichtet. Nach jedem Abtwechsel waren sie dem neuen Abt den Treueeid schuldig «eere, nütz und frommen [des Gotteshauses] zu fürdern, iro schaden (zu) warnen und wenden, sinen amptlüten, ouch den gerichten und geboten gehorsam zu sin, des gotzhus rechte, offnung, fryheit und altharkommen (zu) hanthaben und behallten, alles getrüwlich und ungevarlich»[16]. Die Kloster-Amtmänner übten teilweise auch die Funktion von niederen Gerichtsherren aus.

Die Abgaben belasteten eine Bauernfamilie stark. Zu diesen Abgaben gehörten der Zehnte des Ernteertrags, der Fall[17] (eine Abgabe von Todes wegen), das Fasnachtshuhn (zum Zeichen der

15 Der Begriff bezeichnet die Ausübung der öffentlichen Gewalt in einem bestimmten Bezirk, eine Herrschaft, die sich auf den Raum, nicht auf Personen bezieht und als Frühform bzw. Voraussetzung der modernen Staatsbildung gilt.

16 Kläui, Paul, Die Abschaffung von Todfall und Huldigung in Stäfa, in: Jahresbericht der Ritterhaus-Vereinigung Ürikon-Stäfa (1955), S. 7: Eidesformel von 1523.

17 Fall: Gebühr für richterlichen Schutz und Schirm. Abgabe des Besthaupts (bestes Stück Vieh z. B.), vgl. Leibacher, Gotteshausleute, S. 45 f.

Anerkennung der leibherrlichen Rechte), der Lass (die Forderung der Fahrhabe von Eigenleuten, die in andere Herrschaftsbereiche heirateten) und Gebühren für Leistungen an die Gläubigen im Zusammenhang mit kirchlichen Riten und religiösen Verrichtungen sowie Opfergaben.

Der Abt hatte aber auch Pflichten. Er musste zum Beispiel dafür sorgen, dass im Kehlhof ein Zuchtstier und ein Eber vorhanden waren oder Materialien zur Ablieferung der Weinzehnten bereitstellen.

Diese Abgaben und rechtlichen Einschränkungen führten immer wieder zu Streitigkeiten der Gotteshausleute mit den geistlichen Grundherren.

Herrschaftsanspruch und Kommunikation

Die Wende vom 15. zum 16. Jahrhundert ist auch eine Übergangszeit von mündlicher zu schriftlicher Kommunikation. Verträge können sowohl mündlich als auch schriftlich abgeschlossen werden. Zwischen der Zürcher Obrigkeit und ihren Obervogteien und Untertanen, den Landgemeinden, wird mündlich und schriftlich kommuniziert. Abgeordnete des Zürcher Rats werden auf die Landschaft geschickt und ziehen Erkundigungen ein. Bei wichtigen Angelegenheiten, zum Beispiel bei Gerichtstagen in den Obervogteien, besonders wenn diese ein Todesurteil ausgesprochen haben, müssen Vertreter des Zürcher Rats bei der Vollstreckung anwesend sein. Ansonsten regeln die Obervögte Konfliktfälle weitgehend selbstständig, sind dem Zürcher Rat jedoch rechenschaftspflichtig. Die Obervögte beschäftigen zu ihrer Herrschaftsausübung eine Reihe von Beamten wie Untervögte, Richter, Boten, Beamte für den Steuereinzug und Schreiber. Während die Gebildeten des Lesens und Schreibens mächtig waren, beherrschten noch lange nicht alle Teile der Bevölkerung diese Kulturtechniken. Galt dies in der Stadt, so besonders auch auf der Landschaft. Der überwiegende Teil der Bevölkerung hat ihre Bildung durch einen minimalen Unterricht bei ihren Pfarrern erhalten. Es erstaunt wenig, wenn im Zentrum des Unterrichts primär der Katechismus stand, den ein selbst eher wenig gebildeter Landgeistlicher zu vermitteln versuchte. Bei den Bauern darf die Beherrschung dieser Techniken des Lesens und Schreibens nicht vorausgesetzt werden. Herrschaftliche Verordnungen oder Offnungen werden in politischen «Gemeinden» (Versammlungen aller Männer über 14 Jahren unter dem Vorsitz des gewählten Gemeindevorstehers) vorgelesen, besprochen und beschlossen. Schreiber, die den führenden und damit auch gebildeteren Familien aus den Gemeinden entstammen, fertigten die entsprechenden Urkunden aus. Von der Gemeinde gewählte Abgeordnete wurden in die Gerichts- oder Landtage der Obervogteien geschickt, sofern ihre Teilnahme gewünscht oder erforderlich war. Durch berittene Boten überbrachte Briefe bzw. Urkunden sorgten bei Absendern und Empfängern für den gewünschten Kenntnisstand. Aus dieser kommunikativen Situation heraus ergab sich oft ein unterschiedlicher Kenntnisstand der Herrschaft und ihrer Untertanen über aktuelle Entwicklungen. Dieser Zustand war einer raschen und angemessenen Reaktion hinderlich, setzte das gegenseitige Vertrauen der Kommunikationsteilnehmer voraus und war entsprechend konfliktanfällig.[18]

Gemeindekirchenwesen auf der Landschaft

Diesen herrschaftlichen Abhängigkeiten steht auf der Landschaft der Wille der Bauern und der dörflichen Eliten entgegen, in seel-

18 Die kommunikative Situation im Amt Grüningen in der Zeit von 1514 bis 1529 hat untersucht: Klee, Doris, Konflikte kommunizieren. Die Briefe des Grüninger Landvogts Jörg Berger an den Zürcher Rat (1514–1529). Zugl. Diss. phil. Univ. Zürich, Zürich 2007.

sorgerischen Fragen mitbestimmen zu können. Dieser Wille steht in engem Zusammenhang mit der Abgrenzung und Verselbstständigung der Siedlung als Dorfgemeinde. Diese Entwicklung setzte bereits im 15. Jahrhundert ein. Die Dorfbewohner waren bestrebt, Einfluss auf die Wahl des Priesters zu nehmen. Sie waren auch bereit, sich die Ausstattung der Kirchen etwas kosten zu lassen. In der zweiten Hälfte des 15. Jahrhunderts lässt sich ein richtiggehender Bauboom ländlicher Kirchen beobachten. Zu Beginn der grossen Bauwelle, des «Kirchenbaufiebers»[19] auf der Zürcher Landschaft, die sich nach den Zerstörungen im alten Zürichkrieg (1443–44) zwischen 1470 und 1525 beobachten lässt, steht der Neubau des Chores der alten Kirche von Uster 1469. Beinahe Jahr für Jahr folgen ein bis zwei Kirchen. Bisweilen wurde manchmal nur der Chor, das Kirchenschiff, der Turm oder auch zwei der drei Teile in Kombination neu errichtet.[20] Das Baufieber hielt ein halbes Jahrhundert an, brach dann aber um 1525 plötzlich ein, nachdem in Zürich unter Zwinglis Einfluss die Reformation begonnen hatte und die Kirchen in den Bilderstürmen entleert worden waren. Die reformierte Predigt brauchte keine gotische Bilderwelt in den Gotteshäusern mehr.

Als sehr frühes Beispiel dieser Selbstbestimmungsbestrebungen können die Bemühungen von Hombrechtikon um den Erhalt einer eigenen Kirche und eines Priesters gelten, die bereits im Abschnitt «Kirchliche Herrschaften» angesprochen wurden. 1369 erreichte die Gemeinde Hombrechtikon schliesslich, dass ihre 1308 erstmals erwähnte Kapelle zu einer Pfarrkirche mit einem eigenen Priester aufgewertet wurde und sie sich dadurch weitgehend

---

19 Knoepfli, Kunstgeschichte 2, S. 156.

20 Jetzler, Peter, Der spätgotische Kirchenbau in der Zürcher Landschaft. Die Geschichte eines «Baubooms» am Ende des Mittelalters, Wetzikon 1988, S. 14.

von der kirchlichen Zugehörigkeit zu der auf einer Insel mitten im Zürichsee stehenden Pfarrkirche Ufenau zu lösen vermochte. Bezeichnend sind die angegebenen Gründe: «dass die zur Kirche auf der Ufenau Pfarrgenössigen in Pfäffikon, in Freienbach, und sowohl in Hombrechtikon als auch vielen anderen Orten oft wegen Unwetter, Überschwemmungen und Stürmen, wie es sie da gibt, nicht imstande sind, zu ihrer Pfarrkirche zu gelangen, und es ihnen öfters widerfährt, dass sie göttliche Andacht und Genuss der kirchlichen Sakramente entbehren müssen»[21]. In einem Brief an den Zürcher Rat von 1524 schrieben die Hombrechtiker rückblickend: «dass wir vor Ziten einen schweren Kilchgang in die Uffnouw hand gehan und etwann durch Ungewitter Libs und Lebens nit sicher sind gsin, darumb wir sömliche [dieselbe] Pfarr bi uns gestift»[22]. Als Beweggründe wurden allgemein auch bei späteren ähnlichen Bestrebungen anderer Gemeinden die Weite des Weges zu ihrer Pfarrkirche, die bei schlechtem Wetter den sonntäglichen Kirchgang verhindern konnte, angeführt. Die grosse Distanz könnte den Priester daran hindern, die Messe zu lesen. Alte und Kranke könnten ohne Beichte und letzte Ölung verscheiden. Kinder könnten nach der Geburt ohne Taufe sterben. Tote müssen über weite Strecken bis zum Friedhof transportiert werden.

Gleichzeitig gab es in Zürich am Ausgang des Mittelalters eine Tendenz zur Ausweitung der städtischen Sorge um die Religion und religiöse Betreuung ihrer Untertanen. Die städtischen Magistraten versuchten einerseits, kirchliche Missstände zu bekämpfen, und andererseits wollten sie Kraft ihrer Landeshoheit Einfluss auf innere Belange der Kirche und die bischöfliche Gewalt nehmen. Die Stadt strebte ab dem 15. Jahrhundert bis zum Beginn der Reforma-

21 Kamber, Reformation, S. 17, Anm. 8. Bühler, Hombrechtikon, S. 12 ff.

22 Kamber, Reformation, S. 16 nach StAZ E I 30.60 (20.5.1524).

tion nach einer systematischen Einschränkung der Privilegien der Geistlichen, der Errichtung einer Genehmigungspflicht für Landschenkungen an Klöster, der Übernahme der Gerichtsbarkeit in Streitfällen zwischen Priestern und Laien, der Aberkennung der Zuständigkeit des geistlichen Gerichts hinsichtlich Pfändungen sowie Zins- und Zehntstreitigkeiten, der Ausweitung der städtischen Rechtsprechung auch auf Eheangelegenheiten und der Verhängung abschreckender Bussen gegen Personen, die Prozesse an das geistliche Gericht in Konstanz zogen und sie verloren. Zürich erliess Sittenmandate lange vor der Reformation, fasste Beschlüsse zur Verbesserung des Gottesdienstes in der Stadt und auf der Landschaft. Ebenso sprach die Stadt entgegenkommende Urteile bei kirchlichen Initiativen der Pfarrgemeinden auf dem Land. Sie versuchte, Kirchenpatronate zu erwerben und die Amtsführung der Priester zu beaufsichtigen.[23] Diese Stossrichtung unterstützte die dörfliche Tendenz zur Abschliessung nach aussen, die in vielen Dörfern zu beobachten war.

«Die Kirche im eigenen Dorf zu haben war jedoch keinesfalls eine Garantie für ein problemloses kirchliches Leben. Kirchenrenovationen, Kirchenerweiterungen sowie Neubauten und die damit verbundenen finanziellen Aufwendungen konnten zu Interesskonflikten zwischen den Gemeinden und den Patronatsherren der Kirchen führen, die in der Regel ja auch die Zehntabgaben der Bauern einzogen. Dem starken Wunsch der Gemeinden, in Baufragen selbstständige Entscheidungen zu treffen, stand das Interesse der Patronatsbesitzer entgegen, nicht mehr als unbedingt nötig auszugeben.»[24]

23 Kamber, Reformation, S. 56.

24 Kamber, Reformation, S. 28.

Beginn der Reformation in der Stadt

All diese im letzten Abschnitt skizzierten Zeitströmungen beschreiben das Umfeld, in dem die Reformation in der Stadt Zürich ihren Anfang nimmt.

In Zürich ist damals mit der Wahl des jungen Einsiedler Priesters Ulrich Zwingli auf die im Herbst 1518 freigewordene Leutpriesterstelle durch die Mehrheit der Chorherren am Grossmünster am 11.12.1519 eine Erneuerung der Kirche eingeleitet worden, die wir heute als Reformation bezeichnen und die die Grundlage für unser Selbstverständnis als reformierte Christen geschaffen hat. Der junge Geistliche stammte aus einer Bauernfamilie von Wildhaus in der Grafschaft Toggenburg. Nach dem Besuch der Lateinschulen in Basel und Bern studierte er an den Universitäten von Wien und Basel Theologie. Diese Studien brachten ihn in enge Berührung mit dem Humanismus, besonders mit dem Kreis der oberrheinischen Humanisten um Erasmus von Rotterdam (1459–1536). 1506 wurde er von Bischof Hugo von Landenberg im Konstanzer Münster zum Priester geweiht und nach Glarus geschickt. Während seiner Tätigkeiten als Leutpriester in Glarus und auch später in Einsiedeln hatte er sich intensiv mit humanistischen Schriften und der Bibel in Hebräisch, Griechisch und Lateinisch beschäftigt. Mit Fug und Recht darf er als sehr gebildet und von ausserordentlicher Gelehrsamkeit bezeichnet werden. Er pflegte Kontakt zu eidgenössischen Humanisten wie Joachim Vadian (1484–1551) aus St. Gallen, Oswald Myconius (1488–1552) aus Basel und Heinrich Glarean (1488–1563) aus Glarus. In der Ausübung seiner pfarramtlichen und seelsorgerlichen Pflichten galt er als loyaler und geschätzter Diener der römischen Kirche. Als Feldprediger begleitete er die auf Seiten des Papstes in Oberitalien kämpfenden Glarner Kontingente mindestens zwei Mal und erhielt dafür vom

Papst eine Pensionszahlung, auf die er aber schon 1520 wieder verzichtete. Seine Erlebnisse auf diesen Feldzügen und seine geistige Neuorientierung durch die humanistischen Kontakte sollten aus dem ehemaligen Befürworter des Solddienstes im Ausland später einen vehementen Gegner machen. Sie veranlassten ihn, seine Stelle in Glarus aufzugeben und vorübergehend die Leutpriesterstelle in Einsiedeln anzunehmen. Zwischen Zürich und dem nur einen Tagesritt entfernten Einsiedeln bestanden rege kirchliche Kontakte. Im Grossmünster und in den humanistischen Kreisen in Zürich war Zwinglis Gelehrsamkeit bekannt geworden. Gerne berief man ihn deshalb bei der nächsten sich bietenden Gelegenheit nach Zürich.

Seine bald schon kirchenkritischen Predigten im Grossmünster mussten auf seine Zuhörer aufrüttelnd gewirkt haben. Sie weckten aber bald den Widerstand einiger Chorherren der Stiftskirche.

Im Dezember 1521 reichte der Zürcher Chorherr Konrad Hofmann seine zunächst elf Punkte umfassende Anklageschrift an Propst und Kapitel des Grossmünsters in Zürich ein. In einer weiteren Schrift «Von meinen Anschuldigungen» folgten weitere Anschuldigungen, da die erste Schrift «durch Zufälle und Hinderniss» nicht zu Ende habe gebracht werden können.[25] Hinsichtlich seiner Predigten an das Volk wird Zwingli in den Punkten 4 und 10 aufgefordert, er solle langsamer sprechen, damit er von ungelehrten Zuhörern verstanden werde, und «dem gemeinen Volk» solle er überflüssige Dinge nicht eröffnen. Manches sei wohl recht für die Gelehrten, verwirre aber das Volk. Zu Ende seiner Schrift bot Hofmann Zwingli eine Disputation zu diesen Klagepunkten an. Was Zwingli zu den genannten Anschuldigungen meinte, ist leider nicht bekannt.

25 Egli, AS, Nr. 213 (Dez. 1521)

Reformation auf der Landschaft

Es ist keineswegs so, dass die Bewohner der Landschaft die Predigten bzw. die theologischen Aussagen Zwinglis nicht mitbekommen und verstanden hätten. Der Landbewohner war nicht der «tumme Puur», als der er von der Geschichtswissenschaft bis in die 80er Jahre des 20. Jahrhunderts zumeist noch gesehen wurde. Die damalige Gesellschaft war ständisch strukturiert. Die beiden Herrenstände bestanden aus Adligen und der höheren Geistlichkeit, zusammen bildeten sie die Obrigkeit. Die zeitgenössische Sprache kannte daneben den «Gemeinen Mann», zu dem auch der Bauer gehörte. Die Knechte und Mägde, die Landsknechte und Söldner, die Bettler und Fahrenden gehörten zu den unter- bzw. ausserständischen Gesellschaftsschichten.[26]

Der «gemeine Mann» nahm die neuen Ansichten sehr wohl auf und war auch in der Lage, diese zu verstehen und kritisch zu hinterfragen. Folgende Episode mag dies zeigen:

Bei der Untersuchung eines Vorfalls, «was einer zuo schmach des heiligen sacraments sölle geredt haben mit dem jetzigen pfarrer», wurde am 23. Juni 1523 festgehalten, dass Doktor Lorenz, Chorherr und Priester am Grossmünster, am vergangenen hohen Donnerstag in Zollikon die Leidensgeschichte («passion») gepredigt habe.[27] Nach der Predigt sei ein alter bärtiger Mann zu ihm gekommen und habe ihn mit «scharpfen, härten, unlidenlichen worten» angegriffen und gesagt, er habe ihnen Lügen und nicht die Wahrheit erzählt. Da der Geistliche erstaunt reagierte, erklärte der Mann, er habe bei der Kommunion über den «lichnam unsers Herrn» nicht die Wahrheit gesprochen. Er wolle dieses Sa-

26 Blickle, Gemeindereformation, S. 18.

27 Egli, AS, Nr. 369 (23. Juni 1523).

krament nur empfangen, wenn sich ein Priester finde, der ihm die Eucharistie unter beiden Gestalten, des Fleisches und des Blutes, austeile. Als Dr. Lorenz ihn unterrichten und im Glauben stärken wollte, entgegnete der «pur» wiederum, «si wärint all buoben, und er [der Priester] söllte luogen und nit mer zuo inen ushin keren, wenn er mit solichen predigen kommen und nit die wahrheit wellte bruchen». Als Dr. Lorenz wieder in die Stadt zurückgehen wollte, wurde er von einem weiteren Mann angesprochen, der sagte: «herr, ir hand mich ganz und gar erzürnt.» Der Priester wollte wissen, warum. Da antwortete der Mann: Weil er von der Kanzel gepredigt habe, «wie im sacrament des alters under der gstalt des brots syent der war Gott, die menschheit, bluot und fleisch». Das sei gelogen. Der Priester versuchte daraufhin durch die heilige Schrift zu beweisen, dass in der Gestalt des Brotes der wahre Gott, Fleisch und Blut, wäre. Da entgegnete der Mann: «wir wellent der probierung [Erklärung] uss der philosophy nüt; ir söllents durch das Evangelium probieren; dann Cristus neme das brot, gebe es sinen jüngern und spreche: nement hin, das ist min lib; darnach neme er den kelch und sprech: nement hin, das ist min bluot.» Er hätte das Sakrament deshalb noch nicht empfangen. Der Priester solle doch auf der Kanzel predigen, dass man das Sakrament in beider Gestalt austeile. Dr. Lorenz antwortete, dies könne er nicht, wie könnte er auch, wenn nicht einmal der geschickte und gelehrte Ulrich Zwingli dies zustande bringe. Der Mann entgegnete darauf: «mögent ir's nit zuowegen bringen, so lassent mich tuon.»

Der Grossmünsterchorherr, der hier in Zollikon in der Karwoche predigte, hatte die Messe noch nach altem Brauch gefeiert. Die beiden Kritiker waren offensichtlich bereits mit der älteren Forderung nach dem Laienkelch, die schon unter den böhmischen Reformern John Wycliff (um 1320–1384) und Jan Hus (ca.

1369–1415) erhoben worden war, bekannt und regten sich entsprechend auf. Anhand der Aussprüche des zweiten Kritikers ist auch zu erkennen, dass Zwinglis Forderung, sich allein auf das Evangelium zu konzentrieren, nach Zollikon gelangt war und dort auch ernst genommen wurde. Im weiteren Verlauf der Geschichte wechselte der Frühmesser in Zollikon mit Dr. Lorenz ein paar Worte auf Latein, was den zweiten Kritiker dazu veranlasste, zu betonen, dass er sich nicht «um üwer latein» schere, also selber wohl keines sprach. Nach Zwinglis Auffassung sollte nicht mehr in Latein gepredigt werden, damit die Ungebildeten das Evangelium auch verstehen würden. Der Kritiker zeigt auch ein gehöriges Selbstbewusstsein, wenn er sich zutraut, zu begründen, warum das Abendmahl in beiderlei Gestalt auszuteilen sei.

Zwinglis neue Ideen begannen sich demnach bald auch auf der Landschaft auszubreiten, zunächst in stadtnahen Gemeinden, dann allmählich auch auf der weiteren Landschaft. Bereits in seinen frühen Schriften äusserte er sich gegen das Reislaufen. Radikalen Bauern gaben seine Texte indirekt Anlass zu erneuten Forderungen zur Minderung oder gar Abschaffung der Zehnten und führten zu Bauernunruhen. Zwinglis Kritik am Taufsakrament der alten Kirche führte zur Täuferbewegung.

Reformation am oberen Zürichsee

Wann und in welcher Weise nehmen die drei Gemeinden Hombrechtikon, Stäfa und Männedorf an diesen reformatorischen Entwicklungen teil? Wie bereits zu Beginn dargelegt, lassen sich Aussagen über die reformatorischen Entwicklungen in diesen drei Gemeinden nur aus einzelnen Episoden oder «Geschichten» gewinnen, die in den Quellen hauptsächlich im Laufe der ersten Hälfte des 16. Jahrhunderts, als Zwingli noch lebte, aufscheinen und von

Fall zu Fall der Interpretation bedürfen. Die einzelnen Episoden werden daher in zeitlicher Reihenfolge dargestellt und wo möglich thematisch gruppiert.

Volksglaube und Volksfrömmigkeit während der Reformation (1520–1529)

An den Beginn dieser Episodensammlung stellen wir drei Begebenheiten unterschiedlichen Charakters, die Rückschlüsse auf den Volksglauben und die Formen der Frömmigkeit erlauben.

Wetterzauber in Männedorf (1520)

Bei einem im Juni 1520 durchgeführten Nachgang[28], also einer Nachuntersuchung zu Vorfällen, die dem Zürcher Rat gemeldet wurden und schliesslich zu einem Hexenprozess vor dem Malefizrat gegen Cristina Keller von Mardorf (Deutschland) in Kleinandelfingen mit Todesurteil wegen Zauberei führten, wird in einer zusätzlichen Notiz von einem Fall von Wetterzauber in Männedorf berichtet:

Beim Verhör von Benedikt von Neustein in Franken gesteht dieser verschiedene Vergehen ein. Unter anderem will er das jüngst über Männedorf ergangene «Wetter» veranlasst haben, weil ihn der «Pfaff» in der Kirche nicht habe singen lassen wollen. Befragt, wie er das Wetter gemacht habe, berichtet er: «Er sy[g] zuo dem Wasser gangen und hab das Wasser in händen ufgeschöpft und zuo drymal geredt: hagelschlag! hagelschlag! hagelschlag! Do syg das wasser zum himmel hinuf gangen und ein wulken worden. Do syg er erzürnt worden und hab einen ring gemacht, syg darin gestanden; do hab im das wetter zuo gross wellen werden; hab er zwen stein genommen und die mit den

28 Egli, AS, Nr. 124 (9.6.1520).

händen zůsamm[en] geklopft, uss der ursach, dass er sorgte, das wetter wöllte im zů gross werden und überhand nehmen; syg damit [wohl mit den Steinen] zuo der kilchen geloufen; do hab das wetter von stund an ufgehört.»

In der Verhörnotiz ist die Stelle mit dem Pfaffen und der Beschwichtigung des Wetters wieder durchgestrichen. Ob Benedikt seine Aussage in dieser Hinsicht widerrufen hatte, etwas anderes behauptete oder welchen Ausgang der Prozess nahm, erfahren wir leider nicht.

Das Vermächtnis an die Wanne ob Männedorf (1521)

Am 24. Januar 1521 vermachte Anna Tempelmann aus Zürich verschiedenen Kirchen und Kapellen Teile ihres Besitzes. Sie stiftete dabei auch eine halbe rote Decke und ein leinenes Tuch für den Altar an die Kapelle in der «Wanne» für «unser lieben frowen in die Wannen ob Menidorf» oder wie es heute heissen würde oberhalb von Stäfa.[29] So kurz nach Beginn der Reformation stand diese Kapelle mit einem Altar zu Ehren Marias noch dort. Leider ist zu dieser Vergabung weiter nichts bekannt. So können wir nicht wissen, ob die Kapelle diese Gaben je erhalten hat oder ob die Reformation diese Stiftung noch vor Annas Ableben gegenstandslos machte. Bekannt ist lediglich, dass die Kapelle bald nach Einführung der Reformation aufgegeben wurde und ihr Gut der Pfarrkirche Stäfa zugeordnet wurde. Am 10. Juni 1527 wird nämlich der Zins des Hans Billetter an die Kapelle in der Wanne der Pfarrkirche zugewiesen.[30]

29 Kläui, Stäfa, S. 104 nach StAZ B VI 309, S. 86.

30 Kläui, Stäfa, S. 104 nach StAZ, Urkunden AGZ, Nr. 1076.

Die zwei Bauern aus Männedorf und Wylen und das Evangelischsein (1529)

In einer Kundschaft, aufgenommen vor dem Untervogt zu Männedorf, wegen Gerede über französische Pensionen[31] erzählt Hans Marti, wie er und andere gute Gesellen am Freitag nach Mittefasten (5. März 1529) im Haus von Hans Zollinger beim Schlaftrunk mit Uli Suter von Wylen (bei Wollerau SZ) ins Gespräch gekommen seien. Er, Marti, habe geäussert, Gott habe verboten, Bilder zu machen. Darauf habe Uli Suter die Frage gestellt, was besser sei, Heiligenbilder zu haben oder Geld von den Franzosen zu nehmen? Es entsteht ein Streitgespräch. Marti behauptet, Zürich nähme seit sechs Jahren kein Geld mehr von einem fremden Fürsten, Suter dagegen ist der Auffassung, Zürich würde genauso wie Schwyz weiterhin jährlich Geld beziehen, seine Herren von Schwyz würden dies allerdings als Friedensgeld nehmen. Die Frage wird durch einen dritten, Hans Meyer, entschieden, der meldete, er sei eine Zeit lang im Hause des Herrn [Seckelmeister?] Werdmüller gewesen. Dort habe er gehört, wie ein Stadtknecht Herrn Werdmüller gebeten habe, zum Rathaus zu kommen, um das erhaltene französische Geld an sich zu nehmen. Die Obrigkeit nehme das Geld jährlich als Friedensgeld. Auf diese Aussage hin habe Hans Marti seine Meinung geändert. Im weiteren Verlauf des Gesprächs habe Uli Suter Hans Zollinger gefragt, ob er zwei Röcke habe. Dieser verneinte. Da bemerkte Uli Suter, wenn er zwei hätte, so müsste er den einen ihm geben, wenn er doch evangelisch sein wollte. Da erwiderte Hans Zollinger, Suter sei nicht sein Mitbruder, da er doch weder Fleisch noch Eier esse.

31 Egli, AS, Nr. 1554 (15.3.1529). Ziegler, Männedorf, S. 52.

Diese drei Dokumente spiegeln als Momentaufnahmen zu verschieden Zeiten noch zu Lebzeiten Zwinglis die damaligen gesellschaftlichen Anschauungen.

Die Geschichte mit dem Wetterzauber zeigt, dass in dieser Zeit auch Elemente des Aberglaubens noch lebendig waren. Einerseits wurden noch Todesurteile für vermeintliche Hexen ausgesprochen, andererseits glaubte man an Zauberei, die Beeinflussung der Natur durch den Menschen. Singen, Messehalten und solche bisherigen Gebräuche im Gottesdienst würden verachtet und vom gemeinen Mann öffentlich als Abgötterei und Verderblichkeit der Seelen genannt, schreibt der Notar Johannes Widmer am Grossmünster in Zürich am 28. Juni 1523[32] an Heinrich Göldli in Rom, der vorhatte, mit einem Kantor nach Zürich zu kommen. Er würde ihm davon abraten, da «wir Pfaffen in der statt nit wol wüssend, wie sicher wir sind». Ob das geschilderte Verjagen Benedikt von Neusteins aus der Kirche Männedorf, der dort singen wollte, diese Stellungnahme gegen das Singen in der Kirche bereits spiegelt, muss offen bleiben. Andererseits wird noch eine weitere Deutung nahegelegt: Allein schafft es der Mensch, hier Benedikt von Neustein, zwar, mithilfe zweier Zauberpraktiken, dem Beschwören und dem Ring, ein Unwetter oder etwas Böses hervorzurufen und soweit zu vergrössern, dass es überhand zu nehmen droht. Selber findet er aber kein Gegenmittel mehr und kriegt Angst. Allein der Gang zur Kirche zurück ermöglicht, das böse Wetter wieder zu beruhigen.

Die zweite Geschichte vermag zu veranschaulichen, wie wichtig den Zeitgenossen damals die Sorge um ihr Seelenheil war. Vergabungen an Kirchen oder Klöster wurden gemacht, um dem «Haus Gottes» und damit Gott selber einen Dienst zu erweisen und sich seines eigenen Seelenheils zu versichern oder auch, um

32 Egli, AS, Nr. 372 (28.6.1523).

die gespendeten Güter den Erbansprüchen der Verwandten zu entziehen. Als Gegenleistung wurde für die Stifter gebetet. Leider erfahren wir nichts Weiteres über Anna Tempelmann. Es dürfte sich um eine begüterte Dame gehandelt haben, da sie offenbar mehrere Kirchen und Kapellen beschenken konnte.

Die dritte Geschichte ereignete sich drei Monate vor Ausbruch des Ersten Kappelerkriegs. In Zollingers Haus treffen sich Leute aus Männedorf mit einem Schwyzer, also Neugläubige mit einem Altgläubigen. Das von Gott ausgesprochene Bilderverbot meint wohl das Mandat der Zürcher Regierung von 1524.[33] Das Entfernen der Bilder oder «Götzen» aus den Kirchen, wo noch solche verehrt wurden, wurde beschlossen, damit sich jedermann dem lebendigen wahren Gott zuwende. Das bisher für die Bilder aufgewendete Geld sollte für arme bedürftige Menschen verwendet werden. Das Reislaufen hatte die Stadt Zürich per Mandat im Mai 1521 bei schwerer Strafe verboten.[34] Sie selber bezog aber heimlich weiterhin Geld vom französischen König, obwohl sie sich 1521 dagegen entschieden hatte und das Reislaufen unter Strafe stellte. Die unterschiedlichen Auffassungen zwischen Neu- und Altgläubigen zeigen sich in dieser dritten Geschichte am deutlichsten. Die Aussage, dass der Altgläubige Suter ja kein Fleisch und keine Eier esse, bezieht sich auf den Freitag, an dem diese Diskussion stattfand und an dem die Katholiken fasten, was die Neugläubigen seit dem Fastenbruch im April 1522 nicht mehr taten. Die Meinung über die Teilung zweier Röcke ist schwieriger verständlich. Das Thema wurde bereits vier Jahre vorher in den Predigten des Pfarrers Konrad Spörli in Hombrechtikon aufgegriffen,[35] in dem

33 Zürcher Kirchenordnungen I, Nr. 13, S. 20–21.

34 Egli, AS, Nrn. 167 (15.5.1521), 170 (Mai 1521).

35 Kamber, Reformation, S. 421 nach StAZ E I 30.60, Nr. 4 (1525).

Sinne, dass im Evangelium stehe, wenn einer zwei Röcke habe und einer käme, und würde einen davon begehren, so solle er ihm das Kleidungsstück geben. Angespielt wird hier möglicherweise auf die den katholischen Priestern oft vorgeworfene Habgier, beispielsweise im Streit der Zürcher Chorherren des Grossmünsters mit der Gemeinde Witikon im März 1523.[36] Diese wollten den ans Grossmünster abzuliefernden Zehnten als Almosen zahlen, aber nicht als nach Belieben zu verprassende Einkünfte der Chorherren. Von Pfarrer Konrad Spörli und seinen Zehntenpredigten wird noch zu handeln sein.

Fürtrag an die Gemeinden zum französischen Bündnis (1521)

Auf das wichtige Instrument der Volksanfragen ist ja bereits im Abschnitt «Zürich und sein Untertanengebiet» hingewiesen worden. Die Niederlage von Marignano 1515 hatte schwere Verluste gebracht. Die Eidgenossenschaft war innerlich zerrissen. Die vielen toten eidgenössischen Kriegsknechte hatten die zersetzenden Wirkungen des fremden Geldes und der Politik mit fremden Mächten offensichtlich gemacht. Zürich galt in dieser Zeit als Drehscheibe für Söldnerwerbungen sowohl der päpstlichen wie der französisch gesinnten Partei. Es waren Gerüchte im Umlauf, dass ein Verrat der französisch Gesinnten in der Stadt zur Niederlage geführt habe. Die Verhaftung und Hinrichtung eines in Wädenswil aufgespürten Spions führte schliesslich am 10. Dezember 1515 zu einem bewaffneten Aufstand des Volkes vom See und den übrigen Ämtern und Vogteien vor der Stadt. Die aufgebrachte Menge, unter ihnen wohl auch aus Norditalien zurückgekehrte Reisläufer, drangen in die Stadt ein und plünderten Geschäfte und Marktstände, die Süssig-

36 Egli, AS, Nrn. 351 (19.3.1523) und 368 (22.6.1523).

keiten feilboten. Der sogenannte Lebkuchenkrieg konnte nur mit der Hinrichtung der vom Rat als Sündenböcke für die Niederlage von Marignano verantwortlich gemachten Söldnerführer und aufgrund von Zugeständnissen an die Landschaft beendet werden. Die Landschaft verlangte, dass man keine Bündnisse mit fremden Herren und Fürsten mehr eingehen sollte. Ab 1515 nahm sich Zürich vor, bestehende Bündnisse nur noch bis zu deren Ablauf zu halten, dann keine weiteren mehr einzugehen.[37] Seit Beginn seiner Tätigkeit in Zürich 1519 unterstützte Zwingli diesen politischen Reformgedanken auf der Grundlage neuer sittlicher und religiöser Voraussetzungen und gewann durch seine Anhänger auch die Bevölkerung in der Stadt und auf dem Land. Er wies dabei auf das Verwerfliche des fremden Dienstes hin.[38] Der französische König Franz I. und der Habsburger Karl V. lagen im Streit um die innereuropäische Macht. Die Schweiz wurde wiederum Tummelplatz französischer Werbungen. Zwölf Orte der Eidgenossenschaft waren dem von Franz I. gewünschten Sold- und Pensionenvertrag beigetreten. Zürich weigerte sich und wies den Hauptführer der französischen Partei, Albrecht von Stein aus Bern, der in Zürich Werbung betrieb, am 11. Mai 1521 aus.[39] Man befürchtete weitere Unruhen. Vier Tage später wurde per Mandat das alte Verbot des Reislaufens von 1517 erneuert.[40] Kurz darauf entschied sich der Rat am 16. Mai zur Volksbefragung. Boten wurden in die Ämter ausgeschickt und verlasen eine lange Erläuterung der Sachlage verbunden mit der Bitte, nicht einzutreten. Am 20. Mai antwortete Männedorf. Die Gemeinde dank-

37 Bullinger, Reformationsgeschichte I, S. 5.

38 Bullinger, Reformationsgeschichte I, S. 41 f.

39 Egli, AS, Nr. 166 (11.5.1521).

40 Egli, AS, Nr. 167 (15.5.1521).

te für die Anfrage und ermunterte zur Abweisung der bundeswidrigen Vereinigung. Ebenso versprach sie, alle Ungehorsamen der Stadt auszuliefern. In ihrer Antwort vom 21. Mai wies die Gemeinde Stäfa darauf hin, dass in den vergangenen Jahren viele Leute offensichtlich durch Verräterei verloren gegangen oder umgekommen seien und diese «liechter» (Verräter) in der Eidgenossenschaft noch immer brennen würden. Diese hätte man zuerst auslöschen sollen. Die Vereinigung sei «weder göttlich noch billich, ouch ganz wider der seel heil». Der Rat soll sich aus der Sache halten, wo immer möglich, und ihre «biderben lüt zů friden und růwen setzen». Wenn ihnen dies gelinge, wolle die Gemeinde ihnen auch mit Leib, Ehre und Gut zur Seite stehen.

Es wird hier zwar nicht mit dem Evangelium argumentiert, aber doch an göttlichen Ansprüchen und am Seelenheil gemessen. Zumindest Stäfa wünscht Ruhe und Frieden.

Der Bischof von Stäfa (1522)

1522 erschien ohne Angabe des Druckortes und des Verfassers eine Flugschrift mit dem Titel: «Kögel spil, gebracttiziert auß dem yeczigen zwy/tracht des glaubens, zůo eym tail ain geselletz, Alle, so dann Mar/tino Luther anhangent. Zům tail, die dann dem Rechtten/alten weeg des Euangeliums nach jrem vermügen nach/volgent, mitsampt andren, so hye dysem spil zůo lůgen, / hyerinn vergriffen genentt werdent.»[41] Auf der Darstellung unter dem Titeltext wird der Reformator Martin Luther (1483–1546) gezeigt, der eine grosse Kugel mit der Aufschrift «Hailig gschrifft» in der Hand hält und sich eben anschickt, den ersten Wurf zu tun. Links von

41 Gedruckt als «Das Kegelspiel», hg. v. Alfred Götze, in: Flugschriften aus den ersten Jahren der Reformation, hg. v. Otto Clemen, Bd. 3, Heft 6, Leipzig 1909, S. 219–260.

Nachzeichnung der Titelblattgrafik der ältesten erhaltenen Augsburger Flugschrift «Das Kegelspiel» von 1522, aus: Das Kegelspiel (1522), hg. v. Alfred Götze, in: Flugschriften aus den ersten Jahren der Reformation, hg. v. Otto Clemen, Bd. 3, Heft 6, Leipzig 1909, S. 239.

ihm eilt Ulrich Hutten (1488–1523) herbei, etwas im Hintergrund ist Philipp Melanchthon (1497–1560) zu sehen. Auf der rechten Seite drängen sich Zuschauer wie der Papst, der Kaiser und andere hochgestellte Personen neugierig hinzu.

In der Flugschrift messen sich Vertreter des alten und des neuen Glaubens miteinander im Kegelspiel.

1. Als Erste tätigen die Vertreter der neuen Lehre Würfe, die in der Flugschrift als Sprüche erscheinen. Zu den Vertretern der neuen Lehre gehören Luther («aller kegler mûter»), Hutten,

Erasmus, Melanchthon, Maister Leuw (Leo Jud, 1482–1542, zunächst Nachfolger Zwinglis in Einsiedeln, ab 1523 Pfarrer an St. Peter in Zürich), Maister Cůnrat, ain krützherr (Komtur Konrad Schmid in Küsnacht, 1476–1531, ab 1519 Vorsteher des Johanniterhauses Küsnacht, ein Freund Zwinglis, gestorben in der Schlacht bei Kappel), Maister Bastian (Sebastian Rainsberg von St. Gallen, seit 1517–1528 als Prädikant von Gossau im Amt Grüningen nachgewiesen, wird 1528 der Täuferei verdächtigt[42]), die jungen «Nachhetscher» (Nachläufer oder Anhänger) und zuletzt auch Zwingli.

2. Zu Wort kommen dann die Zuschauer: der Papst, der Kaiser, der Bischof und die Eidgenossen, einerseits Zürich, andererseits die zur alten Kirche haltenden Orte, die in ihrer Argumentation den Bruder Klaus (Niklaus von Flüe) anführen.
3. Es folgt ein Spruch der Gegenpartei («gmain priester und verkünder des Evangeliums»), die aber eher als Gruppe von neutralen Zuschauern auftritt.
4. Dann folgt ein Spruch des Schultheissen von Oberesslingen, der den Neuerungen ebenfalls abhold ist. Der Schultheiss spielt darin auf die Lehre des Bischofs «von Steffen» an:
   «Ich weiß nit, was sy all machent,
   ich si[e]ch aber wol, das die puren lachent.
   Sy weltent nit, das es anderst sollte gon.
   was gůt wer, das wellen sy nit verston.
   Nit opfern, nit mer zehent geben,
   das were jnen ain gůt leben,
   Wie der bischoff von steffen seyt,
   der von solchem spil hat im selbs uff gleyt,

42 QGTS I, Nr. 153 (vor 21.4.1528): «Herr Bastion Ransperg», von den Editoren als Sebastian Ramsberger gelesen.

den bischoff hůt mit aignem gwalt.
Yetlichem narren syn aigner kolb wol gfalt.»

5. In der Conclusio entscheidet der Verfasser nicht, welchen Ausgang das Spiel genommen hat oder noch nehmen wird, sondern bemerkt nur, dass die Situation im Jahr 1522 für keine der Parteien verheissungsvoll sei:
   «Ain party yetz hat erhebtt sich:
   werß nun gwunn, wundert mich,
   Die abenthür uff disem plon.»
6. Das Spiel klingt aus mit dem Spruch des Mannes aus dem Volk, Lenharts zu der Aych:
   «Man schribt vil von Christenlicher leer.
   ich sich aber niemants, der sich daran ker.
   Nüws und alts gilt seer glich –
   gott geb was der, wer nun ich rich.
   Also gat es yetz in diser welt,
   min kummer welt ich auch wenden, het ich gelt.»

Mit dem Bischof von Steffen wird sehr wahrscheinlich auf Ulrich Schörli, den ersten reformierten Pfarrer in Stäfa angespielt.[43] Wann Ulrich Schörli (damals auch Pschörnli genannt) sein Amt in Stäfa angetreten hat, ist nicht bekannt. In die Zürcher Pfarrbücher 1553–1624 wird er als Erster in der Pfarrerliste von Stäfa[44] wie folgt eingetragen: «Herr Ůlrich pschörnli so vorhin dise kilchen zů Stäfen under dem papstum mit der mäss und andren verrenten [beendigten, abgeschafften] Chordiensten versähen, hatt ouch allhie zersten das Evangelium christi gepredigет: ist hie mit tod abgangen.» Aus diesem Eintrag ist ersichtlich, dass er eine Zeitlang die

43 Schiess, Traugott, Das Kegelspiel, in: Zwingliana 5 (1930), S. 142–152.

44 StAZ E III, 115/1, S. 2.

Messe noch nach altem Ritus gelesen hat, sich dann aber der neuen Lehre zuwandte. Vor ihm war Heinrich Finsler Pfarrherr auf der Ufenau[45] und in Stäfa von 1479[46] bis 1515[47], der einen Vikar Konrad Häl gehabt haben soll[48] und als öffentlicher Notar des römischen Reiches für mehrere umliegende Pfarrkirchen Jahrzeitbücher und Urbare (Güterverzeichnisse) schrieb.[49] Ulrich wird 1560 anlässlich einer Erbstreitigkeit seines unehelichen Sohnes Lorenz Pschörli von Uerikon mit seinem Bruder Andreas von Oetikon schon länger als verstorben erwähnt.[50] Im Flugblatt wird die Anspielung auf die Lehre des selbsternannten Bischofs von Stäfa dem Schultheissen von Oberesslingen in den Mund gelegt. Dazu muss man wissen, dass Oberesslingen damals zum Hof Stäfa gehörte. Der Bischof von Stäfa wird als Narr dargestellt, der den Bauern, die sich darüber freuen, dass nun alles nach ihren Vorstellungen sich entwickle, gesagt habe, dass sie kein Opfer(geld) und keine Zehnten mehr geben sollten. Damit habe er sich selber zum Bischof gemacht und gefalle sich in dieser Rolle. Interessanterweise berichtet ein Nachgang um 1525[51] davon, dass der Bauer Andres Eberli von Oberesslingen gesagt habe, der nicht namentlich genannte Pfarrer in Egg und andere hätten vor Jahren gepredigt, «dass man den zenden nit geben sollte, dann man niemans gebe, wann nu[r] dem tüfel». Darum habe sein verstorbener Vater während drei Jahren nur eine von geschuldeten zwölf bis vierzehn Garben gezehndet,

45 Ringholz, Einsiedeln I, S. 487 (Eintrag der Verstorbenen im Bruderschaftsrodel der Ufenau).

46 Zürcher Pfarrerbuch, 1519–1952, nach HBLS VI, S. 236 und Egli, AS, Nr. 1714 (Okt. 1530).

47 Kläui, Stäfa, S. 431.

48 Kläui, Stäfa, S. 431.

49 Zürcher Pfarrerbuch, 1519–1952, nach HBLS III, S. 185, Nr. 1.

50 StAZ A 143.1, Nr. 88.

51 Egli, AS, Nr. 879 (undatiert, 1525 ff.).

und er habe es nach dessen Tod ähnlich gemacht. Die Zehnten wurden also nicht völlig verweigert, aber eigenmächtig reduziert. 1522, das Datum der Flugschrift, liegt einige Jahre zurück, so dass angenommen werden darf, dass in der Flugschrift auf reale Ereignisse angespielt und die Erwähnung des Schultheissen von Oberesslingen kein Zufall ist. In den beiden obgenannten Fällen geht es um die für die Bauern wichtige Zehntenfrage, bei der auch der Hombrechtiker Pfarrer Konrad Spörli mit seinen Predigten in den Jahren 1525–1526 eine Rolle spielen sollte. Paul Kläui, der Verfasser der Stäfner Chronik, will in Konrad Spörli gar einen Bruder des Stäfner Pfarrers Ulrich Schörli sehen, was aber nicht nachweisbar ist.[52] Hingegen könnte der 1489 als Mitglied der Bruderschaft auf der Ufenau genannte Leutpriester Ludwig Schörli (Pschernli)[53] zu dieser Familie gehören. Auf einen Zusammenhang mit der Zehntenfrage im Grüninger Amt weist auch die Erwähnung des Gossauer Prädikanten Sebastian Ramsberg oder Rainsberg[54] hin, über den bei einer Kundschaft über die Prädikanten im März 1526 ausgesagt wird, er habe öffentlich gepredigt, Gott habe den Zehnten nicht aufgesetzt, «und wir sygend den zenden nit schuldig. Doch soll man den zenden zemmen legen und den prädicanten ir narung darvon ge[be]n und das übrig den armen mitteilen».[55] Auch hier wird der Zehnte nicht ganz verweigert, sondern so viel als nötig erachtet, dass man Prädikanten daraus ernähren, und den verbleibenden Rest an die Armen austeilen könne. Die weiteren Namen in der Flugschrift und die vielen an dem Spiel beteiligten

52 Kläui, Stäfa, S. 102. Auch Ziegler, Männedorf, S. 52, bezeichnet Pfarrer Konrad Spörli in Hombrechtikon irrtümlich als Konrad Schörli.

53 Lutz, Humbrechtikon, S. 27. «Pschernli» im Rodel der Bruderschaft auf der Ufenau (geschr. 1500–1523).

54 Schiess, Kegelspiel, S. 148.

55 Egli, AS, Nr. 938, S. 448 (12.3.1526).

schweizerischen Persönlichkeiten lassen auf eine Entstehung der Flugschrift im Raume Zürich, Küsnacht, Gossau, Oberesslingen, Stäfa, Einsiedeln schliessen.

Auf Konrad Spörli und die Zehntenfrage wird noch einzugehen sein.

Herrmann Spöri von Stäfa und der heilige St. Jakob (1523)

An einem Ereignis, das 1523 in Zollikon im Wirtshaus stattgefunden hat, war der Stäfner Herrmann Spöri beteiligt.[56] Das Geschehen wurde offenbar in Zürich ruchbar und führte zu einem Nachgang. Ein Zürcher Abgeordneter wurde ausgeschickt, um den Fall zu untersuchen. Hans Küng, der Tischmacher und Zürcher Bürger, der jetzt zu Rapperswil wohne, erzählte dem Abgeordneten von Zürich folgende Geschichte: Von Jakob Wydler und Hans zum Löwen, beide von Rapperswil, habe er gehört, dass sie beide vor Weihnachten in Zollikon übernachtet hätten. Als sie ins Wirtshaus gekommen seien und den Wirt gefragt hätten, was er zu Essen habe, habe er geantwortet: «nicht viel, ausser einem Hafen mit Fleisch beim Feuer». Als man essen wollte, brachte der Wirt das Fleisch zum Tisch, und weil es Freitag gewesen sei, hätten einige das Fleisch gegessen, andere aber nicht. Nachdem sie danach in die Kammer gekommen seien und hätten schlafen wollen, habe da ein geschnitztes Bildnis des Heiligen Jakob gestanden. Herrmann Spöri aus dem Hof Stäfa sei auch in der Kammer gewesen und habe zu dem Bildnis gesprochen: «Ey dass dich gotz fünff wunden schend. Stasst du da, du hast einer ků mehr ghigt weder ich» (sollen Dich doch Gottes fünf Wunden schänden. Da stehst Du und hast mehr Unzucht als ich mit einer Kuh getrieben). Nach

56 StAZ E I 69, Nr. 15 (vom STAZ auf 1523 datiert).

dieser Unmutsbezeugung habe der Wirt das Bild vorsorglich in die Wirtsstube hinab getragen. Am nächsten Tag habe Hans zum Löwen der Jakobsstatue eine Lanze unter die Schulter geschoben und sie so auf einen Stuhl gestellt. Als dann der Spöri am Morgen in die Stube getreten sei, habe er wiederum zum Bild gesprochen «daß dich batz wunde schend, find ich dich da, ich wüßt wol, daß ich dich neiswa mehr gsehon hab» (dass Dich noch mehr Wunden schänden. [Jetzt] finde ich Dich da, und vermeine wohl, dass ich Dich irgendwann schon einmal gesehen habe).

In einem Zusatz ergänzt der Zürcher Abgeordnete, dass Hans Küng in Luzern bei einem Apotheker gearbeitet habe. Dort sei viel von den jetzigen Predigern gesprochen worden. Einmal habe der Apotheker gesagt, der Zwingli müsste verbrannt werden, oder er (wer gemeint ist, ist unklar. Es handelt sich aber wohl eher um Zwingli wegen des Fastengebots, als um den Apotheker) müsste fliehen.

In dieser Begebenheit kommen Leute vor, die noch nach alter Praktik am Freitag kein Fleisch assen, und andere, die es taten. Auch wird die Haltung einzelner gegenüber Heiligenbildern ersichtlich, hier in besonders krasser Weise. Hermann Spöri gebraucht hier einen Fluch mit Gotteslästerung. Diese Lästerung muss damals häufig vorgekommen sein, wie ein Blick in die Quellen zeigt.[57] Die fünf Wunden verweisen auf den mit Händen und Füssen ans Kreuz genagelten Christus, der von römischen Knechten mit der Lanze gestochen wurde. Fluchen bzw. Schwören mit Gotteslästerung war bereits im Verbotbuch der Stadt Zürich um 1500 verboten worden.[58] Obwohl aus der Schilderung nicht hervorgeht, wie der Heilige dargestellt wurde, steht er noch in

57 Vgl. z. B. Egli, AS, Nrn. 120 (18.4.1520), 127 (3.7.1520).

58 Egli, AS, Nr. 126 mit Anm. StAZ A 42.2.1, Nr. 31–33 (ca. 1510–1530).

den heutigen Bauernregeln für einen, der ihnen die Not lindert, erste Frucht und frisches Brot bringt oder ein fruchtbares Jahr anzeigt. Was Hermann Spöri bewogen hat, dieses Bildnis derart zu beschimpfen, können wir nur erahnen. Wahrscheinlich ist dies bereits als Ausdruck der evangelischen Ablehnung von Heiligendarstellungen zu werten, wie sie Zwingli gemäss den Anschuldigungen des Grossmünster-Chorherrn Hoffmann predigte. In seinen Predigten entwerte Zwingli dem Volk die von der Kirche anerkannten Legenden und Historien der Heiligen und erkläre sie für unglaubwürdig, weil in der Schrift nicht ausdrücklich stehe, dass die Heiligen für die Menschen und die Seelen der Verstorbenen bei Gott bitten würden.[59]

Vielleicht vermag eine Äusserung des Zürcher Rats im Rahmen einer im Juli 1524 gemachten Volksanfrage zur Bilderfrage[60] Herrmann Spöris Beschimpfung der Jakobsstatue in einen grösseren Zusammenhang zu stellen. Erhalten geblieben sind nur die Antworten der Gemeinden Andelfingen und Greifensee, so dass es sich nicht lohnt, weiter darauf einzugehen. Der Rat teilt mit, der Bischof von Konstanz hätte ihnen ein Buch zugestellt und darin festgehalten, dass er wolle, dass die «götzen» in den Kirchen bleiben und die Messe wie vorhin als Opfergottesdienst gefeiert werde. Der Rat habe alles geprüft und dann entschieden, dass er Gott mehr Gehorsam schuldig sei als den Menschen, und deshalb per Mandat angeordnet, die Bilder und «götzen» in der Stadt zu entfernen. Er habe auch aus Luzern erfahren, dass die Stadt Zürich und die Zürcher Landgemeinden dort als verlogen angesehen würden, weil u. a. hier gepredigt werde, der jüngere St. Jakob habe für uns gelitten und nicht

59 Egli, AS, Nr. 123, S. 64. (Dez. 1521).

60 Egli, AS, Nr. 557, S. 243 (Juli 1524).

Christus. Daraufhin hätten sie zwei Boten nach Luzern vor die Räte geschickt. Luzern habe sich dann entschuldigt. In dieser gereizten Stimmung ist Herrmann Spöris Beschimpfung verständlich. Da wir aber nicht erfahren, wie die Heiligenstatue genau ausgesehen hat, könnte es sich auch um Jakob den Älteren gehandelt haben, dessen Grabstätte in Santiago de Compostela noch heute Heerscharen von Pilgern anzieht. In öffentlichen Herbergen, in denen Pilger verkehrten, standen mit grosser Wahrscheinlichkeit dessen Statuen. Das Wallfahrtswesen wurde von Zwingli verworfen. Auch naheliegende Pilgerstätten im Herrschaftsgebiet der Stadt Zürich wurden geschlossen. Herrmann Spöris Beschimpfungen des vermeintlichen Jakob des Jüngeren hätten in diesem Fall den falschen Heiligen getroffen, was aber angesichts der Verwerfung der Heiligenverehrung durch Zwingli keine Rolle mehr spielte.

Pfarrer Ulrich Schörli von Stäfa und das Fegefeuer (1523)

Wie sich der erste evangelisch gesinnte Stäfner Pfarrer, der ja früher noch in der altgläubigen Tradition angefangen hatte, mit den Lehren Zwinglis auseinandersetzte, zeigt die folgende Begebenheit. Im Frühjahr 1523 hatte sich aufgrund der Predigttätigkeit Zwinglis in Zürich eine starke Bewegung unter der Bevölkerung gegen Kultus und Lehre der Kirche erhoben. Noch im Fastenstreit nach dem Fastenbruch im März 1522 mit dem Wurstessen in Christoph Froschauers Druckerei in Zürich hatte der Zürcher Rat auf die geistlichen Autoritäten abgestellt und vom Bischof von Konstanz einen Synodalbeschluss erbeten, wie er darauf reagieren solle. Im Frühjahr 1523 änderte der Rat seine Ansicht aufgrund der entstandenen Unruhen. Auf Zwinglis Gesuch hin lud er als Landesherr die Geistlichkeit seines Herrschaftsgebietes auf den 19. Januar

1523 ins Zürcher Rathaus ein, wo die inzwischen von Zwingli formulierten 67 Thesen debattiert werden sollten.[61] In diesen Thesen hatte er seine bisherigen Lehrmeinungen zusammengefasst. Die Thesen 57–60 handeln vom Fegefeuer.[62] Die wahre, heilige Schrift, kenne kein Fegefeuer nach dem Hinschied der Menschen. Das Wissen darüber sei allein Gott bekannt. Je weniger uns Gott darüber habe wissen lassen, umso weniger sollten wir uns darum bemühen, etwas davon erfahren zu wollen. Zwingli sei nicht gegen die Fürbitte um Gnade für die Verstorbenen. Aber Gewinn daraus zu ziehen, beispielsweise mit Seelgerätestiftungen oder Ablässen, sei teuflisch.

Der Anlass zu einer zweiten Disputation ein Jahr später war ein anderer. Zusammen mit Leo Jud hatte Zwingli im August angefangen, die Liturgie den neuen aus dem Evangelium gewonnenen Einsichten gemäss umzustellen. Dies führte zu heftigen Vorwürfen an die Priester, sie würden die Messe nicht so halten, wie sie Gott angeordnet habe. Der Unwille der Bevölkerung richtete sich gegen die Heiligenbilder bzw. «Götzen». In einigen Kirchen in der Stadt und ihrer Umgebung wurden gemalte oder geschnitzte Heiligendarstellungen zerrissen, zertrümmert und weggetragen. Das hölzerne Kruzifix des Müllers in Stadelhofen wurde gestohlen, um, wie die Täter später sagten, das Holz für die Armen zu verwenden. Dies wiederum sorgte für grosse Aufregung und Spaltung zwischen denjenigen, die diese Tat mit dem Tode bestraft haben wollten und den Prädikanten, die sich für die inzwischen gefangenen Täter wehrten, da die Heilige Schrift die Heiligenbilder verbiete. Der Rat beschloss, auf den 29.–30. Oktober eine zweite Disputation zu diesen Fragen zu veranlassen. Eingeladen wurden

61 ZW I, S. 442 ff.

62 ZW I, S. 464.

vor allem die Geistlichen des zürcherischen Gebiets, aber auch jedermann in der Stadt und ausserhalb, der über diese Sache zu diskutieren wünschte. Der erste Tag galt der Bilderfrage, der zweite der Messe mit Fortsetzung am dritten. Nachdem am zweiten Tag Felix Frei, Propst am Grossmünster, eine Frage zum Fegefeuer an Zwingli gerichtet hatte, bedankte sich dieser, dass er ihm Gelegenheit gebe, auch vom Fegefeuer zu reden. Offenbar durch dieses Thema animiert, stand nun auch Ulrich von Stäfa, der dortige Prädikant, auf und bat Zwingli, den Spruch «dominus deducit ad inferes et reducit» (Gott führt in die Hölle und auch wieder hinaus) (1. Sam 2,6) ebenfalls zu erklären, weil es viele «pfaffen» gäbe, die mit diesem Spruch wegen des Wörtchens «reducit» (er führt wieder hinaus) die Existenz des Fegefeuers verteidigen würden.[63] Zwingli antwortete darauf, dass der Spruch nichts weiter bedeute, als dass alles von Gott allein abhänge. Gott mache Arme arm und Reiche reich, wie es ihm beliebe. Darum sei dieser Spruch auch nicht auf das Fegefeuer zu beziehen. So wenig es dem Menschen möglich sei, einen Stern an den Himmel zu hängen, so wenig sei es möglich, das Fegefeuer aus der heiligen Schrift zu beweisen.

Diese kurze Episode zeigt einerseits, wie stark sich auch die damalige Landgeistlichkeit mit der zwinglianischen Lehre auseinandersetzte und wie wichtig das Thema Sündenvergebung nach dem Tod für die Menschen damals war. Für Zwingli gab es nur zwei Orte nach dem Tod, den Himmel und die Hölle, aber nichts dazwischen, auch keinen Weg von oben nach unten oder umgekehrt. Nur wer an Christus glaubt, kommt nach dem Tod zu Gott, wer nicht glaubt, wird auf ewig verdammt.[64]

63 ZW II, S. 782.

64 ZW II, S. 472.

Fürtrag an die Gemeinden nach dem Ittinger- und Waldshuterhandel (1524)

Der Zürcher Rat entschloss sich am 20. November 1524, den Gemeinden die aktuelle politische Haltung Zürichs gegenüber den Eidgenossen durch Abgeordnete zur Vorlesung und Erläuterung zu bringen und ihre Stellungnahme einzuholen.[65] Nachdem die Eidgenossen Zürich gebeten hätten, von den «Lutherischen Sachen» Abstand zu nehmen, hätte die Stadt sich entschlossen, beim Evangelium zu bleiben, sofern man sie nicht aus der Bibel widerlege. Die Gefangennahme des reformierten Pfarrers Johannes Oechsli in Burg bei Stein am Rhein durch den katholischen Landvogt im Thurgau führte zum Sturm auf die Kartause Ittingen, wo sich die religiöse Stimmung und die soziale Unzufriedenheit der Bauer am 18./19. Juli 1524 entluden und das Kloster zerstört wurde. Zürich versuchte, die gefangenen Aufrührer selbst zu bestrafen, die Eigenossen aber, sie an der Tagsatzung in Baden zu verurteilen, was dann auch zu einem heftigen Streit Zürichs mit den Eidgenossen und am 18. September schliesslich trotz Zürichs Protest zu deren Hinrichtung führte. Des Weiteren sei eine Anzahl Zürcherischer Untertanen von Stadt und Land ohne Wissen der Obrigkeit nach Waldshut gezogen, das inzwischen reformiert geworden und deshalb von den Fürsten von Österreich, ihrer politischen Herrschaft, bedroht worden sei. Durch Intrigen seien die Eidgenossen falsch informiert worden, dass die Zürcher Waldshut finanziell unterstützen würden und ihnen mit Kriegsknechten zu Hilfe geeilt wären. Zürich sei deswegen aufgefordert worden, seine Truppen zurückzuziehen. Der Rat beschwerte sich weiter, es gehe das Gerücht um, Zürich wolle Rapperswil und Baden überfallen.

65 Egli, AS, Nr. 589, S. 254 ff. (20.–25.11.1524).

In ihrer Antwort dankte die Gemeinde Männedorf[66] den gnädigen Herren von Zürich dafür, dass sie ihre Untertanen nicht verachten, sondern ihnen über ihre Händel berichten würden. Das anschliessende Begehren der Gemeinde wirkt wie eine Aufforderung: Wenn ihr uns gute Herren sein wollt, so werdet ihr ohne Zweifel auch gute Untertanen an uns finden. Die Gemeinde verspricht, dem Wort Gottes und den gnädigen Herren treu zu bleiben. Schliesslich begehrt sie, dass im Kriegsfall die Stadttore nicht vor ihnen verschlossen würden, da sie als Bewohner einer Grenzregion besonderer Gefahr ausgesetzt seien. Es gehe das Gerücht um, Zürich wolle Rapperswil einnehmen. Die Übeltäter im Ittingerhandel solle man bestrafen. In dieser Antwort ist ein gewisses Misstrauen der Stadt gegenüber spürbar. Sie zeigt aber auch, dass die Gemeinde Männedorf dem evangelischen Bekenntnis fest verbunden war.

Die Gemeinde Stäfa[67] möchte sich gemäss ihrer Antwort nicht zu viel mit den Waldshuter Wirren beschäftigen. Der Streit mit den fünf Alten Orten soll vor die restlichen eidgenössischen Orte gebracht werden. Die Vereinbarungen mit fremden Mächten (Frankreich) sollen weiterhin vermieden werden. Zusätzlich betont die Gemeinde ausdrücklich: «Ist unser will und bger [Wille und Begehren], das das gotswort ein furgang habe; darzu wollent wir setzen unser lib und gut und darvon nit wichen, des glich auch zu ein stat Zürich wie gehorsam underdanen»[68]. Auch in dieser Haltung Stäfas zeigt sich, wie die Reformation in der Gemeinde Fuss gefasst hatte und sie auch daran interessiert war, den eingeschlagenen Weg weiterzugehen.

66 Egli, AS, Nr. 589, S. 261.

67 Egli, AS, Nr. 589, S. 261.

68 Kläui, Stäfa, S. 101.

Meilen, Stäfa und Männedorf verweigern die Opfergaben (1524/1525)

Mit ihren evangelischen Predigten brachten sich die Prädikanten in eine missliche Lage. Einerseits wurden sie im Gefolge der Bauernrevolten für die Unruhen verantwortlich gemacht. Andererseits schadeten sie auch sich selber. Ihre aus dem Studium des Evangeliums gewonnene Einsicht, dass der Zehnte ausschliesslich zum angemessenen Unterhalt der Prädikanten selbst verwendet werden sollte und der Rest an die Armen zu verteilen sei, hatte zur Folge, dass die Kirchgenossen sich weigerten, ihren Prädikanten die traditionellen Opfergaben und Gebühren für ihre erbrachten kirchlichen Dienstleistungen wie beispielsweise Jahrzeitfeiern und Begräbnisgebühren zu entrichten. Das Einkommen, die Pfründe eines Priesters vor der Reformation setzte sich zusammen aus der priesterlichen Eigenbewirtschaftung des Widumsgutes, also den Erträgen aus den zum Pfarrhaus gehörenden Wirtschaftsflächen. Ein zweiter Bestandteil war das vertraglich vom Patronatsherrn zugesicherte Recht zum Bezug einer genau festgelegten Menge an Naturalabgaben von bestimmten Höfen, Äckern, Wiesen und Reben, meist auch etwas Geld. Hinzu kam das Recht auf den Erhalt eines gewissen Teils des Zehnten als weiterer Lohnbestandteil, der von Pfarrei zu Pfarrei unterschiedlich gross sein konnte. Als ein zusätzlicher wohl nicht zu unterschätzender Teil des priesterlichen Einkommens kamen die Gebühren für die Leistung der Gläubigen im Zusammenhang mit den kirchlichen Riten und religiösen Verrichtungen wie Taufe, Begräbnis, Glockenläuten, das Aufstellen und Abbrennen von Kerzen, die Beichte, Hochzeiten, die Spende von Sakramenten sowie die Abhaltung von Seelenmessen hinzu. Ohne diese Abgaben verringerte sich das Einkommen der Prädikanten und führte, insbesondere wenn nach der Aufhebung des Zölibats eine Familie zu ernähren war, zu Konflikten.

Am 7. Dezember 1524 berichtete der Schwyzer Bote an einer Zusammenkunft der Innerschweizer Orte in Luzern zur Vorbereitung der eidgenössischen Tagsatzung in Baden im kommenden April den versammelten Räten von einem solchen Konflikt. Die Untertanen in den Kirchgemeinden in Meilen und Männedorf am Zürichsee würden sich weigern, ihren Pfarrherren die Opfergaben zu entrichten und wollten auch keine Jahrzeiten mehr lesen lassen. Sie wollten die dafür bestimmten «Gülten» (Zinsen) nicht mehr bezahlen. Er werde die Sache an der Tagsatzung den Zürcher Vertretern vorlegen, weil diese Pfarreien ja zum Gotteshaus Einsiedeln gehörten.[69]

An der Tagsatzung in Baden[70] berichtete der Alt-Ammann von Schwyz, wie das Gotteshaus Einsiedeln dadurch beeinträchtigt werde, dass den Priestern in Meilen, Stäfa und Männedorf die Opfergaben und andere Gebühren vorenthalten würden. Die Priester seien nun der Meinung, das Kloster solle ihnen ihre dadurch entstandenen Einkommenseinbussen aus dem Zehnten der entsprechenden Gemeinden ersetzen.

Abgesehen davon, dass sich in der Zwischenzeit auch Stäfa der Weigerung angeschlossen hat, erfahren wir leider nicht viel mehr zu dieser Angelegenheit.

Ein weiteres Indiz liefert die Aussage zweier Bauern anlässlich der am 2. Mai 1525 in Meilen durchgeführten Untersuchung darüber, «wer zuo Meilen dem gottshus Einsidlen nit recht gezendet habe»[71]. Die wohl im Auftrag des Klosters in Meilen tätigen Zehnteinnehmer Rudolf und Peter Andreas zeigen einige Männer namentlich an, die den Zehnten nicht richtig ablieferten. So habe

69 EA IV 1a, S. 535 (7.12.1524).

70 EA IV 1a, S. 615 (3.4.1525).

71 Egli, AS, Nr. 706 (2.5.1525).

Hans Dolder die zehnte Garbe des geforderten Getreidezehnten, sobald das Bündel gross genug geworden sei, übersprungen und sie als elfte gerechnet, den Zehnteinnehmern also eine Garbe vorenthalten. Ergänzend fügt Peter Andreas hinzu: «darzů, so bedunke in, dass vermeldter (der bereits genannte) Hans Dolder nit redlich habe gezehendet wie von altershar, und [habe] in ouch nie bedüecht, dass er im über das halb teil [ge]geben.» Hans Dolder soll also nicht nur mit der falschen Berechnung seiner geschuldeten Zehnten beim aktuellen Zehnteinzug, über den jetzt Erkundigungen eingezogen werden, getrickst haben, sondern schon früher. Dabei schätzt der Zehnteneinzüger, dass er von Hans Dolder nicht mehr als die Hälfte erhalten habe.

Diese Episode zeigt einerseits die Konfliktsituation, die sich die Prädikanten mit ihren Predigten selber bescherten, andererseits aber auch, welche Methoden[72] die Bauern anwandten, um ihre wirtschaftliche Belastung möglichst klein zu halten. Auch sie hatten eine Familie zu ernähren. Ein schlechtes Licht wirft die Episode auch auf die Zehnteintreiber, die offenbar viel zu wenig genau auf die abzuliefernde Menge achteten.

Pfarrer Konrad Spörli von Hombrechtikon und die Zehntenfrage (1525–1526)

Immer wieder kam es zu Auseinandersetzungen der Bauern mit der Stadt um politische Teilnahme und mit ihren weltlichen und geistlichen Grundherren um die abzuliefernden Zehnten. Als die evangelischen Prädikanten begannen, die Lehren Zwinglis von der Kanzel zu verbreiten, sah auch die Landbevölkerung ihre Chance gekommen, verschiedene ihrer «Beschwernisse»

72 Weitere Methoden des Hinterzugs (Defraudation) des Zehnten erwähnt bei Wälti, Einsiedeln, S. 36 ff.

loszuwerden, die sie besonders bedrückten. In verschiedenen Bauernartikeln forderten sie von der Zürcher Obrigkeit u. a. die Aufhebung der Leibeigenschaft, des kleinen Zehnten, der Grundzinsen, der jährlichen Abgabe von Fasnachtshühnern, die Beseitigung von Frondiensten. Ebenso forderten sie, dass die Güter der aufgehobenen Klöster in der betreffenden Herrschaft verbleiben müssten und dass die Gemeinde die Pfarrer künftig frei wählen dürfen. An Pfingsten 1525 erreichten die Bauernunruhen ihren Höhepunkt. Dabei wurden das Kloster Rüti und die Johanniterkomturei Bubikon in Mitleidenschaft gezogen. Am 22. Juni 1525 fand in Zürich vor dem Zürcher Rat eine Tagung statt,[73] an der Boten und Pfarrpersonen aus den Vogteien und Ämtern Kyburg, Eglisau, Grüningen, Andelfingen, Greifensee, Bülach, Neuamt und Rümlang teilnahmen, um über die Bauernartikel zu diskutieren. Im Protokoll wird festgehalten, dass von den Gemeinden gemeldet würde, dass die Unruhen allein «von den pfaffen uss irem unglichen predigen» erwachsen seien. Aus den Vorträgen und Entschuldigungen der Pfaffen habe sich ergeben, dass etliche von ihnen mehr zu Unruhe und Aufruhr als zu Frieden, Ruhe und brüderlicher Liebe und Einigkeit aufgerufen und gepredigt hätten. Die allermeisten Bauernartikel wurden in der Folge vom Zürcher Rat abschlägig beantwortet.

An verschiedenen Orten kam es zu Bauernversammlungen, zum Beispiel zu einer gesamtzürcherischen in Kloten am 15. Juni 1525 und am 20. Juni 1525 zu einer weiteren grossen Grüninger Bauernversammlung in Gossau. Der Grüninger Landvogt Jörg Berger ging mit besonderem Eifer gegen Vertreter abweichender Meinungen vor. Er hatte dazu überall seine Informanten. In seinem Bericht an den Zürcher Rat von dieser Versammlung in Gossau hob er auch

73 Egli, AS, Nr. 756 (22.6.1525).

die Teilnahme der beiden Pfarrer Hans Brennwald von Hinwil und Konrad Spörli von Hombrechtikon hervor und bezeichnete Letzteren als einen, der «hat bredget, man sig kein Zenden schuldig»[74].

Die Verhaftung

Landvogt Berger vertrat eine harte Linie, um sich die Bauern gefügig zu machen und sie zu beruhigen. Am 2. Juli 1525 ordnete der Landvogt die Verhaftung Konrad Spörlis an. Diese gelang jedoch nicht. Als nach der Predigt alle schon weg gegangen seien, schrieb Berger in seiner Orientierung an den Zürcher Rat, habe der Untervogt den Pfarrer (im Brief wird er «Briester», aber auch «pfaff» genannt) verhaften wollen. Der Pfarrer wehrte sich nicht. Da läutete seine Frau alle Glocken. Deswegen liefen etwa 20 Bauern wieder zur Kirche zurück. Der Pfarrer begehrte, dass er zum Landvogt nach Grüningen geführt werde. Die Bauern fragten den Untervogt, wohin er ihn führen wolle. Da dieser ihnen nicht gleich antwortete, sie es aber wissen wollten, baten sie den Untervogt, Konrad Spörli nicht nach Zürich mitzunehmen. Konrad Spörli besänftigte die Bauern. Sie sollten ruhig sein. Sie würden die Sache ja doch nicht verstehen. Nach einem längeren Hin und Her beriet sich der Untervogt mit seinen Helfern und entschied, dass er Konrad Spörli zunächst nach Grüningen mitnehmen wolle. Als sie sich auf den Weg machten, liefen ihnen die Bauern nach, und verlangten vom Untervogt eine Garantie, dass er den Pfarrer nicht weiter als nach Grüningen bringe. Diese Zusicherung wollte ihnen der Untervogt jedoch nicht geben. Daraufhin befreiten die Bauern den Pfarrer und führten ihn nach Hombrechtikon zurück. Anschliessend beriefen sie eine Gemeindeversammlung ein und schickten fünf Boten nach Grüningen. Landvogt Berger sah darin einen Gewaltakt, weil die

74 Kamber, Reformation, S. 418.

Bauern die Verhaftung mit Gewalt verhindert hätten. Gleichzeitig bestand er auf einer unverzüglichen Aburteilung derjenigen, die Pfarrer Spörli befreit hatten und setzte dafür einen Gerichtstag auf den 18. Juli 1525 an.

Was hatte nun Pfarrer Spörli wirklich gepredigt? Nach seiner vereitelten Verhaftung schrieb dieser Mitte Monat in seinem eigenen und dem Namen seiner Anhänger an die Räte von Zürich und verteidigte sich.[75] Er sei immer guten Willens gewesen. Er möchte sich nun mit der göttlichen Schrift verantworten und wenn er denn gesündigt habe, so nehme er die Strafe an. Alle aus den Kirchgemeinden Hombrechtikon, von Bubikon und Gossau, die seine Predigt gehört hätten, könnten bezeugen, was er über den Zehnten gepredigt habe. Erstens habe er aus dem Matthäus-Evangelium den Vers «Verkaufe alles, was du hast, und gib es den Armen» interpretiert. Wenn einer dem Evangelium nachleben wolle, so begehre er nicht viel an zeitlichen Gütern und trauere nicht darum, wenn sie ihm weggenommen würden, sondern teile all seinen Besitz den Armen aus.

Nach dem 5. Buch Mose im Alten Testament 14,22 ff. habe er damals gepredigt: «Doch Arme wird es bei dir nicht geben, denn der HERR wird dich segnen in dem Land, das dir der HERR, dein Gott, zum Erbbesitz gibt.» Es wäre heute noch gut, die Zehnten wie ursprünglich zu verwenden: Ein Kirchherr soll daraus angemessen ernährt werden können, der Rest soll den Armen gegeben werden.

Drittens habe er weder im Evangelium noch im übrigen Neuen Testament gefunden, dass Christus uns so viel, wie wir jetzt geben müssten, auferlegt habe. Er habe aber auch hinzugefügt, dass wir selbst schuld seien über solche Bürden, weil etliche Geistliche die

75 Egli, AS, Nr. 771 (ca. 12.7.1525).

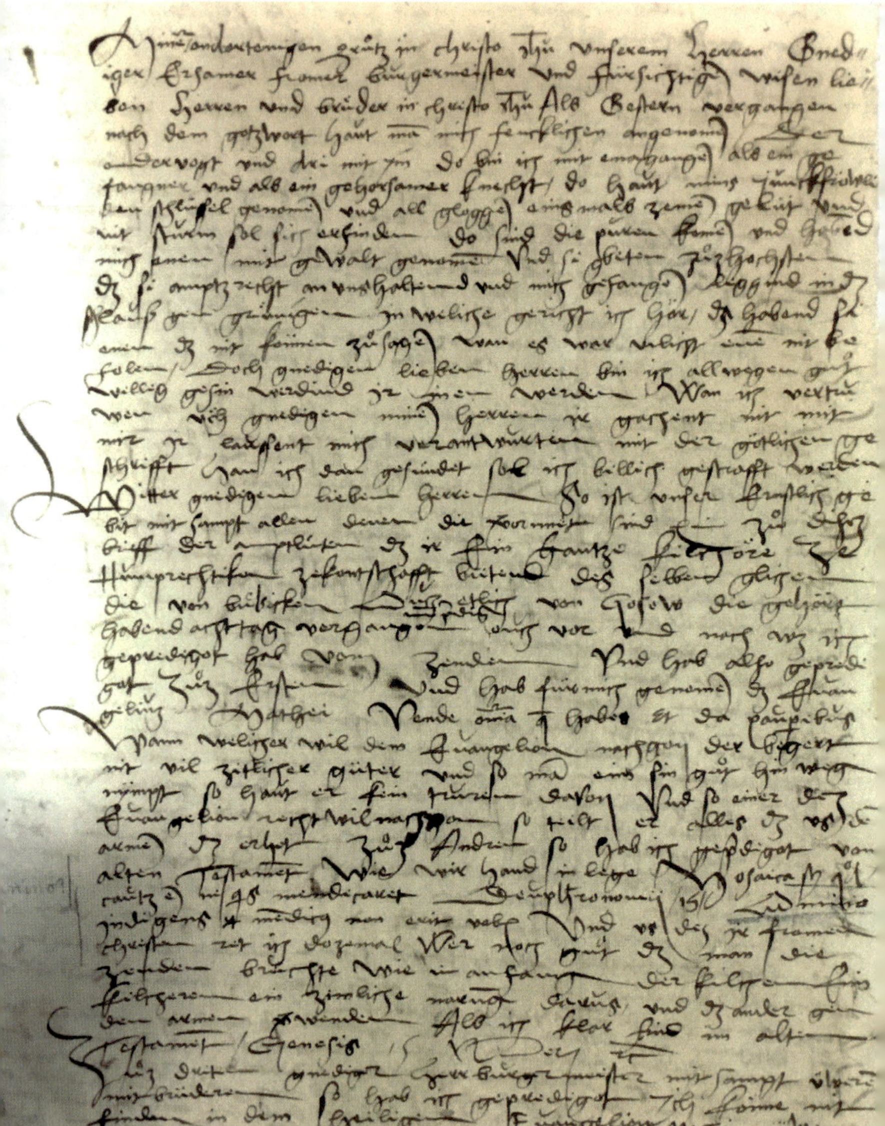

Beginn des Rechtfertigungsschreibens von Pfr. Konrad Spörli an den Zürcher Rat von 1525 (Staatsarchiv Zürich E I 1.69 Nr. 28)

Zehnten an Weltliche verkauft hätten. Keiner soll sich dagegen wehren, diese verbrieften Zehnten zu zahlen, wie die Obrigkeit es vorschreibe.

Wenn einige nun erzählen würden, der Pfarrer sorge für Aufruhr, so stimme das nicht. Die Bauern im Amt Grüningen hätten am St.-Peter-und-Paul-Tag (29. Juni) in Hombrechtikon eine Gemeindeversammlung über den Zehnten abgehalten. Da hätten einer oder höchstens zwei gemeint, man solle den Zehnten zusammenlegen, wie es auch in einigen Orten im Zürcher Herrschaftsgebiet geschehen sei. An dieser Gemeinde sei er auch gewesen und habe ungefragt gesagt: «Einem nichts für seinen Besitz zu geben, lernt ihr nicht von mir. Ihr sollt den Zehnten geben, wie euch die Obrigkeit geboten hat. Das entsprechende Mandat habe ich euch vorgelesen. Liebe Untertanen, gebt also den Zehnten.»

Pfarrer Spörli schloss sein Verteidigungsschreiben mit der Beteuerung ab, er wolle der Obrigkeit gehorsam sein.

Auch habe er, nachdem er die Meinungen aller Priester und auch diejenige Zwinglis gehört habe, was ihn einen halben Gulden gekostet habe, nach seiner Rückkehr geschwiegen, bis er Nachricht davon erhalten habe, was die Amtsleute in Grüningen erreicht hätten. Leider würden ihm seine Bauern nicht mehr Geld geben, sonst wäre er noch weitere Male da (in Zürich) gewesen. Die Obrigkeit soll in dieser Sache ihr Bestes tun.

Dem Ende von Pfarrer Spörlis Brief nach zu schliessen, war er zwischenzeitlich nach Zürich gereist und hatte sich auch mit Zwingli und Kollegen besprochen. Leider erfahren wir darüber keine Einzelheiten. Dass er noch schreibt, wie viel ihn diese Reise gekostet habe, und dass er noch weitere Male gegangen wäre, hätten ihn die Hombrechtiker besser bezahlt, weist jedoch auf seine knappen finanziellen Verhältnisse hin.

Die Nachuntersuchung

Wie bei solchen obrigkeitlichen Strafverfolgungen üblich, wurden auch in diesem Fall zusätzlich Erkundigungen bei der Bevölkerung eingezogen. Verschiedene Personen aus Hombrechtikon, Uerikon und Stäfa wurden einzeln befragt.

Die meisten von ihnen stimmten überein, der Pfarrer habe in seiner Predigt in Hombrechtikon und ihn früheren Predigten mehrmals betont, dass man nach dem Alten Testament den Zehnten nur so weit schuldig sei, dass aus ihm die Pfarrpersonen bezahlt werden könnten. Der Rest solle unter den Armen der Gemeinde verteilt werden. Gott habe den Zehnten nicht festgesetzt. Einige ergänzten, ihr Pfarrer habe auch gesagt, man solle auch denjenigen, die den Zehnten von Zehntherren gekauft oder geerbt hätten, ihren Zehnten geben. Gabriel Rebmann aus Stäfa entwickelte nachgerade eine revolutionäre Zinstheorie[76], nach der Zinszahlungen identisch mit Abzahlungen seien und die geschuldete Summe, das Hauptgut, dabei schrittweise reduziert würde: Der Zins sei nur so lange zu bezahlen, bis der Wert des Hauptgutes erreicht sei. Danach sollten Zins und Hauptgut verfallen und man nichts mehr schuldig sein müssen. Peter Hürlimann aus Stäfa und Hans Zollinger, der Knecht des Ammanns von Uerikon ergänzten, dass der Pfarrer auch gesagt habe, das Evangelium sei so «gross» (stark), dass wenn einer zwei Röcke habe und ein Bedürftiger zu ihm (dem Pfarrer) käme und einen davon begehrte, so würde er ihn ihm geben. Dieser Geschichte sind wir bereits einmal beim Gespräch zweier Bauern aus Männedorf und Wylen 1529 als Zeichen der evangelischen Haltung begegnet.

76 Kamber, S. 422.

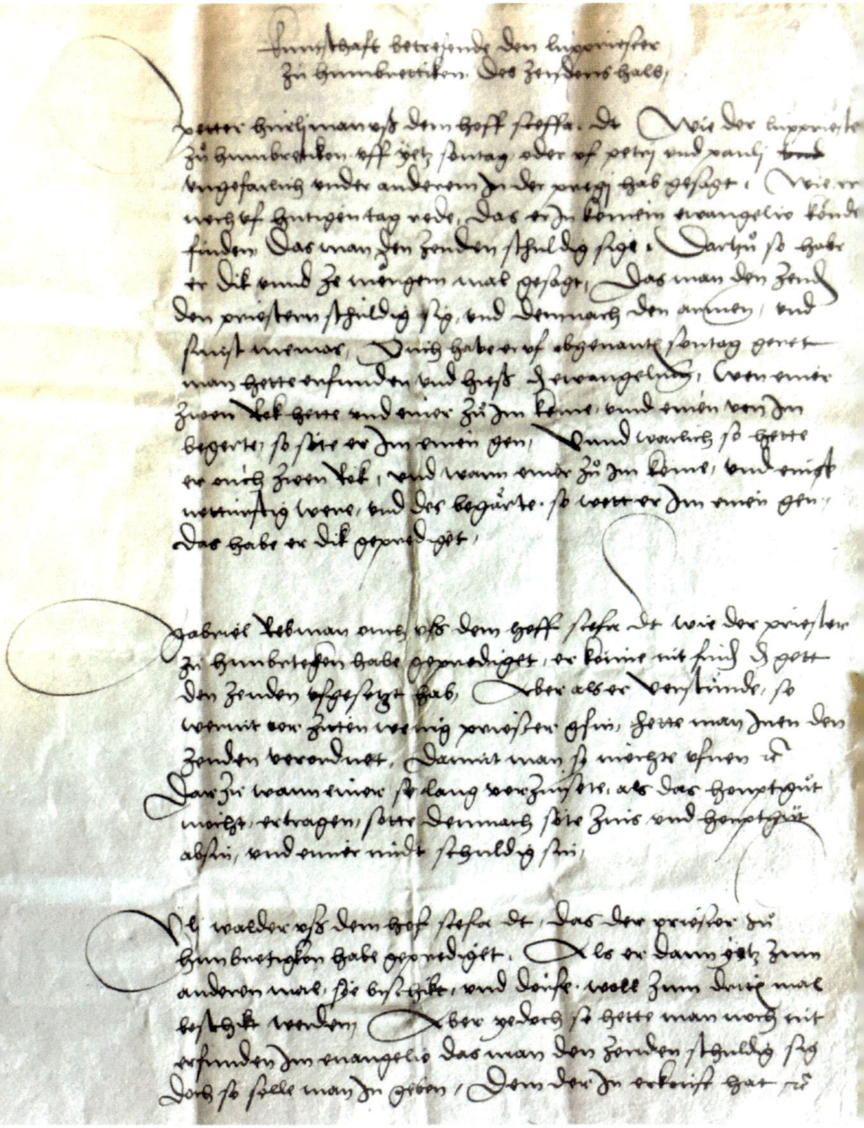
Kundtschaft betreffende den lüppriester
zů humbrechtiken des zendens halb

«Kundtschaft betreffende den lúppriester zů humbrechtiken des zendens halb»
(Staatsarchiv Zürich E I 30.60 Nr. 4, Seite 1 von 2)

Die Verurteilung

Auf den 18. Juli 1525 setzte der Landvogt einen Gerichtstag in Grüningen an. Zwei Hombrechtiker verteidigten sich stellvertretend für alle anderen vor dem Grüninger Geschworenengericht, den Zwölfern, wegen der vereitelten Verhaftung Konrad Spörlis. Es wurde eine Kollektivstrafe für die Gemeinde ausgesprochen. Jeder sollte 10 Pfund in bar bezahlen. Ziel des Landvogts war, sich die ungehorsame Gemeinde wieder gefügig zu machen. Weil er aber wusste, dass die Bauern sofort nachgeben würden, wenn sie an einem Schreiben das hochobrigkeitliche Stadtsiegel erkannten, hatte er schon bei früherer Gelegenheit zu einer List gegriffen, indem er als getreuer Diener der Obrigkeit diese aufforderte, ihm in ihrem Namen einen Beschluss, den er ihnen in seinem Bittschreiben jeweils vorgeschlagen hatte, zu übersenden. Um sich die nötige Achtung zu verschaffen, präsentierte er anschliessend den Bauern dieses obrigkeitlich gesiegelte Schreiben. Den Bauern gegenüber stand er so als machtloser, den Direktiven aus Zürich unterworfener Staatsdiener da, der aber sehr wohl die Fäden in der Hand hielt. Er wusste auch, dass die Stadt Zürich wegen ihrer Behandlung der Bauernartikel neue Aufstände befürchtete. Die Bauernaufstände hatten sich auch als Demonstration einer kriegserprobten bäuerlichen Übermacht erwiesen. Zürich konnte sich nicht auf Gewalt allein verlassen. Ihre Stellung gründete auf einem jeweils der Situation angepassten Einsatz ihrer Machtmittel. Auch vor diesem Gerichtstag hatte der Landvogt Zürich angeschrieben, ihm Boten mit dem Befehl an ihn zu schicken, er solle hart verfahren, da er ja wisse, was er der Obrigkeit aus Eidespflicht ihr gegenüber schuldig sei. Als die beiden Vertreter Hombrechtikons am Gerichtstag ihren Landvogt baten, sich für sie in Zürich einzusetzen, damit die Strafe reduziert würde, sah Jörg Berger seine Chance gekommen, sein Ziel zu verwirklichen. Er erklärte den

Hombrechtikern, er habe keine Gewalt mehr in Zürich. Sie wären der Stadt gegenüber mit der Vereitelung der Verhaftung unfolgsam gewesen. An Zürich schrieb er, dass die Bauern ihre Tat bereuen und sich künftig als gehorsame Untertanen verhalten würden und darum um ein Strafminderung bäten. Die Stadt war einverstanden und reduzierte die Strafe auf 5 Pfund pro Person. Noch war aber nicht klar, ob die Bauern sich deswegen fügen wollten, oder ob nicht ein neuer Aufruhr in Hombrechtikon entstehen könnte. Es wurde auch befürchtet, dass die Angelegenheit auch in weiteren Teilen des Grüninger Amtes für Unruhe sorgen könnte. So schickte die Stadt am 24. Juli 1525 zwei Abgeordnete aus, die neue Erkundigungen einziehen sollten. Schliesslich konnte die Sache aber beruhigt werden. Die Strafsumme für die ganze Gemeinde wurde am 28. August 1525 auf 50 Pfund für die ganze Gemeinde reduziert.

Fürtrag an die Gemeinden wegen der Bauernunruhen (1525)

Als 1525, beeinflusst durch die Süddeutschen Bauernaufstände gegen die Fürsten und deren Beschwerdeartikel auch im Zürcher Herrschaftsgebiet eine Revolte auszubrechen drohte, gestattete der Zürcher Rat den Ämtern und Vogteien, schriftlich ihre Klagen und Wünsche vorzubringen. Er wollte damit weiteren Aufruhr wie nach dem Aufstand von 1489 im Waldmannhandel und im «Lebkuchenkrieg» nach der Niederlage von Marignano 1515 vermeiden. Die Beschlüsse des Rats über diese ihnen im April und Mai 1525 unterbreiteten Artikel vermochten die Bauern nicht zu befriedigen. Sie rotteten sich zusammen und hielten Volksversammlungen in Töss, Dürnten, Gossau, Hinwil und Kloten ab. Kurz vor dem Tag in Kloten beschloss die Obrigkeit, sich mit den bisher ruhig gebliebenen Landschaften, insbesondere den Seegemeinden, in Verbindung zu setzen, ihnen die Bauernartikel vorzulesen, die

Beschlüsse der Stadt zu erklären und sich von ihnen über ihre Haltung dazu orientieren zu lassen und sie zu bitten, nicht am Tag in Kloten teilzunehmen. Wenn die Gemeinden, die schon in Töss dabei gewesen waren, aber nun an den See kämen und die dortigen Gemeinden an die Versammlung in Kloten einladen würden, dann sollten die Seegemeinden ehrbare Leute hinschicken, die sich insbesondere bei der Zehntfrage einmischen und erreichen sollten, dass die Zehnten wie bisher bezahlt würden. Die Stadt beendete ihr Schreiben mit einem Lob an die Gemeinden: «Und wiewol sich unser Herren gegen denen am Zürichseew, Höngg und Fryen Ampt nüt anders dann alles guoten versehen, und dass si [sich] wie ire frommen vätter und vorderen von einer loblichen stadt Zürich nicht abwisen lassind; nüt desterminder wellent unser Herren irs willens in disem fal gern bericht[et] werden; dann die stadt Zürich und die am Seew [von] jewelten har eins gewesen und als die burger in der Stadt gehalten syend, als si mit der gnad Gottes in die ewigkeit pliben und gehalten werden sollent.»[77] Die Stadt bescheinigt hier den Gemeinden ein gutes Zeugnis über ihr bisheriges Verhalten und dass sie sie bisher wie Bürger in der Stadt behandelt hätten. Sie biete in dieser «Instruction und befelch» an die Abgeordneten auch, dass sie gemäss den Forderungen der Bauern ihnen die Zehnten der Stadt gerne nachlassen würde, aber keinen Einfluss auf andere geistliche und weltliche Patronatsherren im Zürcher Gebiet hätte, wozu auch Einsiedeln gehöre.

Die Gemeinde Männedorf antwortete am 11. Juni ausführlich.[78] Erstens seien sie der Stadt zu grossem Dank verpflichtet, dass sie keine Vereinigung mit fremden Fürsten mehr eingangen sei, und so der Gemeinde viele Leute (wohl Kriegsknechte) erspart hätte.

77 Egli, AS, Nr. 742 (vor 11.6.1525).

78 Egli, AS, Nr. 744, S. 349 f. (11.6.1525).

Die Reisläufer sollen bestraft werden, zu wem auch immer sie gehen würden. Die Gemeinde wolle mit Leib und Gut dabei helfen. Zweitens wollten sie sich nicht mit den vorgelesenen Artikeln und Beschwerden, die die Leute in anderen Ämtern vermeintlich hätten, beladen. Des Weiteren wollten sie bekräftigen, was sie auf die letzten beiden Anfragen der Herren nach ihrer Haltung zur Vermehrung des Evangeliums durch die Stadt geantwortet hätten: «si söllind bi dem helgen Evangelium standhaft sin und dasselbig für und für üfnen [äuffnen, vermehren] und demselbigen nachgan; und wer der syge, der si von dem helgen Evangelium und gottswort wellte zwingen und trängen, da wellend wir zů unsern Herren setzen eer, lib und gůt und was uns Gott je beraten hat.» Die Bitte wird nochmals wiederholt: «ir wellind dem helgen Evangelium nachgan und dasselbig strax verkünden lan und dasselbig üfnen, wie ir von anfang an uns zůgesagt hand, in hoffnung, es werde mängem bidermann [ehrlichem, rechtschaffenem Mann] ettlichs durch das gottswort abgan, darmit jetz der arm mann beschwert ist.» Die (Gesetzes-) Sprüche und Verträge, die sie mit der Stadt hätten, sollten so bleiben, wie sie sind, und die Gemeinde will weiter beim heiligen Evangelium und Gotteswort bleiben und mit dessen Hilfe Freud und Leid annehmen. Zum dritten Mal bekräftigt die Gemeinde anschliessend ihren Willen, sie wolle sich mit Leib und Gut für Zürich einsetzen, damit die Stadt das heilige Evangelium schütze. Trotz dieser auffällig zur Schau gestellten Religiosität sieht die Gemeinde ihre Umgebung in kritischem Licht: «aber uns will bedunken, der eigennutz syge noch nit erloschen und welle dem gemeinen Mann wenig abgan und sygind etlich prädicanten in unser Herren gebieten, die habint anfangs das helig Evangelium verkündt, die fahind [fangen] jetz an hindersich zufen [ihren Standpunkt aufzugeben, zurückzukrebsen].» Diese kritische Beobachtung wird anschliessend ergänzt: Die Gemeinde habe vernommen, dass Zürich etliche Prädikanten von ihrer Gerichtsherrschaft und aus ihrem Gebiet wegschicken würde. Diese hätten aber immer gemeint, sie hätten nichts anderes als das heilige Gotteswort verkündet und könnten das auch mit der Heiligen Schrift beweisen. Das sei bedauerlich. Die Gemeinde bitte deshalb die Stadt demütig, wer auch immer, Prädikant oder Bauer, die von Gott erleuchtet seien, das heilige Evangelium zu verkünden, es weiterhin verkünden zu lassen, damit das heilige Gotteswort «an Tag käme». Die bisherigen Äusserungen der Gemeinde deuten darauf hin, dass wohl ein Grossteil der Gemeinde hinter den reformatorischen Lehren steht und sich auch erhofft, mit ihnen die Armut zu bekämpfen. Eine direkte Aussage, welche Beschwernisse gemeint sind, wird jedoch nicht gemacht. Es ist anzunehmen, dass Männedorf von den Ereignissen um den Hombrechtiker Pfarrer Spörli weiss. Ohne Männedorfs letzte Aussagen überinterpretieren zu wollen, scheint doch die Meinung der Gemeinde zu sein, in solchen Fällen im Sinne einer unorthodoxen Auslegung des Evangeliums Milde walten zu lassen und die Prädikanten weiter wirken zu lassen. Die abschliessenden Punkte behandeln keine religiösen Fragen mehr. Die Gemeinde greift hier die Gefahr von kriegerischen Auseinandersetzungen zwischen Zürich und den Eidgenossen auf, und spielt dabei wohl auf den Waldshuterhandel an. Als die Stadt in Sorgen gewesen sei, habe sie der Gemeinde und allenthalben auf der Landschaft «büchsen» (Gewehre) ausgeliehen und wollte diese nun wieder zurück. Männedorf äusserte sich zudem befremdet, weil die Stadt gerade ein Bollwerk errichte. «Pollwerchend ir dann gegen uns, so erbarms Gott.» Männedorf zeigt sich hier sehr selbstbewusst. Auf die Bitte der Stadt an die Gemeinde, zwei Mann aus der Gemeinde an die Versammlung in Kloten zu schicken, die für Frieden und Ruhe sorgen sollen, antwortet die Gemeinde, es sei noch niemand mit einer Einladung zu ihnen gekommen, sie würden aber, wenn erforderlich, hingehen.

Die Gemeinde Stäfa dankte in einem nur gekürzt in einem Kanzleiauszug überlieferten Text den gnädigen Herren für ihren guten Willen, den sie der Gemeinde gegenüber zeige, und bat sie, dass «sie dem heiligen gottswort und Evangelio trüwlich anhangen wellen und dannen nit wichen». Wenn dem so sei, so «wellen si [die Gemeinde] lib, gůt und alles das, so inen Gott je verlichen hat, zů einer stadt von Zürich setzen und sich halten als fromm landlüt»[79].

In beiden Gemeinden ist das reformatorische Gedankengut also fest verankert.

Stäfa und Männedorf und die Täuferbewegung (1525–1527)

Einer der Hauptkonflikte, mit denen der Landvogt von Grüningen, Jürg Berger, während seiner Amtszeit von 1513 bis 1529[80], zu kämpfen hatte, war die Auseinandersetzung mit den Anhängern des Täufertums. Sie stellten nicht nur das herrschaftliche Machtgefüge in der Landvogtei Grüningen, sondern auch jenes des gesamten Stadtstaates Zürich infrage. Beim Täufertum handelte es sich um eine soziale Bewegung, die obrigkeitlich nur schwer kontrollierbar war. Die Akteure in früheren Unruhen hatten auf aus ihrer Sicht ungerechte Verordnungen reagiert, was entsprechende gezielte Reaktionen der Obrigkeit erlaubte. Die Täufer agierten nicht in einem Grossverband, sondern in einzelnen Gruppen ohne eigentliche Leitung der Gesamtbewegung und waren deshalb nur schwer fassbar.

Mit der Erwachsenentaufe forderten sie die autonome Entscheidung des Individuums über die Zugehörigkeit zur christlichen Gemeinschaft. Dies widersprach der traditionellen mittelalterlichen Vorstellung von einer Glaubensgemeinschaft, die von Gott einge-

79 Egli, AS, Nr. 744, S. 350.

80 Biografie bei Klee, Konflikte, S. 34–39.

setzt war und von der Obrigkeit kontrolliert wurde. Der Zürcher Stadtstaat hatte durch die neue reformierte Lehre die alte kirchlich-religiöse Hierarchie für seine Zwecke umgedeutet und instrumentalisiert. Durch die Ablehnung der Säuglingstaufe stellte die Täuferbewegung gleichzeitig die Legitimation des obrigkeitlichen Machtanspruchs infrage. Im Weiteren verweigerte die Täuferbewegung die von der Obrigkeit geforderte Eidleistung. Im Eid schworen die Untertanen der Obrigkeit «unsern heren und obren ghorsam zů sin unnd ir nutz zů fürdern unnd ir schaden zů wenden [abzuwenden], alß [so] wit unserm jetlichem sin lib und guot gelangen mag», wie dies Landvogt Berger an einer Gemeindeversammlung in Rüti einmal ausdrückte. Die Formel ähnelt derjenigen, die die Prädikanten und Gotteshausleute auch dem Kloster Einsiedeln zu leisten hatten. Da die Täufer sich zu Gruppen zusammenschlossen und ihre religiösen Sitzungen häufig auch in Privathäusern abhielten und sich weigerten, die Kirche zu besuchen, drohte die Gefahr, dass ihre Kontrolle der Obrigkeit vollends entglitt. So zwang die Täuferbewegung den Zürcher Rat zum Handeln. Am 17.1.1525 fand in Zürich eine Disputation über die Taufe statt. In deren Folge erliess der Zürcher Rat verschiedene Täufermandate, in denen verordnet wurde, alle Kinder zu taufen, auch diejenigen der Täufer. Sollten diese sich nicht daran halten, müssten sie «mit wib und kind und sinem guot derselben unser Herren stadt, gricht und gepiet rumen [räumen, fortziehen]»[81]. Als diese Mandate aber nicht den erwünschten Erfolg zeigten, erliess die Stadt im März 1526 ein Mandat, gemäss dem jeder, der «wyter» den anderen taufe, «on alle gnad» ertränkt werden soll.[82]

81 Egli, AS, Nr. 622 (18.1.1525).

82 QGTS, Nr. 172.

Der Stäfner Beitrag zur Verhaftung des Täufers Felix Manz (31. Oktober 1525)

Der Zürcher Felix Manz (1498–1527) gehörte zusammen mit Konrad Grebel (1498–1526), dem späteren Gründer der Zürcher Täufergemeinde, und Jörg Blaurock (1492–1529), zu den bekanntesten Täuferführern im zürcherischen Herrschaftsbereich. Wie die anderen wurde auch er von der Zürcher Obrigkeit verfolgt. Nach ihrer Vertreibung aus Zürich flüchteten die Täufer ins Schaffhausische, in die Ostschweiz und ins Zürcher Oberland. Das Grüninger Amt wurde für kurze Zeit zu einer Hochburg täuferischer Aktivitäten. Ende Oktober 1525 befahl der Zürcher Rat dem Grüninger Landvogt Jörg Berger, den Täuferführer Felix Manz zu verhaften. Man vermutete, dass er sich im Grüninger Amt im Girenbad bei Hinwil aufhalten würde. Jörg Berger berichtete am 31. Oktober dem Züricher Rat,[83] dass er all seinen Fleiss auf die Verhaftung verwandt habe. Er habe drei Weibel ausgeschickt. Diese hätten während der letzten drei Wochen überall nach Manz gesucht. Sie hätten seiner jedoch nicht habhaft werden können, weil die Bevölkerung sie an ihrer Suche gehindert und in die Irre geführt habe. Während dieser drei Wochen sei viel Unruhe im Amt Grüningen entstanden. Heute sei aber der Weibel von Wernetshausen vom Ammann von Uerikon, dem er Zins ablieferte, nach Grüningen gekommen. Der Ueriker Ammann habe von Heini Kunz von Stäfa vernommen, dass sich Felix Manz in Marx Pfenningers Haus im Girenbad versteckt halte. Die Girenbader Pfenninger waren erst einige Jahre vorher von ihrer Herkunftsgemeinde Stäfa nach Hinwil gezogen. Offenbar bestanden noch persönliche Kontakte zur alten Heimat am Zürichsee.[84] Der Weibel von Wernetshausen gehörte auch zu

83 QGTS, Nr. 117 (31.10.1525).

84 Sierszyn, Täuferbewegung, S. 56 mit Anm. 106.

den Weibeln, die Felix Manz im Auftrag des Landvogts verfolgten. Er habe dann mit dem Amman von Uerikon, dem Untervogt von Stäfa und Heini Kunz gesprochen und diese hätten zu ihm gesagt: Gehe zum Landvogt, und wenn dieser es so will, so wollen wir ihn verhaften. Was dann auch geschah. Felix Manz wurde schliesslich als erster Zürcher Täufer gemäss dem Zürcher Mandat vom 7. März 1526 zum Tode verurteilt und in der Limmat in Zürich ertränkt.

«versumete» in Stäfa und Männedorf (24. Februar 1526)

Seit 1525 werden die Täufer verfolgt. Dass sie in unseren Gemeinden aktiv geworden wären, lässt sich nicht direkt nachweisen. Wohl hatten auch Leute aus den Seegemeinden mit Einzelnen von ihnen Kontakt oder waren an Versammlungen dabei.

Am 23. Februar 1526 berichtete der Landvogt Jörg Berger an den Zürcher Rat folgende Begebenheit[85]: Am Sonntag, 21. Februar war eine Gruppe Täufer nach Rüti gekommen. Es befanden sich auch Ratsabgeordnete und der Landvogt selber dort, weil am Dienstag in einer Gemeindeversammlung über die von den Amtleuten der Grüninger Herrschaft verfassten Bauernartikel zuhanden der Zürcher Obrigkeit abgestimmt werden sollte. Die Täufer hätten auch zwei Boten an die Versammlung geschickt. Als die beiden Ratsabgeordneten nach der Versammlung von Rüti dem See entlang nach Zürich ritten, hätte sie Uely Seiler, der Täufer «mit der einen Hand» begleitet. Als sie in die Gegend von Stäfa und Männedorf gekommen seien, seien sie aufgehalten worden. Da sei der Täufer weitergeritten und habe sie hinter sich gelassen. Der Landvogt schrieb weiter, dass «dieselben» von Stäfa und Männedorf und ettliche von Meilen in Rüti gewesen seien. Er habe dann auch mit Peter Itschner, dem Untervogt von Stäfa

85 QGTS, Nr. 168.

gesprochen, und dieser habe ihm gesagt, dass er von etlichen vernommen habe, sie hätten in Rüti Propaganda für das Täufertum gemacht. Mehr könne der Zürcher Rat vom ebenfalls in Rüti anwesenden Ratsmitglied Hans Edlibach erfahren, nämlich was dieser im Gasthof zum Sternen von ihnen gehört habe. Leider erfahren wir nichts Genaueres mehr von diesen Gesprächen zu religiösen Fragen.

Vermittlungsversuch Stäfas im Täuferprozess (20. Februar 1527)

Im Zuge der Verfolgungen der Täufer im Amt Grüningen entwickelte sich seit September 1525 ein mehrjähriger komplexer Prozess, der erst Anfang August 1528 durch einen Berner Schiedsspruch beendet werden konnte. Der ganze Prozess begann damit, dass der Grüninger Landvogt Jörg Berger im September 1525 mehrere Täufer zu einer Busse verurteilen wollte, wie sie durch ein Mandat der Zürcher Obrigkeit verordnet war. Am Landtag nahmen zwei Zürcher Ratsabgeordnete, ein 12-köpfiges Richterkollegium und die Amtsleute der Herrschaft Grüningen teil. Die Bezeichnung «Amtsleute» umfasste diejenigen Personen aus dem Amt Grüningen, die aufgrund ihres Alters, ihres Geschlechts und ihres Besitzes berechtigt waren, an der «gmeind» und am Landtag aktiv teilzunehmen.[86] Die 12 Richter bildeten in der Landvogtei Grüningen das hohe Gericht, das am Landtag unter dem Vorsitz des Landvogts die Blutgerichtsbarkeit ausübte. Die Richter wurden von den Amtsleuten unter den Vertretern der angesehensten und einflussreichsten Familien in der Landvogtei auf Lebzeiten gewählt.[87] Wie aus einer Charakterisierung dieser Gruppen durch

86 Klee, Konflikte, S. 64.

87 Klee, Konflikte, S. 68.

Vertreter der Stadt Zürich zwei Jahre später hervorgeht, gehörten die Richter zu den «rychen und wohlhabenden», die «einandren [mit den anderen Gemeindemitgliedern] mit fründtschafft unnd jnn anderweg [auf andere Weise] verwanndt» seien und die Amtsleute zum «armen gmeynen man» aus dem Amt Grüningen.[88] Diese Richter von Grüningen weigerten sich am Landtag im September 1525 jedoch, das entsprechende Urteil zu fällen. Die Täufer hatten eine Disputation zur Frage der Erwachsenentaufe gewünscht und die Richter unterstützten dieses Ansinnen. Berger übermittelte das Anliegen dem Zürcher Rat persönlich. Dieser ging jedoch nicht auf die Forderung ein, bewilligte aber eine Halbierung der Busse. Die Richter erklärten sich bereit, auf die Disputation zu verzichten und die reduzierte Busse zu akzeptieren. Die angeklagten Täufer beharrten jedoch auf ihrer Forderung nach einer Disputation. Sie würden sich nur mithilfe der Heiligen Schrift eines Besseren belehren lassen und weiterhin Erwachsene taufen, wenn man ihre Forderung abschlage. Die Disputation fand dann auch Anfang Dezember 1525 im Zürcher Grossmünster im Beisein von 12 Männern aus dem Amt Grüningen statt, die sehen sollten, dass alles mit rechten Dingen zugehe. Im Ergebnis beharrte der Rat auf seinem Beschluss, die Kindertaufe solle erhalten bleiben und die Wiedertäuferei abgelehnt werden. Die Mandate wurden denn auch im März 1526 verschärft und über ungehorsame Täufer die Todesstrafe verhängt. Mit Felix Manz wurde der erste Täufer, der seiner Überzeugung nicht abschwören wollte, im Januar 1527 in der Limmat ertränkt.

Im Mai 1527 hatten die 12 Grüninger Richter erneut ein Urteil über 16 Täufer zu fällen, die gemäss den neuen Zürcher Mandaten nun zum Tode verurteilt werden sollten. Nach zwei Landtagen, die

88 Klee, Konflikte, S. 145 nach StAZ C I 2376, S. 38 (September 1527).

einzig zu einem Konflikt zwischen den Richtern und den Amtsleuten über die Behandlung der Täufer führten, aber nicht zum von der Stadt geforderten Urteil, wurde ein dritter Landtag am 14.6.1527 einberufen. Einer der verurteilten gefangenen Täufer war inzwischen gestorben. Wieder entsprachen die Grüninger Amtsleute und die Richter den Erwartungen des Zürcher Rats nicht und es war klar geworden, dass kein Urteil gemäss den Zürcher Mandaten erfolgen würde. Landvogt Berger war vom Zürcher Rat für diesen Fall instruiert worden, dass er das Gericht aufheben, und den Fall nach Bern vor das eidgenössische Schiedsgericht weiterziehen soll. In einem Vertrag zwischen den Grüninger Amtsleuten und der Stadt Zürich im Gefolge des Alten Zürichkriegs, als die Herrschaft Grüningen von 1440 bis 1450 unter eidgenössische Verwaltung kam und Bern selber die Grüninger Bevölkerung vorübergehend in Eid nahm, war im sogenannten Spruchbrief ausgehandelt worden, dass bei Streitigkeiten ausschliesslich der Berner Rat für Vermittlungen zuständig sei. Im August 1527 erklärte sich Bern bereit, ein Schiedsgericht zwischen «denen von Grüningen» und Zürich durchzuführen. Die Grüninger Amtsleute wollten das Schiedsgericht aufgrund des Berner Spruchbriefs ebenfalls annehmen. Sollte aber Bern nicht zuständig sein, so sollte der Streit vor die anderen sechs eidgenössischen Orte gewiesen werden, die auch schon die Urteile im Waldmannhandel 1489 ausgestellt hatten. Damit war Zürich nicht einverstanden, wohl weil die Stadt befürchtete, der Landbevölkerung wie damals weitere Zugeständnisse machen zu müssen. Am 20. September 1527 traf dann ein Angebot der Vogtei Stäfa und weiteren Gemeinden am Zürichsee in Grüningen ein, sich in diesem Streit als Schiedsparteien zur Verfügung zu stellen. Die Grüninger seien mit diesem Angebot einverstanden gewesen, unter der Bedingung, dass ihr eigenes Amtsrecht dadurch nicht eingeschränkt würde. Zürich, das wohl eine Ausweitung des Konflikts mit Grüningen auf weitere Gebiete der Landschaft befürchtete, war aber nicht daran interessiert. Der erste Rechtstag in Bern am 3. November 1527 brachte auch nicht den gewünschten Erfolg. Die Grüninger Abgeordneten konnten keine versiegelte Vollmacht der Amtsleute beibringen. Zürich war nicht befriedigt, weil beide Parteien in solchen Fällen mit «vollem Gwalt» vor dem Richter zu erscheinen hätten. Der Rechtstag wurde aufgehoben und auf den 25. November verschoben. Bei der Ausstellung und Besiegelung der Vollmacht kam es zu weiteren Problemen. Die Grüninger hatten ihren Abgeordneten nur eine Teilvollmacht erteilt, weshalb auch dieser Rechtstag scheiterte. Bern begründete seinen Entscheid auf Abbruch der Verhandlungen mit einem Fehler des Schreibers der Vollmacht, Stutz von Männedorf. Der ganze Konflikt endete schliesslich damit, dass der Berner dem Zürcher Rat das Recht zusprach, die Urteile vom Grüninger Landtag direkt oder durch seinen Landvogt nach Zürich zu ziehen, sofern die Grüninger keine Beweise erbringen könnten, dass es dieses Zugrecht nach Zürich früher nicht gegeben habe. Die Grüninger Amtsleute vermochten ihre Zeugen nicht vor den Berner Rat zu bewegen und erklärten sich im Juli 1528 bereit, das Zugrecht durch den Zürcher Rat anzuerkennen. Der Berner Schiedsspruch vom 2. August 1528 beendete den Rechtsstreit zwischen den Grüninger Amtleuten und dem Zürcher Rat. Als Folge des Grüninger Landtags am 17. August wurden alle gefangenen Täufer nach Zürich geführt und in verschiedene Gefängnisse gebracht. Einzig zwei davon wurden dem Kleinen Rat übergeben und am 5. September 1528 zum Tod verurteilt und in der Limmat ertränkt.

Die drei Zeugnisse zeigen, dass die Einheimischen oder zumindest die Dorfeliten genau über die Entwicklungen in den Auseinandersetzungen mit den Täufern in der Herrschaft Grüningen

Bescheid wussten oder durch verwandtschaftliche Bande mit einzelnen Täufern verbunden waren. Sympathien mit den Anliegen der radikalen Forderungen der Täufer zeigten auch die Pfarrer von Dürnten, Gossau, Hinwil, Egg und Hombrechtikon. Im Verlaufe der Täuferunruhen und des gleichzeitigen Aufbegehrens der Bauern gegen die sie stark bedrückenden Zehnten gerieten die Pfarrer wegen ihrer Predigten ins Blickfeld der Zürcher Regierung. Durch geschicktes Vorgehen, eine harte Bestrafung der Rädelsführer und Vertröstungen der Bauern gelang es der Obrigkeit mehrmals, die gemässigte Landbevölkerung zu stärken. Bereits in der zweiten Jahreshälfte 1525 verloren die Bauernbewegung, die radikalen Pfarrer und das Täufertum an Aufwind. Der täuferische Widerstand blieb im Grüninger Amt aber weiterhin eine Bedrohung für die Obrigkeit. Erst Ende 1528 begannen die Täuferprozesse in Grüningen abzuflauen.

Die Ablehnung des Vermittlungsangebots der Vogtei Stäfa und weiterer Seegemeinden durch Zürich erfolgte möglicherweise auch deshalb. Die Stadt befürchtete, ihre Mandate noch weniger durchsetzen zu können, wenn möglicherweise verwandtschaftlich involvierte Parteien in die Urteilsfindung einbezogen würden. Auch hätte dadurch der Zürcher Herrschaftsanspruch auf der Landschaft eingeschränkt werden können.

Fürtrag an die Gemeinden anlässlich der Spannungen nach der Badener Disputation (1526)

Ende Juni 1526 kam es erneut zu einem Vortrag des Zürcher Rats an die Gemeinden.[89] Die Obrigkeit berichtete über ihre Haltung zu den Eidgenossen bis zum Vorschlag einer Disputation am Tagsatzungsort Baden. Insbesondere zählte sie die Gründe auf, warum

89 Egli, AS, Nr. 996 (Ende Juni 1526).

sie Zwingli nicht nach Baden an die Disputation vom 16. Mai gehen lassen wolle, an der die Ratsboten der 12 Orte der Eidgenossenschaft, die Boten des Bischofs von Konstanz und auswärtige Gelehrte teilnahmen.[90] Bei der Disputation ging es darum, Zürich und Zwingli zu überreden, wieder zum alten Glauben zurückzukehren. Gerechnet wurde offensichtlich auch damit, dass Zwingli gemäss Befehl von der Mehrheit der altgläubigen Orte, die in Baden teilnehmen würden, gefangen und ihnen übergeben werde, sobald er ihre Gerichtsherrschaft oder ihr Gebiet betreten habe.[91] Die Zürcher Obrigkeit wollte mit diesem Vortrag die Landgemeinden auch aufklären, dass sie von katholischer Seite falsch beeinflusst würden, z. B. in dem Sinne, dass Zwingli doch hätte erscheinen sollen, da man angeboten habe, für ihn sechs Geiseln zu stellen, was gelogen sei. Die Obrigkeit war fest entschlossen, die Reformation weiterzuführen, und erwartete nun von den Gemeinden, dass sie diesen erdichteten und ihr nur zum Nachteil verbreiteten Reden keinen Glauben schenken sollten. Sie forderte die Landleute auf, über die Sache zu beraten und an den Rat zu berichten, wie sie zur Stadt stünden. Wenige der Antworten der Gemeinden sind erhalten. Der Antwort der Gemeinde von Stäfa ist zu entnehmen, wie sie zustande kam: Nachdem der neue und der alte Vogt gekommen seien und das Schreiben der Regierung vorgelesen hätten und auch einen mündlichen Vortrag dazu gehalten hätten, seien sie in den Ausstand getreten und hätten die Gemeinde frei reden und die Antwort abfassen lassen.[92] Sie wurde dann am 24. Juni nach Zürich eingereicht. Die Gemeinde versicherte der Stadt ihre Treue, wünschte aber, die Bünde mit den fünf Alten Orte sollten

90 Bullinger, Reformationsgeschichte I, Kap. 185, S. 342.

91 Bullinger, Reformationsgeschichte I, Kap. 185, S. 343.

92 Dändliker, Volksanfragen, S. 167.

umso genauer eingehalten werden, weil ja nur diese Alten Orte Gegner von Zürich seien und die anderen eidgenössischen Orte lediglich Mittler seien. Offensichtlich störten sich die Stäfner auch daran, dass jede Gemeinde einzeln angefragt wurde. Sie hätten gewünscht, dass alle Gemeinden am See zu einer gemeinsamen Antwort durch die Verordneten aufgefordert worden wären. Dies weist zumindest darauf hin, dass aus Stäfner Sicht die Seegemeinden unter der Einsiedler Grundherrschaft eine Einheit bildeten, die sich nicht mit den anderen Gemeinden vergleichen liess. Diese Wertung legt auch die Charakterisierung der Seegemeinden durch Zürich anlässlich der Volksbefragung wegen der Bauernunruhen nahe. Als Weinbauerngemeinden hatten die Seegemeinden auch andere Probleme als die Gemeinden des Amtes Grüningen ohne Seeanstoss. Es ist hier auch angedeutet, was schon in früheren Anfragen ersichtlich war, dass die Gemeinde auf Frieden bedacht war und keinen Krieg wünschte. Krieg war auch für die Gemeinden eine kostspielige Sache, wie die folgende Episode mit dem Verkauf der Messgeräte in Männedorf noch zeigen wird, und führte zu einer Teuerung.

Die Männedörfler verkaufen ihr Messgerät (1530)

«Ein gantze gmeind zuo menidorff» berichtete am 26. März 1530 an den Zürcher Rat, wie sie mit ihrem Kirchengut umgegangen sei.[93] Als die Stadt im Jahr zuvor unter ihr Banner und Ehrenzeichen in der Stadt und auf dem Land Kriegsknechte geworben und ausgezogen habe, habe die Gemeinde Männedorf zwei Männer ausgeschickt, die jemanden finden sollten, der ihnen 100 Gulden ausleihen könnte. Die Boten seien aber zurückgekommen und hätten nichts erreicht. Danach hätten sie zwei Boten in die

93 StAZ E I 30.60, Nr. 2 (26.3.1530).

Stadt vor den Rat geschickt mit der Bitte, dass die Stadt ihnen 100 Gulden vorschiesse, um die von Männedorf ausgezogenen Knechte auch ausrüsten zu können. Die Stadt habe ihnen darauf geantwortet, sie habe ihnen nichts zu leihen, die Gemeinde solle sich behelfen, wie sie wolle, ansonsten wolle sie aber helfen.

Auf diese Antwort hin nahm die Gemeinde die Kelche aus der Kirche und schickte zwei ehrbare Männer damit zu Urban Murer von Grüningen und bat ihn, dass er der Gemeinde etwa 40 Gulden darauf leihe. Das aber wollte Urban Murer nicht und meinte, die Gemeinde solle ihm die Kelche zu kaufen geben. Gleich darauf mussten sie aber eilends wieder weg. Sie beratschlagten und einigten sich darauf, Urban Murer die Kelche um 100 Pfund zu verkaufen. Die 100 Pfund hätten sie dann unter die ausgezogenen Knechte aufgeteilt. Wohl in Erwartung einer Rüge aus Zürich betont die Gemeinde, dass sie diese Kelche weder aus frecher Verachtung noch aus Mutwillen verkauft habe, sondern allein deshalb, weil man die ausgezogenen Knechte auch habe ausrüsten wollen, «darmit sy kemind wie ander lüt». Und wenn die Stadt vermeine, dass die Gemeinde das liturgische Gerät wiederbeschaffen sollte, so bäten sie sie, sie möchte der Gemeinde Männedorf eine Frist gewähren, bis sie Geld aus einem guten Ertrag des Bodens einnehme. Wenn sie dieses Geld sofort wieder aufbringen müssten, so hätten sie bei der aktuellen Teuerung mit grossen Kosten zu rechnen.

Weiter weist die Gemeinde in ihrem Schreiben an Zürich darauf hin, dass sie kürzlich eine neue Uhr, «ein nüwes zyt», errichteten, die mehr als 100 Pfund gekostet habe. Dafür hätten sie die Messgewänder und andere Kirchenzierden verkauft und die dafür gelösten 20 Pfund «mit rat ettlicher unser heren» an die Uhr bezahlt. Zusätzlich hätten sie eine Steuer in der Gemeinde eingezogen, um alles bezahlen zu können. Als sie nämlich ihre Kirche in Männedorf zu bauen angefangen hätten, hätten sie damals nicht mehr als einen Kelch gehabt. Und die Pfründe der Kirche hätte nicht mehr als ein halbes Mütt Kernen in Geld eingebracht. Gott habe sie seither beraten und ihre Vorfahren hätten, um Gott und der Kirche wohlgefällig zu sein, so viel gestiftet, wie die Gemeinde der Stadt bereits in einer früheren Schrift angezeigt habe. Dazu hätten sie für eine Glocke um die 600 Pfund bezahlt, und auch jeden Sonntag Geld gesammelt. Auch wenn Arme und Bedürftige aus dem Gerichtsbezirk und dem Gebiet der Stadt mit Briefen zu ihrer Unterstützung zu ihnen gekommen seien, hätten sie je nach Sachlage diesen auch aus dem Kirchengut entsprochen. Die Gemeinde ist der Ansicht, bisher immer gut gehaushaltet zu haben. Die ganze Gemeinde, «jung und alt», bittet abschliessend die Stadt, sie möge für sie das Beste tun und ihnen das Kirchengut in dem Umfang belassen, wie die Gemeinde es der Stadt angezeigt habe. Als Gegenleistung wird versichert, dass die Gemeinde allezeit und mit gutem Willen bereit sei, der Stadt mit Leib und Gut zu dienen.

Die 1530 aufgezeichneten Handlungen sind aufgrund der enthaltenen Angaben zu geschichtlichen Ereignissen ins Frühjahr 1529 zu datieren. Einerseits zeigt diese Episode, dass städtische Aufgebote zu Kriegszügen die Gemeinden teuer zu stehen kamen, weil sie die Landsknechte angemessen ausrüsten mussten. Mit dem hier angesprochenen Krieg, für den Söldner geworben wurden, ist wohl der Erste Kappelerkrieg 1529 gemeint, der am 26. Juni 1529 mit dem Kappeler Landfrieden endete.

Die Gemeinde legt aber offensichtlich auch Wert darauf, dass ihre Kriegsknechte sich mit ihrem Erscheinungsbild vor anderen nicht zu verstecken brauchten. Andererseits wird aber auch explizit gesagt, dass die Gemeinden Mühe hatten, solche unvorhergesehenen Ausgaben aus der eigenen Kasse zu bezahlen, und sich gezwungen sahen, ungewöhnliche Wege zur Finanzierung zu beschreiten. Der Bericht zeigt aber auch, dass 1530 eine grosse Teuerung herrschte. Wodurch diese ausgelöst wurde, wird nirgends gesagt. Der Hinweis auf den guten Bodenertrag, den man abwarten müsse, bis die Gemeinde wieder zu Geld komme, könnte auf schlechte Ernten oder Getreidemangel als Ursache für die Teuerung hinweisen. Ebenso scheint die Gemeinde befürchtet zu haben, die Stadt könnte sich im Zuge der Übernahme der Klostergüter auch der Kirchengüter bemächtigen.

Als die Kirchgänger selbst bestimmten, in welche Kirche sie gehen wollten (1530)

An der Herbstsynode vom 25. und 26. Oktober 1530 in Zürich wurden verschiedene Fragen behandelt. Wie in Zwinglis Synodalordnung in der ersten Synode im April 1528[94] festgelegt, waren die Prädikanten und Pfarrgemeinden dazu verpflichtet, über ihre Gemeinden zu berichten. Von Uerikon wird eine «Unordnung» gemeldet. Einige würden nach Hombrechtikon, andere nach Stäfa, die Dritten vielleicht in gar keine Kirche gehen, oder sie würden es gar vorziehen, auf die Ufenau zu fahren. In der Kapelle in Uerikon seien auch die Altäre noch nicht zerbrochen und die Bilder noch vorhanden. Daran würden sich die Nachbarn stossen. Die Ratsverordneten an der Synode bitten daher den Rat in ihrem Bericht, den ehrbaren Leuten zu befehlen, wohin jedermann zur Kirche gehen solle. Beim dortigen Einsiedler Ammann Heinrich Wirz sollen sie mündlich oder schriftlich bewirken, dass er sich Zürich füge, obwohl sich dies derzeit wegen «ungliche des gloubens» nicht verwirklichen lasse. Bereits vor der Synode hätten die Räte

94 Egli, AS, Nr. 1391 (21.4.1528).

beschlossen, dass überall die Kirchgenossen den Sonntagsgottesdienst in ihren zuständigen Pfarreien besuchen sollten, damit «jeder hirt sine schaf und si in erkennind»[95], eine Anspielung auf Joh 10,14.

Die Ueriker waren wie Hombrechtikon seit dem 10. Jahrhundert in die Kirche St. Peter und Paul auf der Ufenau kirchgenössig. Länger als Hombrechtikon blieben sie dem Glauben ihrer Väter treu. Zwar lösten die Kirchgenossen von Uerikon, Schirmensee und Feldbach die Sigristengarben und Kerzenpfennige, die sie an die Kirche auf der Ufenau zu entrichten hatten, gegen eine einmalige Zahlung von 40 Pfund ab. Damit wurde jedoch die formelle Trennung der Pfarrei Hombrechtikon von der Mutterpfarrei Ufenau noch nicht vollzogen.[96] Burkard Orab von Uerikon, Hans Rüdlinger von Feldbach und Adelrich Balber von Hurden, wahrscheinlich die damaligen Kirchmeier der Pfarrei Ufenau, stellten am 15. Juli 1526 eine Urkunde aus: «Es ist auch eigentlich harin abgeredt, als dann jetzt seltsam Läuf vorhanden sind, ob über kurz oder lang die Sachen sich ändern, so sollen die Kirchgenossen und auch ein jeglicher Sigrist Macht und Gewalt haben, diese Sach' zu mindern oder zu mehren, je nach ihrem Gutbedünken.»[97] Auf der Ufenau wirkten, nicht zuletzt gefördert durch den Freiherrn Diebold von Geroldseck (gest. 1531 in der Schlacht bei Kappel), den damaligen Pfleger des Klosters Einsiedeln und Freund Zwinglis aus dessen Einsiedler Tagen, reformationsfreundlich gesinnte Pfarrer. Bekannt ist Pfarrer Hans Klarer (1523 Leutpriester auf der Ufenau[98]), genannt Schnegg,

95 Egli, AS, Nr. 1714, S. 729, 735 und 737.

96 Ringholz, Einsiedeln I, S. 604 f. Kläui, Stäfa, S. 103.

97 Ringholz, Einsiedeln I, S. 604 f.

98 Ringholz, Einsiedeln I, S. 487, 569, 603 ff., 608: 1508 Vikar, 1512–24 Pfarrer in Schwerzenbach, 1523 Leutpriester auf der Ufenau, 1524 Pfarrer in Meilen.

bei dem der radikale Lutheranhänger und Erasmus-Kritiker Ulrich Hutten (1488–1523) vergeblich seine Syphiliserkrankung auszukurieren versuchte. Nach Huttens Tod und Klarers Weggang blieb der katholische Gottesdienst erhalten.[99] In der Kapelle Uerikon standen die hölzernen Altaraufbauten und Heiligenbilder noch 1530, obwohl die Zürcher Obrigkeit in einem Mandat von 1524[100] deren Beseitigung überall in ihrem Herrschaftsgebiet angeordnet hatte. Der Ammann Heinrich Wirz, der örtliche Vertreter von Einsiedeln, unterstützte offenbar noch jene Anhänger des alten Glaubens, die weiterhin auf die Ufenau zur Kirche fahren wollten. Deshalb die Aufforderung an ihn, er solle sich fügen. Der obrigkeitliche Beschluss, dass «jedermann in sin pfarr gan», konnte in Uerikon noch nicht umgesetzt werden. Die Synode von 1530 fasste deshalb den Beschluss zuhanden des Rats, das obrigkeitliche Mandat «soll stif bliben» und «was noch zuo Ürikon ist, dass da blib. Item götzen und älter [Altäre]». Die Pfarrer und Ehgaumer mögen sich gedulden, doch damit würde Unruhe vermieden. Den Obervögten soll befohlen werden, diese Sache am nächsten Sankt-Johanns-Tag, wenn man eh den Eid der Gemeinden entgegennehme und die Dorfgemeinschaft aus diesem Grunde versammelt sei, mit den Untertanen in Uerikon zu verhandeln. Die Vögte sollen dann schauen, dass jedermann in seine Kirchgemeinde zum Gottesdienst gehe, bis «dass die Ufnow ouch glöubig wird». Da die erhoffte Wende zur Reformation dort nicht eintrat, fiel die Seelsorge für die Ueriker weiterhin dem Prädikanten von Stäfa zu, und das Dorf wurde schliesslich ein Teil dieser Kirchgemeinde.[101]

99 Ringholz, Einsiedeln I, S. 603.

100 Egli, AS, Nr. 546 (15.6.1524).

101 Kläui, Stäfa, S. 103. Wirz, Hans Georg, Die Johanneskapelle zu Ürikon, in: JRG 1945, S. 41.

Hombrechtikon, Stäfa, Männedorf und der Zweite Kappelerkrieg (1531)

Der Erste Kappelerkrieg war mit Milchsuppe und Landfrieden für die Zürcher und Innerschweizer glimpflich ausgegangen. Dieser erste Landfriede ermöglichte zwar eine weitere Ausbreitung der Reformation, führte aber nicht zu einer dauernden Beruhigung der Spannungen zwischen den fünf Alten Orten und Zürich. Zwingli und Zürich befürchteten, dass sich die katholischen Herrscher Karl V. von Spanien und Ferdinand I. von Österreich, beides Habsburger, zusammen mit den fünf Orten gegen den deutschen und schweizerischen Protestantismus verbünden und sogar militärisch vorgehen könnten. Zwinglis Pläne einer grossen reformatorischen Allianz mit den deutschen Protestanten, eventuell sogar mit den katholischen Mächten Frankreich, Venedig und Mailand gegen das katholische Habsburg waren nicht zustande gekommen. Ab Anfang 1531 forderte Zürich die fünf Orte auf, auf ihrem Territorium die reformierte Predigt auch zuzulassen. Die fünf Orte empfanden dies als Angriff auf ihre Selbstständigkeit und lehnten dieses Ansinnen als bundeswidrig ab. Zürich drängte darauf, das verbündete Bern für ein gemeinsames militärisches Vorgehen zu gewinnen, um der Forderung Nachdruck zu verleihen. Bern lehnte jedoch ab, einigte sich mit den Zürchern aber auf die Errichtung einer Proviantsperre, die Unterbindung der Zufuhr von Getreide und Salz in die Alten Orte. Die fünf Orte gaben nicht nach, entschlossen sich aber unter dem Druck der Lebensmittelsperre zum Angriff auf Kappel und damit zur Eröffnung des Zweiten Kappelerkriegs.[102] Selbstverständlich wurden für diesen Krieg wiederum Einwohner der Zürcher Gemeinden aufgeboten. Die Zürcher Mobilmachung

102 Maurer, Helmut, Art. Kappelerkriege, in: Historisches Lexikon der Schweiz (HLS), URL: www.hls-dhs-dss.ch/textes/d/D8903.php, zuletzt aufgerufen am 25.5.2018.

erfolgte allerdings viel zu spät und das Ergebnis des Kriegs ist bekannt. Ungenügend gerüstet, zu spät aufgeboten und schlecht geführt, erlagen die Zürcher Truppen und mit ihnen Zwingli den Schlägen der Innerschweizer.[103] Am 11. Oktober 1531 kam es bei Kappel nämlich zu einem blutigen Treffen zwischen Reformierten und Katholiken. Oswald Haas, Hans Spaach und der Kaplan Steffan Ottikon aus Männedorf kehrten aus der Schlacht nicht wieder nach Männedorf zurück. Auch aus Stäfa kehrten nur ein halbes Dutzend Kriegsknechte wieder zurück. Thomann Suter, Rudi Rebmann, Hans Bollinger, Jakob Tribler, Heini Pfenninger und Uli Grampenschlaher hingegen lagen unter den 514 Toten.[104] Auch für die Stadt Zürich war dieser Tag eine gewaltige Katastrophe. Nicht nur Zwingli, sondern auch 16 Ratsmitglieder und viele Geistliche von Stadt und Land hatte man verloren. Anstatt die noch vorhandenen militärischen Kräfte zu sammeln und wirksam einzusetzen, rückten Reste der Zürcher Truppen ohne Disziplin im Zugergebiet weiter vor. In der Nacht vom 23. auf den 24. Oktober 1531 wurden die Zürcher am Gubel erneut überrascht. Jürg Spaach und Rüde ab Reyte aus Männedorf fanden dabei den Tod. Heini Weber kehrte nicht nach Stäfa zurück. Von Hombrechtikon waren zwei Tote, Claus Walder und Uly Zolliken, zu beklagen.[105] Offenbar waren aus dem Grüninger Amt auch viele Geistliche gefallen, schrieb doch Konrad Spörli, der Pfarrer von Hombrechtikon am 1. November 1531 an den Verwalter in Grüningen, er sei aus dem Lager heimgeschickt worden, um in Grüningen und in Gossau zu predigen.[106] Hauptmann Jörg Zollinger von Männedorf, ein Vertrauensmann

103 Ziegler, Männedorf, S. 53. Bullinger, Reformationsgeschichte 3, S. 149.

104 Kläui, Stäfa, S. 105. Strickler, AS, Bd. 2, Nr. 735. Bullinger, Reformationsgeschichte Bd. 3, S. 149.

105 Bullinger, Reformationsgeschichte, Bd. 3, S. 156.

106 Strickler, AS, Bd. 4, Nr. 712.

der Landleute, wurde nun mit einem Kontingent nach Sihlbrugg und dem Hirzel geschickt. Am 2. November 1531 schrieb er von der Sihlbrücke aus an die Hauptleute und Räte von Zürich. Da der Friede nun «zerschlagen» und man vor einem erneuten Angriff des Feindes gewarnt sei, habe er vermeint, die Thurgauer sollten zu ihm kommen; wenn dies nicht möglich wäre, so möge man morgen früh wenigstens die von Stäfa und Zollikon hierher schicken, damit er desto tapferer widerstehen könne.[107] Er wartete vergeblich. Am 5. November beschuldigte Hauptmann Jörg Zollinger den Rat, den Krieg leichtfertig begonnen zu haben. Er ermahnte dabei die Behörde, Frieden zu suchen, diesen aber nicht ohne Mitwirkung der Landleute abzuschliessen.[108] Die Friedensverhandlungen begannen am 16. November. Hauptmann Zollinger und der Untervogt Steiger von Meilen mit drei weiteren Vertretern der Landschaft nahmen am 20. November ebenfalls daran teil. Am Vortag hatte eine von Gemeinden beider Seeufer besuchte Versammlung in Meilen stattgefunden, an der man sich besorgt über das Schicksal der Nachbarn in Rapperswil gezeigt zeigte. Sie hatten im Sommer die Reformation angenommen und befürchteten nun die Rache der katholischen Schirmorte. In einem Schreiben der Versammlung, das vom Einsiedler Ammann Heinrich Wirz aus Uerikon besiegelt war, bat man die fünf Orte, die Rapperswiler gnädig zu behandeln.[109] Ein Stäfner Fischer hatte bereits den Rapperswiler Prädikanten vor der Verhaftung gerettet und auf sicheren Zürcher Boden verbracht.[110] Am 28. November fand in Obermeilen eine weitere Volksversammlung statt, die politische

107 Strickler, AS, Bd. 4, Nr. 735.

108 Ziegler, Männedorf, S. 54.

109 Strickler, AS, Bd. 4, Nr. 1024. Kläui, Stäfa, S. 105.

110 Bullinger, Reformationsgeschichte, Bd. 3, S. 259. Kläui, Stäfa, S. 105.

Forderungen der Landschaft an die Stadt aufstellte, die dann im Friedensvertrag, dem sogenannten Kappelerbrief vom 3. Februar 1532, auch grösstenteils erfüllt wurden. Die alten Rechte und Freiheiten der Landschaft erfuhren ihre Bestätigung. Bei aller Unzufriedenheit aber dachte man auf der Landschaft nicht daran, den neuen Glauben zu verlassen. Er stand gar nicht zur Diskussion.[111] Noch Ende Oktober 1531 vernehmen wir, dass der nicht namentlich genannte Prädikant von Hombrechtikon (Konrad Spörli) den Bauern Jacob Weger vor der Weiterbeschäftigung eines Dreschers warnte, der Jahre lang im Luzernerbiet gedient habe, weil derselbe den alten Glauben empfehle und damit Unruhe stifte.[112]

Pfarrer Konrad Spörlis unrühmliche Entlassung aus Hombrechtikon (1536)

Der Pfarrer von Hombrechtikon, Konrad Spörli, ist bereits im Zusammenhang mit seinen Zehntpredigten während der Bauernunruhen 1525 quellenkundig geworden. Für Hombrechtikon barg sein Verbleiben auf seiner Pfründe weiterhin Konfliktpotenzial. Er geriet 1536 wiederum in Streit mit der Gemeinde.[113] Die Gemeinde klagte beim Zürcher Rat am 7. Mai gegen ihn. In der Einleitung erinnerte die Gemeinde den Rat an die Geschichte der Verselbstständigung der Kirchgemeinde von der Ufenau von 1369: Vor Jahren hätten die Kirchgenossen von Hombrechtikon ihren Kirchgang auf die Ufenau gehabt und wegen der widrigen Umstände des Messebesuchs auf der nur per Schiff erreichbaren Ufenau und der mangelhaften Betreuung durch den dortigen Priester sich von

111 Kläui, Stäfa, S. 107.

112 Strickler, AS, Bd. 4, Nr. 679.

113 StAZ E I 30.60 Nr. 06 (1536).

dieser Kirche gelöst. Darüber liege auch eine Urkunde vor. Deshalb habe die Gemeinde vertraglich mit den Spenden und dem Rat rechtschaffener Leute eine neue Kirche gebaut und mithilfe frommer Leute erreicht, dass sie bisher immer einen (eigenen) Priester gehabt hätten. So sei auch Herr Konrad Spörli (hier «Spärli» geschrieben) vor Jahren zu ihnen nach Hombrechtikon gekommen und habe sie gebeten, ihm die Pfründe anzuvertrauen. Da hätten sie ihm angezeigt, was zur Pfründe gehöre und was sie einbringe. Herr Konrad habe geantwortet, er wolle die Pfründe gerne annehmen; auch wenn sie noch viel weniger einbringen würde, so wolle er sie doch. Die Kirchgenossen hätten ihm also auf seinen Wunsch die Pfründe verliehen und hätten gemeint, er hätte sich mit den damit verbundenen materiellen Zusagen begnügt.

Nun habe er sich aber an den Zürcher Rat gewandt und um eine Verbesserung seines Pfrundeinkommens um jährlich 2 Gulden an Fronfasten gebeten, da ihm diese zustehe. Dies bedauerten die Kirchgenossen sehr, aus folgendem Grund: hätte sich Herr Konrad seiner Pfründe bedient, um Frau und Kinder durchzubringen und sich nicht in fremde Sachen eingelassen, die ihn nichts angingen, so hätte er mit seiner Pfründe ein «gůt zimlich» Auskommen gehabt. Die Gemeinde wolle ihm das, was er durch Ungeschick und Fahrlässigkeit verloren habe, nicht ersetzen, «dan jm das, so er verunschickot hat, zů ersetzen, da sind wir undertonen unwillig».

Die Gemeinde zählte nun einzeln auf, was sie ihm vorwarf:

1. Als Folge seiner früheren Predigten, als ihn die Häscher des Landvogts «gevängklich annemen», also gefangen nehmen wollten, seien die Bauern, die sich dagegen gewehrt hätten, mit einer Busse von 10 Batzen bestraft worden, die er ihnen weder «mit Worten noch mit Taten» je zurückbezahlt habe.

Er sei der Meinung, die Gemeinde sei dessen nicht bedürftig und er habe sich damals bereits verantwortet.

2. Konrad sei mehrmals nach Rapperswil gegangen und habe mit dem Göldj ein Zerwürfnis gehabt und sei mit ihm in einen Streit geraten. Dabei habe er sein Vermögen verschleudert, die Gemeinde will «nit eigentlich wüssen», wie viel es genau war.

3. Es sei das Gerücht verbreitet worden, dass Ueli Walders Sohn einen Hafen mit Korn bei Sankt Dionysius oberhalb von Rapperswil ausgegessen haben solle. Da habe sich der «herr kůrat» ohne alle Not eingemischt, deshalb sei er um sein Vermögen gekommen.

4. Den Knaben (Junggesellen) von Lutikon verlangte er von ihrem Hof mehr Zehnten als ursprünglich abgemacht und verschriftlicht, was die Junggesellen auch mündlich bestätigten. Konrad beharrte auf seinem Standpunkt. Die beiden Prädikanten von Stäfa und Männedorf wurden gerufen, um die Zehnturkunde zu prüfen. Sie gaben daraufhin den Junggesellen recht.

5. Es habe eine Frau in Rapperswil gelebt, von der Konrad behauptet habe, sie sei seine Base und er sei deshalb nach ihrem Tod erbberechtigt. Er habe ihr an Jahr und Tag etwas gegeben, damit sie umso mehr Nahrung gehabt habe und er also an zweien Orten die Haushaltskosten getragen («Hus ghan»). Als die Frau dann starb, habe sich gezeigt, dass nähere Erben vorhanden gewesen seien und Konrad einsehen musste, dass niemand ihm je zurückzahlen würde,

was er ihr gegeben hatte. Konrad betätigte sich also auch als Erbschleicher.

Verständlich, dass die Gemeinde ihm das verprasste Geld nicht ersetzen wollte. Am 1. Mai 1536 wurde eine Versammlung («Gmeind») in Hombrechtikon abgehalten, an der einhellig beschlossen wurde, Konrad noch bis Sankt Martins Tag (11. November) «dienen» zu lassen und ihn danach «güetlich und früntlich abfergen und bezalen». In der Zwischenzeit könne er sich nach einer anderen Pfründe umsehen, wo immer er auch hin wolle. Damit endete Konrad Spörlis Amtszeit in Hombrechtikon.

Pfarrer Lienhart Hoffmeister erregt Unwillen in Männedorf (1574)

An den Schluss dieser Episodensammlung aus unseren drei Gemeinden sei die Klage der Gemeinde gegen Pfarrer Lienhart Hoffmeister in Männedorf aufgeführt, die zeigt, dass noch 40 Jahre nach Zwinglis Tod die Auseinandersetzungen um Glaubensfragen zwischen Alt- und Neugläubigen weitergingen.[114] Beinahe wäre Lienhart Hoffmeister dabei seiner Pfründe verlustig gegangen.

Am 11. November 1574 («Zinstag») schrieb der Abt von Einsiedeln «dem ersammen unserm lieben und gethrüwen amman zu Männidorf, Johans Hasen»: «Unsern gnädigen willen.» Er würde Vieles und Vielfältiges hören über den jetzigen Prädikanten in Männedorf, der dort vom Gotteshaus eine Pfarrpfrund besitze. Er soll in seinen Predigten und auch sonst allenthalben «unser Religion schmützen, schmechen und schelten». Dies wolle der Abt nicht mehr länger dulden. Er befahl dem Amman, dem Prädikanten

114 Der ganze Handel gebündelt in den Pfrundakten Männedorf, StAZ E I 30.74, Nr. 6.

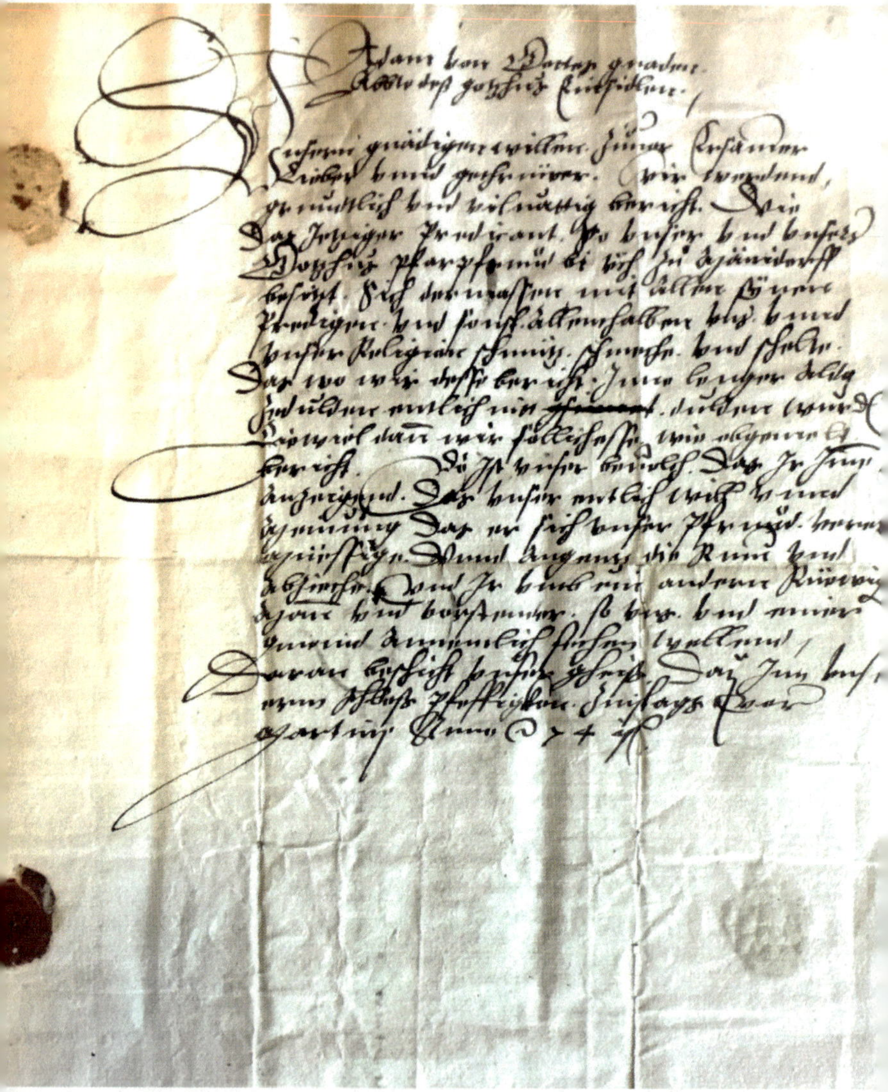

Adam von Gottes gnaden
Abbte deß gotzhus Einsidlen.

Schreiben des Abtes Adam von Einsiedeln an den Ammann von Männedorf, über das, was ihm vom dortigen Prädikanten zu Ohren gekommen sei (Staatsarchiv Zürich E I 30.74 Nr. 6, 11.11.1574).

anzuzeigen, dass es der endgültige Wille des Abtes sei, dass der Prädikant seine Pfründe «rum und abzieche», sie also verlassen und wegziehen soll.

Am 18. November 1574 schrieb der Prädikant Lienhart Hoffmeister in Männedorf an den Statthalter von Pfäffikon einen Brief zu Handen von Zürich «minen günstigen gnedigen Herren ze überantwurten». Am letzten Samstag habe er ihm vor dem Rathaus einen Rodel übergeben. Darin werde etwas gemeldet, das der Statthalter vom Vogt Has (wohl Ammann Has von Männedorf) erfahren werde. Die Frau Jakob Rüttiners habe im Beisein von Kaspar Zollinger den Vogt Föussi gebeten, dass er sich dafür einsetze, dass er (Lienhart Hoffmeister) seine Pfründe verliere. Frau Rüttiner beschuldige ihn, sie um 100 Gulden gebracht zu haben, und ihr Mann habe gedroht, er werde ihn erstechen. Auch habe Frau Rüttiner in Rapperswil verbreitet, er würde ihren Glauben, also die katholische Lehre, ohne Unterlass «schmützen und schälten». Als der alte Rüttiner (wohl der Vater von Jakob) vernommen habe, Hoffmeister werde in der nächsten Synode seiner Pfründe entsetzt, habe er gesagt «Gott heige im von sÿner můter ghulffen, er welle wol erläben, das[s] [er] im von dem pfaffen ouch hälffe, der tüvel werd in etwan anderswo hinfüren». Weiter habe ihm am letzten Samstag auf dem Einsiedler Rathaus der Ammann Pfänninger von Stäfa angezeigt, die Frau des alten Rüttiners sei kürzlich in Pfäffikon gewesen und habe zum Abt gewollt. Diese Leute seien an allem schuld. Hoffmeister bat nun den Statthalter, das Beste für ihn zu tun wie bisher. Er, Hoffmeister, werde sich bemühen, allfälligen Mangel oder Missverständnisse auszuräumen. Denn er sei gewiss, dass alles, was er je mit dem Statthalter geredet oder an ihn geschrieben habe, wahr sei.

In einer Art Postskriptum fügte Hoffmeister hinzu, dass der Einsiedler Ammann Has in Männedorf ihm angezeigt habe, dass beide Frauen ihm nachgelaufen seien, und ihn gebeten hätten, er solle ihnen beim Herrn Abt Gehör verschaffen und dafür besorgt sein, dass Hoffmann der Pfründe entsetzt werde. Der Ammann habe dies aber nie tun wollen.

Vorsorglich liessen Bürgermeister und Rat, sobald sie von der Sache erfuhren, Kundschaft bei verschiedenen Leuten aus Männedorf und Stäfa einholen.

Am 22. November 1574 schrieben Bürgermeister und Rat der Stadt Zürich an den Abt von Einsiedeln, dass ihr Bürger Herr Lienhart Hoffmeister, Prädikant von Männedorf, vor ihnen erschienen sei und ihnen angezeigt habe, dass der Ammann von Männedorf ihm vorgehalten habe, er solle seine Pfründe räumen, da er in seinen Predigten den Abt und seine Religion «schmütze, schmeche und schelte». Hoffmeister habe ihnen «als syner ordentlicher oberkeit» angezeigt, dass er sich «synes wüssens und verhoffens» beim Predigen an das gehalten habe, was ihm gezieme. Sie hätten deshalb Kundschaft eingeholt und befunden, «das ein Gmeind zů Menidorff mit jme herr Hoffmeistern gantz wol zefrieden ist, er sicher ouch jnn synen predigen aller gebürlicher bscheidenheit gebruchs». Sie baten darum den Abt, er soll von der Beurlaubung Hoffmeisters gnädiglich Abstand nehmen und ihn im Besitze der Pfründe belassen.

Am 29. November 1574 schrieb der Dekan des Klosters Einsiedeln, P. Ulrich Wittwyler, an Bürgermeister und Rat von Zürich: Auf Befehl des Abtes soll die Pfründe Hoffmeister angesichts der von Zürich eingeholten Kundschaft gnädigerweise belassen, dem Gesuch Zürichs stattgegeben und die Beurlaubung Hoffmeisters zurückgenommen werden. Betont wird jedoch, dass die Beurlaubung nicht wegen in Männedorf sesshaften Personen geschehen sei, die vielleicht mit Hoffmeister in Rechtshändel verstrickt gewesen und bestraft worden seien und deshalb aus

Neid und Hass gehandelt hätten. Vielmehr habe der Abt allen Grund gehabt, Hoffmeister trotzdem zu beurlauben. Hoffmeister hätte nie darum gebeten, sein Pfrundlehen, das er noch vom Vorgängerabt erhalten habe, auch aus der Hand des jetzigen Abtes zu empfangen. Nach Aussagen verschiedener Leute aus anderen Pfarreien habe er auch öffentlich gepredigt, dass die «päpstischen oder katholischen lerend unnsere kind vor dem Touff, jn dem Touff, und nach dem Touff, den falschen glouben, und sonst sachen mer».

Pfarrer Hoffmeisters späteres Verhalten scheint keinen Anlass zu erneuten Klagen mehr gegeben zu haben, lautet doch ein Briefvermerk von 1574: «Herr Lienhart Hoffmeister ward nachgäntz [im Nachhinein] sonsten durch zugetragen Milde geänderet.»

Einmaliges und Zukunftsweisendes aus der Zeit der Reformation

Mit dem für Pfarrer Hoffmeister letztlich glücklichen Ausgang seines Konfliktes mit Einsiedeln sind wir am Ende unseres Episodenpanoramas angelangt, das den Zeitraum von 1520 bis 1574 punktuell beleuchtet.

Überlieferungsbedingt lässt sich der Einzug der Reformation in unseren drei Gemeinden Hombrechtikon, Stäfa und Männedorf nicht lückenlos nachzeichnen. Viele Zeugnisse sind nur erhalten geblieben, weil Ereignisse aufgeschrieben und aufbewahrt wurden, die auch den damaligen Zeitgenossen wichtig genug erschienen. Vieles ist auch verloren gegangen. Der Alltag wird kaum beschrieben. Die erhalten gebliebenen Dokumente stammen von offizieller Seite. Der «gemeine Mann» gerät ins Blickfeld, wenn er sich ausserhalb der Norm bewegte oder seine Aussagen beispielsweise in Rechtsprozessen wichtig waren.

Die Episoden dokumentieren eine bewegte und in Vielem für uns Heutige nicht mehr unmittelbar verständliche Zeit.

Wir haben Einsicht in religiöse Vorstellungen und Formen der Frömmigkeit erhalten. Die Episoden gestatten Einblicke in das noch sehr labile Bündnissystem der damaligen, weitgehend noch nicht konsolidierten Stadtstaaten, Länderorte und fremden Mächte. Die Stellungnahmen unserer Gemeinden in den Volksanfragen weisen auch auf das noch sehr labile Verhältnis der städtischen Herrschaft gegenüber ihren Untertanen auf der Landschaft hin, deren Unterstützung und Treue man sich immer wieder versichern musste. Sie zeigen aber auch, dass insbesondere die Seegemeinden an einem guten Verhältnis zu Zürich interessiert waren.

Die reformatorischen Entwicklungen und das reformatorische Gedankengut strahlten innert kurzer Zeit auch in die Gemeinden Männedorf, Stäfa und Hombrechtikon aus und führten in der Bevölkerung zu heftigen Reaktionen, wie die Geschichte von Herrmann Spöri zeigt. Die evangelisch gesinnten Geistlichen, deren Teilnahme an Synoden und deren Beschäftigung mit Zwinglis Thesen, beispielsweise zur Frage des Fegefeuers bezeugt ist, verbreiteten das reformatorische Gedankengut in ihren Predigten weiter. Durch ihre Interpretation des Evangeliums, so wie sie es verstanden, gerieten einige von ihnen in Konflikte mit der Obrigkeit und wurden verfolgt, wie der Fall Spörli in Hombrechtikon im Zusammenhang mit den Bauernunruhen und der Zehntenfrage zeigt. Dass Täufer in unseren Gemeinden aktiv geworden wären, lässt sich nicht direkt nachweisen, aber durch die verwandtschaftlichen Bezüge zum Fall Manz, die Präsenz einzelner Täufer in unseren Gemeinden und den Vermittlungsversuch Stäfas im Täuferprozess doch vermuten. Die bereits starke Verankerung der Dorfgemeinschaften in ihrem neuen Glauben zeigt sich auch in der Verärgerung der Nachbarn über die noch vorhandenen Altäre und Heiligenbilder in Uerikon.

Während es sich bei all den erzählten Episoden um zeitbedingte Begleiterscheinungen der Reformation am Oberen Zürichsee handelt, bleibt abschliessend noch die Frage, was die Reformation insgesamt an Zukunftsweisendem zu bewirken vermochte. Einerseits bedeutete sie in ihrer Zeit eine innerkirchliche Erneuerung:

1. Die Loslösung von der Bevormundung durch die Lehrgewalt der alten Kirche. Es braucht keine Priester als Mittler und keine Heiligen als Fürsprecher mehr zwischen den Gläubigen und Gott zur Erlangung des persönlichen Seelenheils. Dies wird dem Gläubigen allein aufgrund seines Glaubens (*sola fide*) von Gott aus reiner Gnade (*sola gratia*) geschenkt.

2. An die Stelle der kirchlichen Lehrautorität tritt allein die Heilige Schrift (*sola scriptura*).

3. Die frühere Hierarchie von Ordensgeistlichen, Weltgeistlichen und Laien wird durch das «Priestertum aller Gläubigen» ersetzt. Folgen davon sind die Abschaffung der Priesterweihe, der Wegfall des Zölibats usw.

4. Die neue Liturgie führt zur Neugestaltung der Kircheninnenräume auf dem Hintergrund des zentralen Anteils der Predigt und der Bibelauslegung durch die Prädikanten.

5. Das Abendmahl wird als gemeinsames Erinnerungsmahl an Christi Tod mit der Austeilung von gewöhnlichem Brot und Wein auch an die Laien gefeiert und nicht mehr wie bisher als Opfermesse, in der der Priester mit der Hostie zugleich den Leichnam Christi verzehrt.

Anderseits hat die Reformation einen Prozess der Erneuerung auch in weltlichen Belangen angestossen:

1. Ein neues Verhältnis zwischen Kirche und Staat. Zunehmend übernimmt der Staat kirchliche Aufgaben. Die Kirche wird noch zur Zeit Bullingers zur Staatskirche. Zu dieser Entwicklung gehört auch die Übernahme der Zuständigkeit in vielen Bereichen des alltäglichen Lebens durch den Staat, für die bisher allein die Kirche zuständig war, beispielsweise die Ehegerichtsbarkeit.

2. Die Reformation lieferte den Anstoss zu einer Bildungsinitiative von grossem Ausmass. Zunächst die Schaffung von höheren Ausbildungsstätten für die Geistlichen in Zürich zu Zeiten Bullingers. Auf der Landschaft blieb die Ausbildung der Landbevölkerung noch für viele Jahrhunderte Sache der Kirche. Die Gründung der ersten staatlichen Schulen und die vorgeschriebene allgemeine Schulpflicht sind eine Folge des Einflusses der Französischen Revolution und in ihrem Zuge der Aufhebung von Klöstern und der Säkularisierung vieler Lebensbereiche im beginnenden 19. Jahrhundert. Die Gründung erster staatlicher Schulen in den drei Gemeinden Männedorf, Stäfa und Hombrechtikon datieren ebenfalls aus dieser Zeit.

3. Die Einrichtung einer staatlichen Armenfürsorge aus dem Verkauf von Besitz der auf städtischem Herrschaftsgebiet gelegenen Klöster, die während der Reformationszeit aufgelöst wurden.

4. Andere, ausserhalb dieses Herrschaftsbereichs gelegene Klöster und deren Rechte konnten vorerst nicht belangt und

aufgelöst werden. Daraus erklärt sich auch, weshalb das Kloster Einsiedeln seine grundherrlichen Ansprüche in unseren Gemeinden auch während mehrerer Jahrhunderte nach der Reformation behalten konnte. Erst 1619 vermochten sich die Stäfner Gotteshausleute des Kloster Einsiedeln von der Leibeigenschaft freizukaufen. Im benachbarten Männedorf war diese bereits 1547 teilweise aufgehoben worden, bestand in reduziertem Umfang aber bis ins 18. Jahrhundert weiter. Der Loskauf ganzer Gemeinden aus der geistlichen Herrschaft und damit die Abschaffung von kirchlichen Steuern (Zehnten) ist als direkte Folge der Französischen Revolution anzusehen und datiert im Kanton Zürich in den Beginn des 19. Jahrhunderts. Letztlich sind diese Bestrebungen aber mit den Forderungen nach Linderung von «Beschwernissen» der Bauern bereits in der Reformationszeit angelegt und spürbar.

Was wir uns demnach mit den aktuellen Reformationsgedenkfeierlichkeiten in Erinnerung rufen, sind nicht zuletzt die durch die geistliche Erneuerungsbewegung mit ihren praktisch-innerweltlichen Folgen ausgelöste Neuorientierung in religiöser Hinsicht und Stärkung der staatlichen gegenüber der kirchlichen Gewalt. Ob damit auch die heute so stark spürbare Individualisierung in allen Lebensbelangen, insbesondere auch in den Bindungen und den Verbindlichkeiten sowie der spürbar abnehmenden individuellen Verantwortung gegenüber vermeintlich alten Herrschaftsstrukturelementen wie Kirche und Staat ihren Anfang genommen hat, bleibt eine offene Frage.

Zeittafel

1489	Waldmann-Unruhen: Waldmann'sche Spruchbriefe: Vierter Geschworener Brief
1498	Fünfter Geschworener Brief: Kleiner Rat: 12 Zunftmeister, 6 Ratsherren aus den Zünften, 3 aus der Constaffel, 3 freier Wahl; halbjährlich amtierende Bürgermeister und Räte; 212-köpfiger Grosser Rat entscheidet über Steuern, Bündnisse usw.; er wählt die Bürgermeister, die Zunftratsherren und die Räte freier Wahl, er verwaltet Ämter und Vogteien
1509	Die Eidgenossenschaft samt Zürich schliesst sich der päpstlichen Oberitalienpolitik an
1512	Zürcher Teilnahme am «Pavierzug» nach Italien
1513	Pensionenbrief, Schlacht bei Novarra
1515	Bürgermeister Marx Röist als Anführer der Eidgenossen in der Schlacht und beim Rückzug von Marigniano; «Lebkuchenkrieg»: Erhebung der Landbevölkerung nach der Niederlage bei Marigniano
1516	Ablehnung eines Soldvertrags mit Frankreich
1519	Huldrych Zwingli Leutpriester am Grossmünster; Pest in Zürich (Sommer und Herbst)
1520	Erlass einer Almosenordnung
1521	Ablehnung des französischen Soldbündnisses; Piazenzerzug
1522	Generelles Reislaufverbot; erste Zehntverweigerungen
1523	Erste Disputation im Zürcher Rathaus: Bruch mit der römischen Kirche; das «Schriftprinzip» setzt sich durch; Zehntenverweigerung auf der Landschaft; erster Bildersturm; Erneuerung des Zehntenmandats; Ratsbeschluss zur Umgestaltung des Grossmünsterstifts; zweite Disputation zur Bilderfrage und Messe

1524	Der Zürcher Rat erlaubt die Priesterehe; Entfernung oder Zerstörung der sakralen Bildwerke, Unterbindung der Wallfahrten; Sturm auf die Kartause Ittingen; Waldshuter Zug zürcherischer Freiwilliger zur Unterstützung des reformierten Waldshut; Beschluss über die Säkularisierung der Klöster und des geistlichen Besitzes
1525	Schaffung des Almosenamts; Abschaffung der Messe, Einführung des Abendmahls; Einrichtung der Hohen Schule; Bauernunruhen und Täuferbewegung: Verhaftung von Felix Manz; Schaffung des Ehegerichts
1526	Einführung von Tauf- und Eheregistern; eine Mehrheit der Dreizehn Orte bezeichnet auf einer Tagsatzung die «alte Lehre» als richtig; Ächtung Zwinglis; Bern, Basel und Schaffhausen schliessen sich dem Entscheid nicht an; Prozess gegen Bezüger fremder Pensionen
1527	Der Täufer Felix Manz wird ertränkt; Konkordat der Städte Zürich, Bern und St. Gallen zur gemeinsamen Bekämpfung der Täufer; Christliches Burgrecht Zürichs mit Konstanz
1528	Zwingli an der Berner Disputation; Einführung der Kirchensynode; Bündnis Zürichs mit Bern, dem sich bis 1529 die Städte St. Gallen, Biel, Mülhausen, Basel und Schaffhausen anschliessen
1529	Erster Kappelerkrieg zwischen Zürich und den katholischen Orten. Der erste Landfriede verleiht den Reformierten eine Vormachtstellung in der Eidgenossenschaft und gewährleistet die konfessionelle Parität
1530	Bündnis mit Strassburg; grosses Sittenmandat; Bündnis mit Hessen

1531	Zweiter Kappelerkrieg: Niederlagen der Zürcher, Tod Zwinglis. Der zweite Landfriede bricht die Vormachstellung der Reformierten in der Eidgenossenschaft
1532	Die Stadt Zürich muss der Landschaft im zweiten Kappelerbrief verschiedene Zugeständnisse gewähren, insbesondere vermehrtes Mitspracherecht

Quellen und Literatur (Auswahl)

Ungedruckte Quellen

Staatsarchiv Zürich (StAZ)

StAZ A 143 1: Zürich, Stadt und Landschaft – Obervogtei Stäfa

StAZ E I 1.1 – E I 1.73: Religionssachen – Akten aus der Ratsregistratur 1357–1798

StAZ E I 3.1, Nr. 33: Notizen von Ulrich Zwingli über die angezeigten Pfarrer (April 1528):

StAZ E I 30.60: Pfrundakten Hombrechtikon 1524–1797

StAZ E I 30.74: Pfrundakten Männedorf 1494–1778

StAZ E I 30.166: Pfrundakten Stäfa 1553–1796

StAZ E III 115.1: Pfarrbücher 1553–1624

Klosterarchiv Einsiedeln (KAE)

KAE: Summarium N1: Amt N (Stäfa)

Gedruckte Quellen

Actensammlung zur Geschichte der Zürcher Reformation in den Jahren 1519–1533, hg. v. Emil Egli, Zürich 1879. (Egli, AS)

Actensammlung zur Schweizerischen Reformationsgeschichte in den Jahren 1521–1532 im Anschluss an die gleichzeitigen eidgenössischen Abschiede, bearb. u. hg. v. Joh. Strickler, Bde. 1–4, Zürich 1878–1881. (Strickler, AS)

Amtliche Sammlung der älteren eidgenössischen Abschiede, hg. v. Jacob Kaiser, Bd. 4, 1a: 1521–1528, Luzern 1869. (EA)

Quellen zur Geschichte der Täufer in der Schweiz, 4 Bde., Bd. 1, hg. v. Leonhard von Muralt und Walter Schmid, 2. Aufl., Zürich 1974. (QGTS)

Bullinger, Heinrich, Reformationsgeschichte, nach den Autographen herausgegeben auf Veranstaltung der vaterländisch-historischen Gesellschaft in Zürich von J. J. Hottinger und H. H. Vögeli, 3 Bde., Frauenfeld 1838–1840.

Das Kegelspiel (1522), hg. v. Alfred Götze, Leipzig 1909 (Flugschriften aus den ersten Jahren der Reformation, hg. v. Otto Clemen, Bd. 3, Heft 6, S. 219–260)

Huldrych Zwingli. Sämtliche Werke, unter Mitwirkung des Zwingli-Vereins in Zürich hg. v. Emil Egli und Georg Finsler, Bde. 1–2, Berlin 1905–1908 (Corpus Reformatorum, Bd. 88–89) (ZW)

Zürcher Kirchenordnungen 1520–1675, hg. v. Emidio Campi und Philipp Wälchli, Teil 1, Zürich 2011.

Darstellungen

Blickle, Peter, Gemeindereformation. Die Menschen des 16. Jahrhunderts auf dem Weg zum Heil, München 1987.

Bühler, Heinrich, Geschichte der Kirchgemeinde Hombrechtikon, Stäfa 1938.

Dändliker, Karl, Zürcher Volksanfragen von 1521 bis 1798, in: Schweizerische Zeitschrift für Geschichte 23 (1898), S. 147–225.

Galliker, Hans-Rudolf, Manno, Abt und Untervogt. Männedorf von der Urzeit bis ins Mittelalter, Stäfa 2008 (MänneDorfgeschichte, Bd. 4)

Halter-Pernet, Colette, Hofrechte und Offnungen des Klosters Einsiedeln. Entstehung, Entwicklung, Verwendung, Zürich 2014.

Huber, Peter Heinrich, Annahme und Durchführung der Reformation auf der Zürcher Landschaft in den Jahren 1519–1530, Zürich 1972.

Jahresberichte der Ritterhaus-Vereinigung Ürikon-Stäfa (JRG).

Jezler, Peter, Der spätgotische Kirchenbau in der Zürcher Landschaft. Die Geschichte eines «Baubooms» am Ende des Mittelalters. Festschrift zum Jubiläum «500 Jahre Kirche Pfäffikon», Wetzikon 1988.

Kamber, Peter, Reformation als bäuerliche Revolution. Bildersturm, Klosterbesetzungen und Kampf gegen die Leibeigenschaft in Zürich zur Zeit der Reformation (1522–1525), Zürich 2010.

Kläui, Paul, Die allgemeine geschichtliche Entwicklung bis zum Ende des 18. Jahrhunderts, in: Stäfa, Bd. 1: Von den Anfängen bis zur Reformationszeit, hg. v. d. Lesegesellschaft Stäfa, Stäfa 1968, S. 41–274.

Kläui, Paul, Die Abschaffung von Todfall und Huldigung in Stäfa, in: Jahresbericht der Ritterhaus-Vereinigung Ürikon-Stäfa 1955, S. 7–17.

Klee, Doris, Konflikte kommunizieren. Die Briefe des Grüninger Landvogts Jörg Berger an den Zürcher Rat (1514–1529).

Leibacher, Claudio, Leibeigen zwischen Abt und Stadt. Gotteshausleute des Klosters Einsiedeln, in: Äbte, Amtsleute, Archivare. Zürich und das Kloster Einsiedeln, Zürich 2009, S. 45–58.

Lutz, Marc-André, Hombrechtikon. Aus der Dorf- und Kirchengeschichte, Hombrechtikon 1993.

Ringholz, Odilo, Die ehemaligen protestantischen Pfarreien des Stiftes Einsiedeln, in: Zeitschrift für Schweizerische Kirchengeschichte 12 (1918), S. 1–22.

Ringholz, Odilo, Geschichte des fürstlichen Benediktinerstifts L. F. von Einsiedeln, seiner Wallfahrt, Propsteien, Pfarreien und übrigen Besitzungen. Mit besonderer Berücksichtigung der Kultur-, Rechts- und Wirtschaftsgeschichte, Einsiedeln 1904.

Schiess, Traugott, Das Kegelspiel. Flugschrift des Jahres 1522, in: Zwingliana 5 (1930), S. 142–152.

Sierszyn, Armin, Zur Täuferbewegung im Grüninger Amt, in: Zwingliana 34 (2007), S. 37–60.

Stucki, Heinzpeter, Das 16. Jahrhundert, in: Geschichte des Kantons Zürich, Bd. 2: Frühe Neuzeit – 16. bis 18. Jahrhundert, S. 172–279. (Überblicksdarstellung)

Tschudi, Raimund, Das Kloster Einsiedeln unter den Äbten Ludwig II. Blarer und Joachim Eichhorn 1526–1569, Einsiedeln 1646 (Beigabe zum 107. Jahresbericht der Stiftsschule Einsiedeln im Studienjahr 1945/46).

Wälti, Ernst, Das Kloster Einsiedeln und die protestantische Pfarrei Meilen von 1526–1826, Einsiedeln 1952.

Ziegler, Peter, Männedorf. Von den Anfängen bis zur Gegenwart, Männedorf 1975.

Zürcher Pfarrerbuch, 1519–1952, hg. v. Emanuel Dejung und Willy Wuhrmann, Zürich 1953.

Auch 500 Jahre nach der Reformation ist eine Rückbesinnung auf die Bibel notwendig. Unsere Gegenwart hat ihre eigenen Ablenkungsmanöver, die das Kreuz Christi verstellen und in andere Richtungen weisen. Im Gegensatz zur Zeit Zwinglis begegnet uns heute ein religiöser Pluralismus – jede und jeder soll à sa façon glücklich werden. Die Religiosität verschwindet nicht, wird aber zunehmend zur Privatangelegenheit, während die Kirche als Institution darunter leidet. Wo früher eine Kirche sagte, wer was zu glauben und zu denken hat, ist das religiöse Angebot heute im Gegenteil dazu so gross, dass man den Wald vor lauter Bäumen nicht mehr zu sehen vermag. «Anything goes» ist die Ideologie der Gegenwart.

Theologisch gesehen hat sich aber nichts geändert: Jesus Christus ist die Mitte des christlichen Glaubens, so steht es in der Bibel. Wo er nicht mehr bekannt und geglaubt wird, da ist Kirche nicht mehr die Kirche Jesu Christi. Darum bringt Zwingli auch hier die Heilige Schrift; Reformation bedeutet, sich zurückzubesinnen auf das eigentlich Wesentliche des Glaubens.

Persönliche Geschichten der Erneuerung und Überlegungen zur Reformation in der heutigen Zeit stehen im Zentrum des zweiten Kapitels. Was bedeutet Reformation für uns heute? Sechs Männer und fünf Frauen aus den Gemeinden erzählen ganz persönlich von Umkehr und Veränderung, vom Wandel in Leben und Glauben.

Geschichten der Erneuerung *heute*

WAS REFORMIERTE MIT VERNUNFT UND SOLIDARITÄT ZU TUN HABEN

Gedanken zum Reformationsjubiläum 2017

Ernst Menet

Vier vielleicht nicht ganz untypische Erfahrungen mit dem Reformiertsein bzw. mit Reformierten und das Problem des Denkens

1. Wer in reformierter Umgebung mehr oder weniger religiös erzogen wurde, sprach seine Kindergebete und gewann spätestens da eine gewisse Vertrautheit mit dem «lieben Gott» als einer behütenden, beschützenden Instanz. Mochte diese Wendung vom lieben Gott später gelegentlich auch ironisiert («leben wie der liebe Gott in Frankreich») und Liebe sehr viel umfassender gedacht werden – etwas blieb zurück: Wenn schon Gott, dann der Gott der Liebe.
2. Vor einigen Jahren führte ich – als Mitglied der Kirchenpflege an meinem früheren Wohnort – einen E-Mail-Wechsel mit einem vehementen Kritiker der Landeskirche und insbesondere ihrer Pfarrpersonen. Meinen Einwand, Leserinnen und Leser würden einen Text immer auch interpretieren und also brauche eine Religion, die sich auf «heilige Schriften» stütze, auch ausgebildete Interpreten, liess er

nicht gelten. Jedermann könne die Bibel selbst lesen. Dieses Argument klang nach Reformation. Dennoch staunte ich, als er mir später eine lange E-Mail mit vielen Bibelzitaten sandte. Es war eine Sammlung so ziemlich aller Stellen aus dem Neuen Testament, in denen von einem zürnenden und strafenden Gott die Rede war. Diese Stellen dienten ihm als Rechtfertigung für seine sehr strenge, vieles und viele ausschliessende Moral.

3. Ungefähr zur gleichen Zeit besuchte ich in einer Moschee eine Veranstaltung zum christlich-muslimischen Dialog. Der gegenseitige Umgang war förmlich, aber respektvoll. Anschliessend las ich das Buch des christlichen Vertreters. Offensichtlich führte er den Dialog mit Muslimen in der Absicht, zu missionieren – überzeugt davon, der christliche Glaube sei überlegen. Allerdings war sein Gott ein Gott der Liebe und daraus zog er konsequent den Schluss, auch der Umgang mit Andersgläubigen müsse dem entsprechen – voller Anerkennung und Freundschaftlichkeit. Sein gespannter Körperausdruck bei der Veranstaltung schien zwar nicht ganz dazu zu passen, aber diese geistige Haltung beeindruckte mich und nötigte mir Respekt ab.
4. Letzthin veröffentlichte die Kirchenzeitung «reformiert» einen Leserbrief gegen die Evolutionstheorie. Der Verfasser äusserte die Ansicht, es müssten mächtige Einflüsse von aussen beteiligt gewesen sein, als Darwin seine Evolutionstheorie formuliert habe. Man weiss: Die Evolutionstheorie und die Aussagen zur Erdgeschichte sind für manche nicht leicht mit dem Schöpfungsbericht zu vereinbaren. Dies gilt nicht nur für Christen – so soll in der Türkei gemäss neuen Lehrplänen die Evolutionstheorie nicht mehr gelehrt werden. Bemerkenswert ist der erwähnte Leserbrief aber durch

den Zusatz, eine bösartige Macht habe diese Theorie in die Wissenschaft eingeführt. Zur Kritik am angeblichen Irrtum, der ja zur Wissenschaft gehört, kommt so die moralische Verurteilung hinzu.

Was folgt auf den Kinderglauben? Welche Bedeutung haben Methoden der Interpretation? Wie halten wir es mit Andersgläubigen? Und wie mit den Resultaten der Wissenschaft? Ist das Streben nach Wahrheit noch zeitgemäss oder stehen sich sowieso nur verschiedenen Standpunkte, neudeutsch: Narrative, blosse Erzählungen, gegenüber? Zusammengefasst: Welche Rolle kommt dem (freien) Denken zu?

Der reformatorische Ansatz ist ein wichtiger Schritt zum modernen Konzept des freien Individuums. Das lässt sich an den frühen reformatorischen Schriften zeigen. Im Umgang mit andern Glaubensformen überwiegt bei den Reformatoren allerdings der polemische Aspekt. Im Vordergrund steht zunächst das eigene Anliegen, nicht die Frage, wie Menschen mit völlig verschiedenen Standpunkten oder Glaubensformen überhaupt gedeihlich zusammenleben können. Ein berühmtes und ergiebiges Beispiel für die Auseinandersetzung mit dieser Frage ist Lessings Theaterstück «Nathan der Weise». Lessing war wie die meisten deutschsprachigen Aufklärer evangelischer Konfession, und wie die meisten deutschsprachigen Aufklärer war er kein Feind der Religion. Seine Antwort scheint mir immer noch aktuell zu sein. Sie führt zu einer wichtigen Einsicht: Wer die eigene Freiheit und diejenige anderer bewahren will, muss erst recht an möglichst allgemein gültigen, also überindividuellen, Regeln und Wahrheiten interessiert sein – und man sollte ausserdem die Menschen mögen.

Reformation und Aufklärung: Vom «legere aude» (wage zu lesen) zum «sapere aude» (wage zu denken)

Lessing lässt in seinem Stück den Juden Nathan die zentralen Bedingungen aussprechen, unter denen verschiedene Religionen zum Wohl der Menschen zusammenleben können. Als solche sind sie zwingend religionsübergreifend konzipiert, nämlich als Wettstreit tätiger Liebe aus dem jeweiligen Glauben heraus und als Anerkennung transreligiöser Wahrheitsansprüche.

Ist es aber bloss ein Zufall, dass diese Bedingungen von einem protestantischen Aufklärer formuliert werden? Ist die Reformation selbst ein Vorgang der Aufklärung oder setzt sie zumindest einen solchen Prozess in Gang? Und hat sie ihrerseits einen besonderen Bezug zum Liebesgebot?

Auf den ersten Blick scheint die Reformation der Vernunft wenig Wert beizumessen. Das *sola scriptura* (allein die Schrift) nimmt zwar den humanistischen Imperativ *ad fontes* (zu den Quellen) auf, wendet ihn aber zugleich gegen den Humanismus. Was der Mensch ist und was er vermag, kann nur von dem als Versöhnung Gottes mit der Welt geglaubten Kreuzestod Jesu her *verstanden* werden. Nicht etwa von der Fülle antiker philosophischer Weisheit. Wenn Luther diesen zentralen Bezug zum gekreuzigten und wieder auferstandenen Christus bedroht sieht, wird seine Sprache grob, spricht er von der «Hure Vernunft» als dem wichtigsten Werkzeug des Teufels. In der frühen Schrift «An den christlichen Adel deutscher Nation» wendet er sich entschieden dagegen, in den Ausbildungsstätten antike Philosophen lesen zu lassen. – Man könnte sich hier an vergleichbare Forderungen im radikalen Islam erinnert fühlen.

Neben dieser oft wiederholten und nicht nur von Zwingli geteilten Kritik an der Vernunft und am Humanismus gibt es allerdings zwei entgegengesetzte Tendenzen. Die erste resultiert aus der These vom ‹allgemeinen Priestertum›, mit der Luther die rigorose Trennung von Laien und Priestern aufhebt. Dazu gehört insbesondere, dass grundsätzlich jeder – und jede – die Bibel lesen darf und nach Ansicht der Reformatoren: auch lesen soll. Vor allem dank des Buchdrucks löst dieses demokratische Prinzip einen Bildungsschub aus, der sich bis ins 20. Jahrhundert hinein messbar auswirkt und nicht zuletzt den Aufstieg der Wissenschaften beschleunigt. Gleichzeitig entwickelt es eine beträchtliche Sprengkraft, die sehr bald und dann auf Dauer die Einheit der reformatorischen Bewegung gefährdet.

Die zweite gegenläufige Tendenz zur Vernunftkritik ist eine Nebenfolge des reformatorischen Ansatzes: Ist die Bibel die alleinige Autorität, gewinnen für die gelehrte Elite der Reformatoren und ihre Nachfolger die Sorge um den zuverlässigen Text und die verlässliche Interpretation ein umso grösseres Gewicht. In der bereits erwähnten Schrift an den christlichen Adel spricht Luther dem Klerus zu Rom die Kompetenz ab, «die Schrift auszulegen allein durch Gewalt ohne Gründe». Wenn Positionsmacht nicht mehr gilt, müssen Gründe gelten. Werden aber «Gründe» – hier vor allem Textkenntnisse, Verständnis und Urteilskraft – entscheidend, eröffnet sich der Raum für eine Community der Gelehrten, die einander trotz allenfalls unaufhebbarer Differenzen anerkennen. Luther und Zwingli beispielsweise halten einander für herausragende Bibelkenner, und Zwingli beruft die besten Griechisch- und Hebräisch-Spezialisten nach Zürich. Zwar geht es Luther primär um den «christlichen Verstand», den er sich von Gott erbittet und der ihm dann helfen soll, die biblischen Schriften adäquat auszulegen. Aber er befindet sich zugleich in der Situation eines Aufklärers, der die Autoritäten grundsätzlich infrage stellt.

Die These vom allgemeinen Priesterstand und die Ermächtigung des christlichen Verstandes zur Interpretation der Bibel sind wesentliche Schritte zur Entwicklung des Freiheitsgedankens. Insofern führt, obschon nicht unbedingt den primären Intentionen der Reformatoren gemäss, ein konsequenter Weg von der Reformation zur Aufklärung.

Die Frage nach dem Liebesgebot oder der Nächstenliebe innerhalb der Reformation ist beinahe eine rhetorische Frage. Denn mit der Rückbesinnung auf das zentrale Christusgeschehen stehen auch die Liebe Gottes (z. B. im Johannesevangelium), die Liebe zu Gott und die Nächstenliebe (z. B. in der Bergpredigt oder im 2. Korintherbrief) im Zentrum. Luther führt am Ende seiner Freiheitsschrift Glauben und Liebe zusammen: «ein Christenmensch lebt nicht sich selbst, sondern in Christo und seinem Nächsten: in Christo durch den Glauben, im Nächsten durch die Liebe. Durch den Glauben fährt er über sich in Gott, aus Gott fährt er wieder unter sich durch die Liebe und bleibt doch immer in Gott und göttlicher Liebe». Menschliche Liebe ist für den Reformator – wie einst für den Kirchenvater Augustin – grundsätzlich ermöglicht und getragen durch die göttliche Liebe. Diese Konzeption wird von der Kritik an der altkirchlichen Gnadenlehre nicht tangiert, vielmehr soll die vom Glauben gestützte Liebe erst recht gute Werke tun. Luther mehr theoretisch, Zwingli mehr praktisch, aber beide fördern sie die Hilfe für Bedürftige.

Die Geschichte von den drei Ringen

Lessing hat sie nicht selbst erfunden; die ursprünglich aus dem sarazenischen Spanien stammende Geschichte fand er im «Decamerone», einer Geschichtensammlung des italienischen Dichters Boccaccio: Der mächtige Sultan Saladin steckte in Geldnöten und wollte einen reichen Juden mit einer Fangfrage in die Enge treiben, damit er ihm sein Geld abknöpfen könnte. Er fragte ihn nämlich, welche von den drei Religionen Judentum, Christentum oder Islam die wahre sei. Der Jude sollte also entweder sich selbst verleugnen oder den Herrscher beleidigen ... Da half er sich mit der Geschichte von jenem Mann, der als Zeichen des Familienoberhaupts einen kostbaren Ring trug und der, als die Zeit des Sterbens kam, sich zwischen seinen drei Söhnen nicht entscheiden konnte, weil er sie alle drei gleich liebte. Also liess der Vater zwei täuschend ähnliche Ringe anfertigen und gab jedem der Söhne seinen Ring und liess jeden im Glauben, er erhalte den richtigen. Wie sollten sie nun nach dem Tod des Vaters den echten Ring herausfinden? Und wie könnte man die richtige Religion herausfinden? – Saladin war so beeindruckt vom schlagfertigen Geschichtenerzähler, dass er die geheime Absicht gestand und sich mit ihm anfreundete.

Dem Schriftsteller der Frührenaissance lag daran, vorzuführen, wie sich souveräne Individuen verhalten: Der Eine kann sich mit seiner Erfindungsgabe retten, weil er im bedrohlichen Andern dessen eigene Kultiviertheit anzusprechen vermag.

Lessings Lösung: Universeller Vernunftanspruch und zivilisierte Religion

Lessing scheint Boccaccio weitgehend zu folgen, und so könnte man heute auf den ersten Blick bei beiden Autoren ein menschenfreundliches Eintreten für Toleranz erkennen. Lessings Änderungen aber sind weitreichend: Der Sultan gerät zunächst in Zorn, als er die Geschichte von den Ringen erzählt bekommt:

> «Die Ringe! – Spiele nicht mit mir! – Ich dächte,
> Dass die Religionen, die ich dir
> Genannt, doch wohl zu unterscheiden wären.
> Bis auf die Kleidung; bis auf Speis und Trank!» [d. h.: sogar in Kleidung und Essen sich unterscheiden]
> Nathan entgegnet:

«Und nur von Seiten ihrer Gründe nicht. –
Denn gründen alle sich nicht auf Geschichte?
Geschrieben oder überliefert! – Und
Geschichte muss doch wohl auf Treu
Und Glauben angenommen werden? – Nicht? –
[...]
Wie kann ich meinen Vätern weniger
Als du den deinen glauben? oder umgekehrt. –»

«Gründe» ist ein Schlüsselwort der Aufklärung und verweist auf den Grund der Dinge, ihre Ursache oder ihre Begründung und Rechtfertigung. Was besagt es nun, wenn allein schon der Umstand, dass Religionen auf Geschichte, d. h. offenbarten heiligen Schriften und Traditionen beruhen, sie für die Frage nach der Wahrheit ununterscheidbar macht? Nachvollziehbar wird diese Aussage nur, wenn die für Lessing selbstverständliche Voraussetzung formuliert wird: Vernunft und Wahrheit haben ihr eigenes Feld. Nach der Wahrheit eines Gedankens fragen kann man nur unabhängig von der Geschichte. Rigoroser formuliert: Religionen sind für die Vernunft grundsätzlich nicht wahrheitsfähig – man kann nur an sie *glauben*, entsprechend ist die Frage nach ihrer vernunftmässig begründeten Wahrheit keine sinnvolle Frage.

Die Ringgeschichte ist bei Lessing indes noch nicht zu Ende: Die Söhne streiten und laufen zum Richter; der es sich nicht leichtmachen will. Zunächst weist er auf die verborgene Kraft des Rings hin, nämlich auf «die Wunderkraft beliebt zu machen; vor Gott und Menschen angenehm», aber statt nun den einen unter ihnen als beliebtesten auszuzeichnen, streiten die drei weiter. Nun erwägt er angesichts des Streits, alle drei Ringe könnten falsch sein: «Der echte Ring vermutlich ging verloren.» Jedenfalls habe der Vater die

Ringe absichtlich so machen lassen, dass sie ununterscheidbar wären, vielleicht habe er sogar die «Tyrannei des einen Rings in seinem Haus nicht länger dulden wollen» und gewiss habe er seine Söhne «alle drei geliebt und gleich geliebt». – Statt eines Urteilsspruchs gibt der Richter am Ende bloss einen Rat mit auf den Weg:

> «Hat von euch jeder seinen Ring von seinem Vater:
> So glaube jeder sicher seinen Ring
> Den echten [...]
> Es strebe von euch jeder um die Wette,
> Die Kraft des Steins in seinem Ring an Tag
> Zu legen! komme dieser Kraft mit Sanftmut,
> Mit herzlicher Verträglichkeit, mit Wohltun,
> Mit innigster Ergebenheit in Gott
> Zu Hülf!»

Am Ende der Geschichte möge dann ein «weisrer Mann» ein Urteil sprechen.

Mit dem Auftritt des Richters zeigt sich Lessings Position noch deutlicher. In den Diskussionen der Aufklärung nämlich ist die Wendung vom «Richterstuhl der Vernunft» so geläufig, dass man hinter dem Richter die Urteilskraft der Vernunft sehen darf. Mit Vernunft also kann keine Entscheidung zum Wahrheitsgehalt der Religionen getroffen werden. Was bleibt, ist eine – allerdings zentrale – Empfehlung zu ihrer *Praxis*: Ihr Verhalten soll charakterisiert sein durch «Sanftmut», «herzliche Verträglichkeit» und «Wohltun».

Der Theologe Rolf Schieder hat in seinem Buch «Sind Religionen gefährlich?» die Gefahrenpotenziale der Religionen analysiert und fordert zu deren Bewältigung eine «Zivilisierung» der Religion. In Anlehnung daran könnte man die Empfehlungen des Richters als einfache Kriterien einer zivilisierten Religion bezeichnen, als

Erwartungen sozusagen, die wir berechtigterweise an Religionen richten dürfen, also auch an uns selbst, sofern wir uns als zu einer zugehörig verstehen. In der christlichen Tradition könnte man vereinfacht von Glauben und praktizierter Nächstenliebe sprechen.

Jemand möchte vielleicht einwenden, Lessings Vernunftanspruch mache die Schrift-Religionen eigentlich überflüssig, indem er sie in Humanität auflöse. Dafür spräche etwa, dass im ganzen Stück tatsächlich alle positiv gezeichneten Charaktere füreinander lieber «Menschen» sein wollen, und nicht in erster Linie Jude, Christ oder Muselmann. Dagegen spricht aber nicht nur das anthropologische Bedürfnis nach Geborgenheit in Traditionen, sondern mehr noch der Umstand, dass Lessing im Unterschied zu Boccaccio aus einer früheren Quelle das Motiv von der inneren Kraft des Rings übernommen hat. Der Richter rät ja dazu, jeder möge glauben, sein Ring sei der echte, und danach streben, dies ans Licht zu bringen. Das heisst, der Gläubige sucht die Kraft des Ringes – die verborgene Liebe Gottes – in seinen begrenzten Möglichkeiten zu verwirklichen. Deshalb deutet der glaubende Mensch dann die vom andersgläubigen «Bruder» erfahrene Liebe nicht als Widerspruch zur eigenen Liebe, sondern ebenfalls als Spiegelung der Liebe «seines» Gottes, sozusagen als deren universalistische Konsequenz. Als reflektierter Glaubender weiss er zugleich, dass sein Gegenüber es für sich ebenso hält. Wenn also die Angehörigen verschiedener Religionen im «Nathan» sich in ihrem Menschsein finden, so zeigt dies, dass die Konfrontation verschiedener Wahrheitsansprüche nicht im blossen Nebeneinander unvereinbarer «Narrative» enden soll, sondern in einem Gespräch, das auf ein allen Gemeinsames zielt, also universalistisch angelegt ist. Nach den konkreten Glaubensformen und Riten sind sie verschieden, in der aus dem Glauben entspringenden Liebe sind sie eins, und eins sind sie zudem in der (vernünftigen) Einsicht in diesen Zusammenhang.

Grundsätzlich gilt somit: Wem Religion etwas bedeutet, der glaubt sie auch als die richtige – und eben nicht eine andere. Gleichwohl ist ihm die Einsicht zuzumuten, dass andere Menschen ihre «Gründe» haben, eine andere Religion zu leben und dass konsequenterweise ihr Anspruch auf eigene Religion seinem Anspruch gleichwertig ist. Ausserdem ist ihm die weitere Einsicht zuzumuten, dass es Bereiche des Wissens gibt, die nach ihren eigenen Gesetzen und mit dem Anspruch auf generelle Gültigkeit funktionieren. Den Umgang mit anderen bestimmen grundsätzliches Wohlwollen und der Wille zur Hilfe. Lessings Angebot anhand der Ringparabel ist ein Modell von universalistischer Vernunft und tätiger Liebe, verbunden mit der Hoffnung, dass beide Seiten einander stärken und begrenzen.

Die Aktualität der Parabel von den drei Ringen

Nächstenliebe im weitesten Sinne und das Konzept vorurteilsfreier, universalistisch argumentierender Vernunft bleiben unverzichtbar – unabhängig vom möglichen Einwand, dass Reformation wie Aufklärung selbst zu Traditionen geworden sind. Aber sie haben angesichts der Globalisierung und der vielen Prozesse gesellschaftlicher Differenzierung einen unübersehbar grossen Wirkungsbereich. Hier soll nur versucht werden, an einigen heute umstrittenen Fragen aus dem Bereich der Religion die klärende Kraft der Vernunft und die Aktualität der Lessing'schen Unterscheidung aufzuzeigen.

1. Sind die Menschenrechte christlich?

Gegen die Verwechslung von Ursprung und Geltung

Nicht zuletzt von Politikern religionsnaher Parteien wird gern darauf verwiesen, dass demokratische Verfassungen oder das Konzept der Menschenrechte in christlichen Ländern entwickelt worden sind, es nur in christlichen Ländern funktionierende Demokratien gebe und dass man darauf stolz sein und dies auch als ein Mittel der Selbstdarstellung pflegen dürfe. Dieser Stolz ist einerseits durchaus verständlich. Er kann aber Konsequenzen haben, die oft übersehen werden.

In der Tat ist das Konzept der Menschenrechte in der Tradition der europäischen Aufklärung und also in einer christlichen Umgebung entstanden. Ihre Geltung haben sie aber dadurch, dass die meisten Nationen beschlossen haben, die Deklaration der Menschenrechte anzuerkennen und diese in ihren staatlichen Gesetzen und der gesellschaftlichen Realität umzusetzen. Wie wir alle wissen, ist das vielerorts leider ein sehr langsamer Prozess, der politische, aber auch mentale Veränderungen erfordert. Diese Entwicklung wird noch mehr gehemmt, wenn es für nichtchristliche Gesellschaften darum gehen sollte, sogenannt christliche Werte zu übernehmen – es gehört denn auch zur Propaganda extremer Gruppierungen, die Menschenrechte als westliches Produkt zu diffamieren. Wirklich verankern lassen sich die Postulate der Menschenrechtserklärung nur, wenn diese Gesellschaften aus ihren eigenen Traditionen einen Zugang dazu finden können. Solche universalistischen Traditionen und Ansätze zur Aufklärung gibt es durchaus, entgegen dem landläufigen Vorurteil, Aufklärung sei eine rein europäisch-christliche Besonderheit. Da die Menschenrechtsdeklaration ganz verschiedene Rechte vereinigt, beispielsweise die Freiheitsrechte der Individuen, aber auch Sozialrechte wie das Recht auf ein würdiges Leben, kann es auch verschiedene Zugänge geben. Entsprechend kann die konkrete Ausgestaltung der Gesetze verschieden ausfallen.

Im Falle des Islam hemmt leider eine wichtige Autorität im Hintergrund die Universalisierung der Menschenrechte. In der sogenannten Kairoer Erklärung der Menschenrechte im Islam von

1990 wurde von der Konferenz islamischer Staaten festgelegt, dass die Menschenrechtserklärung soweit Geltung habe, wie sie der Scharia, dem überlieferten islamischen Recht, nicht widerspreche. Da der Islam als oberste Deutungsebene verstanden wird, muss alles mit ihm vereinbar sein. Spätere Erklärungen der Arabischen Liga bestätigen sowohl die allgemeine Fassung der UNO-Deklaration als auch die Kairoer Erklärung. Es ist klar, dass Letztere dem universellen Charakter des Menschenrechts-Ansatzes widerspricht – auch wenn sie rechtlich nicht verbindlich ist. Eine Annäherung könnte darin bestehen, dass im Islam am Prinzip festgehalten wird, die Differenzen jedoch so weit wie irgend möglich minimiert werden. Im gelebten Alltag ist die Entwicklung in Europa deutlich weiter, wie etwa die Übereinkunft des Präsidenten des Schweizerischen Evangelischen Kirchenbundes (SEK), Gottfried Locher, mit dem Oberhaupt der bosnischen Muslime zeigt, in der das Prinzip der Religionsfreiheit und andere westliche Werte anerkannt werden.

2. Sind Individuen von einer bestimmten Religion oder Kultur total geprägt?

Gegen identitäre Kurzschlüsse und Widersprüche

Manche europäischen Bewegungen lehnen universalistische Konzepte und die Globalisierung ab und wollen beispielsweise die nationale «Leitkultur» oder das «christliche Abendland» gegen äussere Einflüsse verteidigen. Sie sind beispielsweise nicht etwa gegen Muslime überhaupt, nur gegen Muslime in europäischen Ländern, es sei denn, sie würden sich völlig assimilieren, also aufhören, Muslime zu sein ... In der Tradition Lessings hingegen würde es eher darum gehen, Muslime nicht zu Christen, sondern zu besseren Muslimen zu machen – und umgekehrt. Schaut man bei den «Identitären» und Rechtsnationalen genauer hin, dann ist es kaum je etwas spezifisch Nationales, das sie feiern, sondern eine ganz bestimmte Auswahl von Wertvorstellungen. Nichts bringt dies besser zum Ausdruck, als der in deutschen Blogs auftauchende Ausspruch «Merkel nach Sibirien – Putin nach Berlin.» Putin wäre demnach der bessere Deutsche – und alle, die anders denken, gehören demnach nicht wirklich zum deutschen Volk. Eine ähnlich spaltende Rolle spielt in der Schweiz die Unterscheidung von «echten Eidgenossen» und blossen «Schweizern» oder auch die Unterscheidung von «Volk» und «falschen Eliten».

Allerdings haben die gleichen Menschen, die alles Fremde ausschliessen wollen, zugleich Teil an der tendenziell globalen wissenschaftlich-technischen Zivilisation, sind womöglich sogar wissenschaftlich ausgebildet, reisen in der Welt herum und sind kundig aller möglichen Techniken. Dies gehört also auch zu ihrer Identität – sie sind somit etwas anderes, als sie zu sein vorgeben.

Nach dem 11.9.2001 kam es in der medialen Öffentlichkeit zu einer merkwürdigen Verwandlung. Aus Türken, Kosovaren, Ägyptern, Irakern und Bosniern wurden nunmehr Muslime. Plötzlich interessierte man sich für die «Zahl der Muslime» in der Schweiz. Angesichts des Terrors von militanten Islamisten ist dieser mediale Wandel nachvollziehbar. Aber er hatte Folgen: Manche Angehörige christlicher Konfessionen begannen vermehrt, spezifisch christliche Wertvorstellungen hervorzuheben, und zugleich wurden Nichtchristen vermehrt auf ihre Religionszugehörigkeit festgelegt. Dabei drohen aber wichtige Unterschiede vergessen zu gehen. Verschiedene Individuen leben nämlich ganz verschiedene Aspekte ihrer Religion, und die Religion insgesamt hat bei den verschiedenen Einzelnen einen unterschiedlichen Stellenwert. Bei Christen unterstellen wir dies fast so automatisch, wie wir reden können, ohne die Grammatik zu kennen. Wenn viele Muslime nach Terroranschlägen jeweils versichern, das habe «mit dem Islam nichts zu tun», so ist dies zwar nicht korrekt, drückt aber in erster Linie aus, dass es mit dem nichts zu tun hat, was sie selbst leben. Einen völlig einheitlichen Islam gab es überdies historisch so wenig, wie es je ein völlig einheitliches Christentum gegeben hat. In manchen internationalen Unternehmen schliesslich spielen heute Nationalität, Kultur und Religion der Mitarbeiter keine Rolle mehr.

Aber nicht nur dies droht übersehen zu werden, sondern auch die ganze Rollenvielfalt der einzelnen Menschen; man hat nicht nur einen Glauben, sondern auch ein Geschlecht, ein bestimmtes Alter, verschiedene Interessen und Begabungen, einen Charakter. Wir alle haben eine vielfältige Identität. Entsprechend verläuft auch die sogenannte Integration auf vielfältige Weise. Nur ist es nicht allen jederzeit bewusst. Typisch dafür ist vielleicht das Beispiel jenes Jugendlichen, der sich gerne darüber beklagte, als Muslim diskriminiert zu werden, aber in der Ausübung seines Hobbys sich in einem eidgenössischen Verein bestens aufgehoben fühlte. Die Identitätsdebatten auf beiden Seiten des politischen Spektrums missachten immer wieder diese Komplexität individueller Identität.

3. Sind Nationen, Religionen und Kulturen homogene Gebilde?

Gegen den grassierenden Kulturalismus

Weil Individuen komplexe Wesen sind, die auf den Einfluss ihrer Umgebung reagieren können, sind Gesellschaften also nicht homogen. Weil dies so ist, verdunkelt auch die Rede von den «Kulturen» oder «Kulturkreisen» oft mehr, als sie erhellt. Natürlich gibt es verschiedene Kulturen, aber sie sind weder einheitliche noch statische Grössen und die Einzelnen sind ihr auch nicht einfach unterworfen. Häufig ist z. B. allein schon der Aspekt der Bildung wesentlich aussagekräftiger als die sogenannte Kultur. Der Stand der allgemeinen Schulbildung von Mädchen beispielsweise ist ein sehr guter Indikator für die Höhe der Geburtenrate und damit für viele weitere Entwicklungsbedingungen einer Gesellschaft.

Dies legt nahe – in Anlehnung an die universalistischen Tendenzen der Aufklärung –, die Bedeutung von allgemein menschlichen Eigenschaften und Bedürfnissen wesentlich höher einzuschätzen als die jeweiligen Besonderheiten der einzelnen Kulturen – so wie auch die Deklaration der Menschenrechte postuliert, dass alle Menschen die gleichen Rechte haben.

Erstaunlicherweise wird ja die Geltung von Naturwissenschaft und Technik kaum je bestritten. Zwar fühlen sich viele Menschen vom Tempo des zivilisatorischen Fortschritts überrollt, suchen deswegen vermehrt Halt in Überlieferungen, aber sie stellen die Wissenschaften in ihrem Anspruch auf allgemeine Geltung nicht infrage. Niemand verlangt eine christliche, jüdische, islamische oder gar deutsche bzw. russische Physik oder Medizin oder Technik. Umstrittener ist dieser Anspruch zwar öfters im gesellschaftlichen Bereich. Dennoch besteht auch hier ein Anspruch auf jeweils universelle Geltung: Es gibt keine *jüdischen* Menschenrechte und keine *islamische* Ökonomie (obzwar eine Ersatzregelung für den verbotenen Zins) und keine *christliche* Politik. Es wäre allzu seltsam, wenn die Teilhabe an der Weltzivilisation auf das Selbstverständnis des Einzelnen keinen Einfluss haben sollte.

Das gilt für die Einwanderer ebenso. Sie können vielleicht noch nicht einmal mit einem Fahrrad umgehen, wohl aber mit dem Handy. Manche Beobachter sagen, dass selbst in den arabischen Ländern die jüngeren Menschen sich ihre eigene Vorstellung des Islams aus vielen medialen Quellen zusammenbasteln, so wie das hier unter Christen geschieht. Das würde bedeuten, dass die Individualisierung auch dort im Vormarsch ist, wo wir sie nicht unbedingt vermuten würden. Insofern ist die Vorstellung, Europa könnte durch «den politischen Islam» übernommen werden, eine sehr unwahrscheinliche Hypothese – obschon kleine Minderheiten genau dies anstreben.

4. Stehen religiöse Regeln über staatlichen Gesetzen? Gegen mediale Panikmache

Seit einigen Jahren werden immer wieder soziologische Studien zitiert, gemäss denen ein beträchtlicher Teil der muslimischen Bevölkerung in den europäischen Ländern die Regeln der Religion höher gewichtet als die Gesetze des Staates. Das gilt dann als eine grosse Gefährdung des demokratischen Staates. Jüngst ergab eine Befragung in Bayern, dass die Mehrheit der christlichen Eritreer – in Bayern sind rund 75 % der Eritreer christlicher Konfession – ebenfalls die Regeln ihrer Religion als wichtiger einschätzen. Das wurde denn auch als ein demokratiepolitisch erschreckendes Ergebnis gedeutet. Muss man dies so sehen?

Als man in England unter den Muslimen die Befragung wiederholte und die Leute etwas konkreter nach den Regeln der Scharia fragte, sank die Zahl derjenigen, welche die religiösen Regeln als wichtiger erachteten, auf die Hälfte. Hätte man direkt nach für uns besonders archaisch anmutenden Strafen – wie etwa der Steinigung – gefragt, hätte wohl eine noch geringere Zahl resultiert.

Es stellt sich aber die Frage, ob der negativen Interpretation dieser Befunde ein adäquates Verständnis von Religion zugrunde liegt. Woraus schöpften denn beispielsweise Menschen wie Bonhoeffer ihre Kraft zum Widerstand gegen den NS-Staat, wenn nicht aus dem Glauben? Für religiöse Menschen ist die Moral selbstverständlich in ihren Glauben eingebettet, und damit ist die Religion das oberste Deutungssystem für die Welt, steht insofern für den Einzelnen *über* dem Recht des Staates. Im demokratischen Staat ist es allerdings so, dass in seinen Gesetzen entweder kein grundsätzlicher Widerspruch zur Moral gesehen wird oder man trotz moralischer Vorbehalte die Einhaltung verfassungsgemäss entstandener Gesetze für geboten hält. Denn man hat jederzeit die Möglichkeit, mit Gleichgesinnten auf die Änderung von Gesetzen hinzuwirken, und die Anarchie ist keine wünschbare Alternative. Eine demokratische Änderung von Gesetzen ist aber gar nicht denkbar, wenn die innere Distanzierung zu den bestehenden Gesetzen im Namen ihrer Tauglichkeit oder veränderter Normen nicht möglich wäre. Nur so kann sich das Recht den Veränderungen im Denken und Handeln einer Gesellschaft laufend anpassen.

Was also zu Recht von jedermann gefordert werden darf, ist die Bereitschaft, sich an die Gesetze zu halten, die verfassungsgemäss eingeführt worden sind, und im Fall der Übertretung des Gesetzes die Strafe auf sich zu nehmen. Ob diese Bereitschaft besteht, kann aus der blossen Aussage, religiöse Regeln stünden über staatlichen Gesetzen, gerade nicht geschlossen werden. Dennoch bleibt eine restliche Gruppe von grundsätzlichen Gegnern der Demokratie. Wirklich bedrohlich werden diese dann, wenn die Ablehnung der Demokratie mit der Selbstermächtigung zum Einsatz von Gewalt einhergeht. Die Forderung nach besserer Integration von Problemgruppen ist daher berechtigt – die immer wieder zu lesende schrille These, die Integration der Migranten sei grundsätzlich gescheitert, ist es nicht.

5. Ist die Religion eine bloss private Angelegenheit? Gegen ein liberales Missverständnis

Freiheit für alle Bürger ist nur möglich, wenn die Geltung von Gesetzen allein von den Grundsätzen und Verfahrensregeln der Verfassung abhängt und nicht von religiösen oder moralischen Geboten. Die Eigengesetzlichkeit des Politischen ist anzuerkennen, Religion und Politik sind zu trennen. So weit das Gebot aufgeklärter Vernunft. Daraus wird manchmal geschlossen, Religion sei eine bloss private Angelegenheit. Beispielsweise hatten sogar einzelne Muslime nichts gegen die Minarettinitiative einzuwenden, denn beten könne man genauso gut zu Hause. Diese These ist sozusagen die Gegenthese zur vorher diskutierten These, Religiöses stehe über den Gesetzen. Sie ist in ihrer Pauschalität so einseitig und falsch wie jene.

Privat ist Religion zwar in dem Sinne, dass die religiöse Orientierung allein Sache des Einzelnen sein soll und von keinem Gesetz bestimmt werden darf. Hingegen betrifft sie wesentlich mehr als bloss Belange der persönlichen Befindlichkeit. Für glaubende Menschen ist Religion aus Vernunftgründen wie aus dem Liebesgebot mehr als privat, ist der Ausgriff auf das Öffentliche selbstverständlich. Denn sie halten das Miteinander von Wissen und Glauben für vernünftig und versuchen dem Liebesgebot zu folgen. Die grundsätzliche Solidarität mit den Menschen führt zum Bewusstsein der Mitverantwortung für die verschiedenen Lebenskreise, für die natürliche Grundlage unserer Existenz wie für das Ganze des Staates und der Weltgesellschaft, einschliesslich ihrer Institutionen. Der Glaube wird so auch das Verhältnis zu Staat, Kultur und Gesellschaft bestimmen. Religion beeinflusst also den öffentlichen Bereich, kann politische Veränderungen anregen, Forschungsprojekte, Bildungsprozesse, Gesetzesänderungen bis hin zu Verfassungsreformen. Entsprechend sagte beispielsweise der evangelische Bischof Heinrich Bedford-Strohm auf die Frage, mit welcher These er die 95 von Luther ergänzen würde: «Dass wir Glaube und öffentliches Engagement nie gegeneinander ausspielen dürfen, sondern dass das eine sich aus dem andern ergibt. Ich bin überzeugt: Wer fromm ist, muss politisch sein. Ich beziehe mich auf das Doppelgebot der Liebe.» (reformiert. Nr. 1.2, 2017).

Allerdings muss, wer sich aus dem Glauben heraus politisch äussert, seine Postulate so formulieren und begründen, dass sie für andere verständlich sind und damit rational diskutiert werden können. Sie unterliegen der Kritik, haben auf dem politischen Feld keine höhere Dignität als andere Interessen. Das gilt für die Angehörigen aller Glaubensformen.

In einem Land, in dem eine gewisse Anzahl Muslime leben, wird «der Islam» irgendwann «dazugehören» und das Land mit verändern. Das kann gar nicht anders sein. Die Frage ist viel mehr die, wie man am besten die Ausformung eines demokratiefreundlichen, aufgeklärten Islam unterstützen kann. Noch seltsamer als die Frage, ob der Islam zu einem Land gehöre, ist allerdings der Umstand, dass oft gerade seine vehementesten Kritiker diese Unterstützung zu verhindern suchen. – Gegen alle Verkürzungen ist festzuhalten: Religion ist (auch) politisch und Religion ist ihrem eigenen Anspruch nach wesentlich solidarisch.

Zum Schluss

Wenn die Religion andere Bereiche der Gesellschaft beeinflusst, kann es nicht ausbleiben, dass umgekehrt der Geist der Wissenschaft den Umgang mit den religiösen Texten beeinflusst. Historisch-kritische Forschung untersucht den Entstehungszusammenhang der verschiedenen Texte und differenziert so ihren Geltungscharakter: Was ist damaligen Sitten und Gebräuchen zu verdanken, was dem vorwissenschaftlichen Weltbild oder was damaligen Rechtsvorstellungen – und was ist der religiöse Kerngehalt? Die Frage etwa, ob die Beschneidung der Mädchen kulturell oder religiös begründet sei, ist alles andere als eine bloss theoretische Frage. Und nicht nur für das Verständnis des Korans hat es weitreichende Folgen, wenn Aussagen zur Gewalt auf die historische Situation ihrer Entstehung bezogen werden. Nicht eine intensive Religiosität, sondern vielmehr religiöse Bildungslosigkeit hält Gewalt leichthin für gerechtfertigt.

Was bleibt nach all diesen Prozessen der Aufklärung vom ursprünglichen Kinderglauben eines Reformierten? Vielleicht wird er feststellen, dass Spiritualität oder Musik, gemeinsame Rituale im Gottesdienst oder die Hilfe an andere Menschen Dimensionen der Religion erschliessen, die weit über das hinausgehen, was durch die Aufklärung möglicherweise verloren gegangen ist.

Vielleicht stellt er noch etwas anderes fest: Reformierte Christen haben aufgrund ihrer Geschichte eine besondere Nähe zu Aufklärung und Wissenschaft, und daraus entsteht eine besondere Verpflichtung, in aller Bescheidenheit und ohne Absetzung zu andern Menschen sich einzusetzen für den rechten Gebrauch der Vernunft, beispielsweise in der sachgerechten Hilfe für andere oder in der auf Ausgleich bedachten Analyse von Konflikten.

SIE KAMEN – SIE GINGEN

Dennoch hoffen – reformatorische Aufbrüche

Madeleine Strub-Jaccoud

Sie kamen nach Männedorf, im Laufe der pietistischen Erweckungsbewegung, um im Hause von Dorothea Trudel[1] Ruhe und Heilung zu finden. Dorothea Trudel betete mit den Menschen, las mit ihnen die Bibel und legte kranken Menschen die Hand auf. Das begeisterte auch andere, die aus der Ferne kamen. Der Geist des Gebetes regierte im Haus, und das Wort Gottes war die wahre Medizin, die den Gästen geboten wurde. Es handelte sich in jener Zeit nicht etwa um zwei Andachten im Tag, sondern um vier oder fünf. Samuel Zeller[2] hat das Werk von Dorothea Trudel weitergeführt und ausgebaut. Er war zuerst Lehrer an der von seinem Vater und Christan Friedrich Spittler[3] gegründeten Armenschullehranstalt auf Schloss Beuggen, dann Seminarlehrer in Schiers. Durch eine

1 Dorothea Trudel, 1813–1861, hat in Männedorf zahlreiche Menschen geheilt.

2 Samuel Zeller, 1834–1912, hat das Werk von Dorothea Trudel weitergeführt und das Bibelheim aufgebaut.

3 Carl Friedrich Spittler, 1782–1867, war Sekretär der Basler Christentumsgesellschaft.

Krankheit kam er zu Dorothea Trudel, wurde geheilt und wirkte dann im Bibelheim Männedorf, das ein bedeutender Ort der pietistischen Erweckungsbewegung wurde. Samuel Zeller hatte eine ausserordentliche geistliche Ausstrahlung. Seine Bibelstunden waren fundiert und gleichzeitig von viel Bodenhaftung geprägt. Das heutige Bibelheim Männedorf steht auf dieser Grundlage, und auch heute kommen Menschen, um sich Gutes zu tun im Teilen der Frohen Botschaft.

Sie reisten von Männedorf als Missionare aus, damals als Missionare, heute als ökumenische Mitarbeitende, im Dienste der Basler Mission, jetzt Mission 21 evangelisches Missionswerk Basel. Einer von ihnen war Gottfried Amman-Roos. Er wurde am 16. Februar 1883 geboren. Sein Todesdatum ist leider nicht vermerkt. Er trat am 18. August 1903 ins Missionsseminar ein und wurde am 1. Juli 1909 im Basler Münster ausgesendet. Er wirkte in Kamerun im Grasland (Bali, Babungo, Fumban). Am 20. Mai 1914 heiratete er in Douala Wilhelmina Roos aus der Pfalz. Wilhelmina wurde 1909 ins Missionshaus aufgenommen (Weiterbildungen in Pflege) und 1911 nach Kamerun ausgesandt, wo sie als Missionskrankenschwester arbeitete. 15 Tage nach der Geburt ihres ersten Kindes, einer Tochter, stirbt sie am 28. März 1915 an Kindbettfieber in Fumban, Kamerun. Nach Ausbruch des Ersten Weltkriegs bleibt Gottfried unter den schwierigen Bedingungen im Dienst, bis er am 2. Dezember 1915 von den Engländern interniert und nach Douala gebracht wird. Am 12. Januar 1916 kann er mit seiner kleinen Tochter und anderen Missionsfrauen per Schiff nach Liverpool reisen, von wo er zurück in die Schweiz gelangt. Als Witwer mit einer kleinen Tochter wurde Gottfried Ammann-Roos gleichsam den «Frauen gleichgestellt». Aus Kriegsgründen reiste er nicht wieder aus und arbeitete ab 1917 als Stadtmissionar in Zürich bis zu seiner Pensionierung.

Sie kamen von 1948 an nach Boldern, Männedorf, in die reformierte Heimstätte des Kantons Zürich, um einander zu begegnen, die Fragen der Zeit zu diskutieren. Boldern, nachher evangelisches Tagungs- und Studienzentrum, war der Ort, der Räume anbot, um den eigenen Lebensraum neu zu entdecken und zu entfalten. Boldern war der Ort der Auseinandersetzung mit den gesellschaftlichen Fragen, der viele Menschen prägte als Ort der «Kirche bei Gelegenheit und zu einer bestimmten Zeit». Boldern war so ein wesentlicher Teil der reformierten Kirche, wo auch die weltweite Kirche eine grosse Rolle spielte. Heute ist Boldern ein Ort, der inspiriert, wo nach wie vor Menschen ihren Lebensraum gestalten, wo nach der gesellschaftlichen Relevanz von Theologie gefragt wird, wo ein Austausch mit Schriftstellerinnen und Schriftstellern gepflegt wird, wo ein Hotel eine zugewandte Gastfreundschaft pflegt, wo bald ein Ambulatorium für kriegstraumatisierte flüchtende Menschen entsteht und wo ein Gelände für sinnstiftendes Wohnen zur Verfügung steht.

Sie kamen nach Jerusalem, die Apostel, um Jesus nachzufolgen und sie gingen, um seine Botschaft zu verkünden. Männedorf, das Jerusalem am Pfannenstiel; das höre ich immer noch gerne. Das hat für mich nichts Einengendes, sondern zeigt, wie sich in einem Dorf die verschiedenen Auffassungen von Glauben und Kirche ergänzen. Da öffnen sich Räume für das eigene Nachdenken und das Suchen und Finden von Glaubensinhalten. In Männedorf wurde auch die Bewegung «Mut zur Gemeinde» gegründet, deren Kern die Hauskreise in den Kirchgemeinden bilden. So ist es auch für die reformierte Kirchgemeinde immer wieder eine Herausforderung mit den verschiedensten Glaubensinhalten und Glaubensformen im Gespräch und offen zu sein für die Vielfalt in der Einheit des Glaubens.

Auch ich ging. Es war vielleicht kein Zufall, dass ich auf Boldern eingeladen wurde, in der Zürcher Disputation 84 und der Schweizerischen Evangelischen Synode mitzuwirken.

Die Zürcher Disputation 84 hatte zum Ziel, nach der Abstimmung über die Trennung von Kirche und Staat 1977 über die Mitgliedschaft und die Erneuerung der Kirche nachzudenken. Die Bezirksdisputationen emanzipierten sich rasch von den gescheiten Papieren, die wir in der kirchenrätlichen Disputationskommission geschrieben hatten, und wandten sich als mehrheitliche «Laienbewegung» ihren Fragen an die Kirche zu. Im Rahmen der Bezirksdisputation im Bezirk Meilen fand denn auch ein grosser Kirchentag statt, von der Bezirkskirchenpflege organisiert. Zwei grosse Schiffe holten die Menschen an den Schiffstegen ab, dann wurde auf den Schiffen Gottesdienst gefeiert. Anschliessend traf man sich in Herrliberg zu einem grossen Markt der Möglichkeiten und Diskussionsrunden. Die kantonale Disputation hat die Ergebnisse aus den Bezirken diskutiert und zuhanden des Kirchenrats verabschiedet. Ein Satz aus dieser Zeit ist mir besonders wichtig geworden: «Kirche ist dort, wo man lernt, anders zu denken», so formulierte Prof. Leuenberger[4] in einem seiner kritischen Begleitkommentare. Schon bald nach den ersten Sitzungen der Disputationskommission hatte ich grosse Fragezeichen: Kann sich die Kirche erneuern, wenn der Prozess von der Kirchenleitung gesteuert ist? Können sich die Menschen beteiligen, wenn nicht klar ist, was mit den Ergebnissen der Gespräche geschieht? Die Zürcher Disputation verstand sich denn auch als Baustein zur Schweizerischen Evangelischen Synode, die 1983 unter dem Motto «dennoch hoffen» / «oser espérer» ihre Arbeit aufnahm.

Die Schweizerische Evangelische Synode SES hat mit der Gründung der Vereinigung für eine Schweizerische Evangelische Synode am Reformationstag 1981 begonnen. Die Zielsetzungen waren:

4 Robert Leuenberger, 1916–2004, ehem. Professor für praktische Theologie an der Universität Zürich.

«Menschen aus der ganzen Schweiz, aus allen Kantonalkirchen, aus Freikirchen und Gemeinschaften, aus den evangelischen Werken, Frauen und Männer zusammenzuführen, Erfahrungen miteinander zu teilen und gemeinsam grössere Klarheit über den Auftrag der Kirche in der Schweiz zu gewinnen. Die Synodalen sollen sich auf das reformatorische Erbe besinnen, Gottesdienste feiern, Gottesdienst erneuern und die aktuellen Fragen unserer Zeit angehen und Antworten suchen auf die vielfältigen Bedrohungen.»[5]. Viele Menschen prägten die Synode, zwei seien hier erwähnt: Michael Dähler[6] als Initiant und Lukas Vischer[7], der bei der Vorbereitung der zu diskutierenden Texte eine wichtige Rolle spielte und dessen theologisches Nachdenken bewegt hat. Die Vereinigung für eine Schweizerische Evangelische Synode hat das Projekt vorbereitet und in einer breiten Umfrage die Themen gesammelt, die von der Synode diskutiert werden sollen. Daraus entstanden acht Themenkreise: «Erneuerung des Gottesdienstes», «lebendige Gemeinden», «für einander leben, ökumenische Bewegung», «den Glauben heute bekennen und leben», «Bedrohung des Lebens, Frieden», «Christsein in einem reichen Land, Gerechtigkeit», «Kirche und Gesellschaft», «Mut zum Leben, Mut zu lieben».

Und sie kamen, die zweihundert Delegierten und noch einmal so viele freie Teilnehmende an die erste Synodeversammlung an Auffahrt 1983 in Biel, sie kamen bis 1987 zweimal im Jahr drei bis vier Tage zusammen. Die Synodeversammlung war zusammengesetzt aus 50 % Frauen und Männern, die Vereinigung für

---

5 Schlussdokumente der Schweizerischen Evangelischen Synode, Friedrich Reinhardt Verlag, Basel, 1988.

6 Michael Dähler, 1941–2010, ehem. Pfarrer in Melchnau und Thun Strättligen, Religionspädagoge.

7 Lukas Vischer, 1926–2008, ehem. Direktor der Abteilung für Glaube und Kirchenverfassung des ökumenischen Rates der Kirchen und Professor für ökumenische Theologie an der Universität Bern.

eine SES stellte einen Drittel der Delegierten, davon sollte nur ein Drittel ordinierte Pfarrpersonen sein. Ein Drittel waren offizielle Delegierte der Kantonalkirchen. Ein Drittel der Delegierten vertrat die theologischen Fakultäten, die Werke wie Brot für alle, die Missionsgesellschaften, Freikirchen und Bewegungen. Auch die Beobachter aus der römisch-katholischen und der christkatholischen Kirche spielten eine wichtige Rolle. Synode als gemeinsamer Weg, das war vorgegeben durch die Bedeutung des Begriffs. Wesentliche Elemente auf dem Weg waren das gemeinsame Suchen und eine ausgeprägte Streitkultur (die eine Leitung voraussetzten, die auf kreative Weise Entscheidungen hervorbringen konnte), kreative und gemeinschaftliche Gottesdienste, viel Zeit für Bibelarbeiten, schliesslich: Die Bereitschaft aller, auf das zu hören, was Gott uns sagen will. Die Synode bekannte sich zu einer Kirche «als Gemeinschaft des Feierns und Betens, als Gemeinschaft des Teilens, als Gemeinschaft des Handelns und als Gemeinschaft des Lebens»[8]. Besonders in Erinnerung bleiben neben den Gottesdiensten die Erfahrung einer Gemeinschaft, die über die Sprachgrenzen hinweg tragfähig ist. Wir haben erfahren, dass das Engagement für Gerechtigkeit und Frieden eine gemeinsame Basis darstellt. Dies wurde besonders spürbar an der Synodeversammlung an Auffahrt 1986 in der Olma-Halle in St. Gallen, als uns die Katastrophe von Tschernobyl beschäftigte und auch an der Synodeversammlung im Herbst 1986 im Oekolompad in Basel, als uns diejenige von Schweizerhalle in Atem hielt. In diese Zeit fällt auch die Gründung der «Ökumenischen Arbeitsgemeinschaft Kirche und Umwelt, OeKU», die ein Kind der Synode ist. In den Verlautbarungen spielte der «Bund für Gerechtigkeit, Frieden und die Bewahrung der Schöp-

8 Aus dem Referat zu «lebendige Gemeinden», Hans Strub, Pfarrer, damals Gesamtleiter des Evangelischen Studienzentrums Boldern, Synodeversammlung Herbst 1986 im ökumenischen Zentrum Genf.

fung», wie er vom Ökumenischen Rat der Kirchen an dessen Vollversammlung 1983 in Vancouver lanciert wurde, eine entscheidende Rolle. Die Schweizerische Evangelische Synode war viel beachtet als Bewegung gegen den Fatalismus und die Resignation. Sie war bewusst zeitlich beschränkt, da der Protestantismus ohnehin an einer Überfülle von Institutionen und Gruppierungen leidet. Ein Aufbruch ist nie dauerhaft. So haben wir in der Synode den Mut gefunden, nach diesem Prozess aufzubrechen in Gemeinden, Gruppen, in die weltweite Ökumene. Schliesslich haben wir gemeinsam erfahren, dass der Heilige Geist bewegt, uns als Frauen und Männer, und die treibende Kraft jeder Erneuerung der Kirche ist.

So war es denn auch natürlich, dass der Schweizerische Evangelische Kirchenbund zusammen mit der Römisch-katholischen Bischofskonferenz den Faden zur Mitgestaltung des vom Ökumenischen Rat beschlossenen Prozesses für Gerechtigkeit, Frieden und die Bewahrung der Schöpfung aufnahm. Das Schweizerische Ökumenische Komitee lancierte 1991 ein Halljahr. Zuvor beteiligten sich die Schweizer Kirchen sowohl an der Ökumenischen Versammlung 1989 «Frieden in Gerechtigkeit» in Basel und an der Weltkonvokation für Gerechtigkeit, Frieden und die Bewahrung der Schöpfung 1990 in Seoul, Südkorea.

Dennoch hoffen – mein Ausblick. In den im Rückblick geschilderten Erfahrungen haben sich Menschen bewegt, sind gekommen, sind gegangen. Es sind Räume entstanden, die Frauen und Männern die Möglichkeit gaben, sich zu öffnen für ihr Nachdenken über ihren Glauben, über Werte und Kriterien für das Verständnis von sozialen Fragen und die gesellschaftlichen Zusammenhänge. Es sind Gemeinschaften, Bewegungen entstanden, die in die Zukunft blickten. Es war von Kirche die Rede, von Kirche als Gemeinschaft, die die Grenzen der Institution und Organisation überwindet.

Aber wie entstehen heute diese Räume? Räume entstehen dann, wenn Menschen berührt werden von anderen Menschen, wenn sie in aller Freiheit ihre Fragen teilen können, ohne belehrt zu werden. Räume entstehen, wenn die Herzen der Menschen offen sein dürfen. Ich bin überzeugt, dass gerade dann Gott zu den Menschen spricht, wenn sie Raum haben für ihr eigenes Sein. Ich denke, dass gerade heute viele Menschen an der Gestaltung der Gesellschaft interessiert und engagiert sind. Der überlastete Banker sucht einen Raum, um zur Ruhe zu kommen. Die Professorin, die Pflegefachfrau, der Landschaftsgärtner, sie alle suchen das Gespräch mit anderen Menschen, um den Fragen nach Leben und Sterben nachzugehen. Frauen suchen andere Frauen, um sich über die Stellung von Frauen in Gesellschaft und Kirche auszutauschen und aktiv zu werden. Jugendliche suchen andere Jugendliche, um über ihre Pläne und Perspektiven zu reden. Und wir alle suchen Menschen, um die grossen Fragen des Lebens zu besprechen. Auch die Fragen über das unermessliche Leid, das Kriege, Unterdrückung und Hunger in unsere zerrissene Welt bringen. Ich glaube nicht, dass heute die Kirchen politische Bewegungen in Gang setzen können. Aber ich glaube daran, dass sie Menschen berühren können, etwa mit der Frage, ob all das Leiden von Gott gewollt ist. Wenn all diese Fragen zugelassen werden, dann ist auch die persönliche Auseinandersetzung mit Gott zugelassen. Dann reden wir vielleicht vom leidenden Gott, von Gott als Vater und Mutter, vom Gott der Liebe und des Lebens. Wenn sich solche Räume öffnen, dann wird die Kirche zum Ort, wo sich mein Lebensraum entwickeln kann, wo die Realität der Gesellschaft eine Rolle spielt, wo die weltweite Zusammengehörigkeit der Menschen nach Solidarität ruft. Wir nennen dies kontextuelle Theologie. Dann entsteht eine Alternative, die atmen lässt, eine Kontrastgesellschaft, die sich einmischt und mitgestaltet. Natürlich hoffe ich auf eine lebendige Gemeinde am Ort und eine weltweite Kirche, die solche Lebensräume anstösst. Natürlich hoffe ich auf Menschen, die sich darauf einlassen, dass ihr Leben von Gott begleitet und geschützt ist und die daraus Kraft schöpfen. Natürlich hoffe ich darauf, dass die Kirche Raum schafft für eine inklusive Gemeinschaft, in der die Herkunft, das Geschlecht, die Hauptfarbe und ein anderer Glaube keine Rolle spielen. Ich hoffe auf gerechte Beziehungen zwischen Frauen und Männern auch in Leitungsfunktionen. Und natürlich hoffe ich auf diesen Gott des Lebens, der uns Jesus Christus mit auf den Weg gibt. Vielleicht kommen dann wieder Menschen zusammen, um sich senden zu lassen in die Welt.

WANDLUNGEN EINES ALTEN MÄNNEDÖRFLERS

Ueli Luz

Mein Männe-Dorf

Geboren wurde ich im Jahr 1938 im schönen Haus «Zum Weingarten» an der alten Landstrasse, neben der Schulanlage «Wiesli». «Mein» Männe*dorf* war zu meiner Bubenzeit wirklich ein Dorf: Es gab etwa 5 Bäcker, fast ebenso viele Metzger und eine Menge kleiner Lebensmittelgeschäfte (eines hiess lustigerweise «Kolonialwaren»). Bäcker Pfister trug sein Brot in seiner «Kräze» in die Häuser; Milchmann Pfister fuhr mit seinem Pferdewagen vor die Häuser und füllte die Kesseli oder Krüge. Die Winter waren wunderschön: Von November bis Anfang März lag Schnee; Skifahren habe ich auf der damals noch unüberbauten Wiese zwischen Brüschstrasse und alter Landstrasse gelernt. Viel spannender war das Schlitteln: Man startete im «Türli», sauste am «Widenbad» vorbei, kurvte die Bergstrasse abwärts, gab Schuss durch das «Lailoch», fuhr dann die Hasenackerstrasse hinunter an den Schulhäusern vorbei, über die Eisenbahnbarriere und kam manchmal bis fast an die Seestrasse. Autos gab es kaum. Drei «Seegfrörnis» habe ich erlebt: zwei teilweise 1948 und 1956 (bis zur Halbinsel Au) und 1963 die vollständige.

Da soll jemand behaupten, es gäbe keinen Klimawandel! Kurz: «Mein Männe-Dorf» war ein Paradies.

Ich komme aus einem durchschnittlich-volkskirchlichen Elternhaus. Die Männedörfler Kirche war damals noch nach Osten orientiert, wo auf der Empore eine riesige Orgel stand. Alles in ihr war neugotisch mit Sternenhimmel und Verzierungen überall, wo es nur irgendwie möglich war. An der Gemeindeversammlung, an der ihre Renovation beschlossen wurde, hat ein alter Herr behauptet, sie sähe aus wie ein türkisches Bad. Heute würde die alte Männedörfler Kirche unter Denkmalschutz gestellt! Zu dieser Kirche hatte ich eine besondere Beziehung.

Albert Schweitzer und der Schulbub

In Männedorf wohnte damals die einzige Tochter von Albert Schweitzer, Rhena Schweitzer, mit ihrem Mann und ihren vier Kindern. Während seines Europa-Urlaubs – es muss 1948 gewesen sein – kam Schweitzer nach Männedorf, um Tochter und Enkel zu besuchen. Er logierte im Hotel «Zum Wilden Mann». In der Nacht und am Morgen arbeitete er an Manuskriptentwürfen (später, in meiner Berner Zeit, war ich verantwortlich für die Publikation seiner «Werke aus dem Nachlass»; da haben wir manche mit «Männedorf, Zum Wilden Mann» überschriebene handschriftliche Manuskriptzettel gefunden). Etwa gegen elf Uhr ging Schweitzer in die Kirche, um Orgel zu üben. Wenn ich am Nachmittag schulfrei hatte, ging ich nach der Schule nicht direkt nach Hause, sondern in die Kirche – zum grossen Ärger meiner Mutter. Ich stand still neben der Orgel, hörte dem Orgelspiel zu und bewunderte den riesigen Schnauz des Urwalddoktors. Er schickte mich nie weg. Am frühen Nachmittag ging Schweitzer zu seiner Tochter und seinen Enkelkindern und ich nach Hause.

Konfirmation und «Junge Kirche»

Konfirmiert wurde man damals erst mit 16 Jahren, also im ersten Lehrjahr. Jungen und Mädchen wurden getrennt unterrichtet. Der Unterricht fand im schönen alten Kirchgemeindehaus statt, an das sich wohl viele ältere Männedörfler mit etwas Wehmut erinnern werden. Der «Heidelberger Katechismus», aus dem wir manches hätten auswendig lernen sollen, interessierte uns wenig. Unser Pfarrer hatte seine liebe Mühe mit uns 15 Rüpeln! Mir tat er oft richtig leid – deshalb gehörte ich zu den Braven. Nach der Konfirmation ging ich mit ein paar anderen in die «Junge Kirche» (= JK), die kirchliche Jugendgruppe. Die JK war eine tolle Jugendorganisation. Wir trafen uns jeden Sonntagabend im Kirchgemeindehaus. Zuerst waren wir etwa zwanzig, später weit über fünfzig Jugendliche, sodass wir unsere Gruppe teilen mussten. Alle drei Wochen machten wir eine Bibelarbeit. Wir sassen in kleinen Gruppen zusammen, redeten über den Bibeltext, Gott, die Welt, vor allem auch über uns selbst, kurz über alles. Die Bibelabende waren immer die am besten besuchten Abende. Daneben hatten wir ein buntes Programm: Singabende, meist mit Lehrer Böschenstein und seiner Gitarre; sportliche Anlässe; Filmdiskussionen im Kino oder Diskussionsabende, zu denen wir oft jemanden einluden. Eine junge Frau aus unserer Gruppe kannte Max Frisch, der damals im «Langenbaum» an der Grenze zu Uetikon wohnte. Er kam gerne zu uns. Zu Gast bei uns war auch einmal Konrad Farner – der «Chefideologe» der schweizerischen kommunistischen Partei (PdA) – übrigens ein grossartiger Mensch, der bei Karl Barth in Basel seinen Doktor gemacht hatte. Zum Programm der JK gehörte immer auch das Pfingstlager im Sommer und das Skilager vom 27. Dezember bis nach Neujahr. Es war eine tolle Zeit. Manche Freundschaften sind in der JK entstanden, auch manche Ehen.

Meine religiöse Radikalisierung: Der Pietismus und was ich ihm verdanke

In Männedorf gab es damals viele sehr fromme Leute, vor allem im Umkreis der «Zellerschen Anstalten» und bei den Leitern der Jugendgruppen des CVJM. Männedorf galt seit dem 19. Jahrhundert als «Jerusalem am Zürichsee». Auch die damaligen Leithammel der JK waren mit dem «Cevi» eng verbunden. Ich sage: «Leithammel», denn Jugendarbeiter oder Jugendarbeiterinnen gab es nicht – wir Jungen «leiteten» uns selber. Ich habe damals eine ziemlich radikale religiöse Phase durchgemacht. Wir «Leithammel» trafen uns jede Woche im «KT», was eine Abkürzung war für «Kerntrupp» oder auch «Kampftrupp». Eine persönliche Beziehung zu Jesus war uns das Wichtigste. Wir haben zusammen gebetet und die Gruppenabende in der JK vorbereitet. Wir überlegten uns, ob irgendein JK-ler oder eine JK-lerin Probleme hatte und Hilfe brauchte. Ich habe damals auch eine Art Bekehrung erlebt. Sie war ganz nüchtern: Ein Kollege aus der JK fragte mich auf dem Heimweg, was ich studieren wollte. Meine Antwort lautete: «Griechisch und Geschichte». Prompt kam die Retourkutsche: «Wenn einer das Maul so weit offen hat und so viel über Jesus redet wie du, dann sollte er eigentlich Theologie studieren!» Dieser Hieb sass, obwohl ich mich dagegen sträubte. Ich empfand das als Berufung und beschloss, Theologie zu studieren. Als mich in meinem ersten Semester ein Mitstudent fragte, warum ich Theologie studiere, sagte ich: «Ich glaube, ich habe eine Berufung.» Erst später realisierte ich, wie viel Ichbezogenheit (Egozentrismus) hinter einem solchen Satz steckt.

Ich war damals sozusagen «radikal-pietistisch», mehr als nur fromm. Heute bin ich das nicht mehr. Aber ich verdanke dem Pietismus viel. Ohne eine persönliche Beziehung zu Jesus und ohne ein persönliches Gottesverhältnis hätte mich mein Glaube nicht lebenslang getragen. Das schloss offene Fragen nicht aus, sondern ein. Ich habe viele Fragen an Jesus und bin nicht mit allem einverstanden, was er verkündete. Und gegenüber Gott bin ich eigentlich ein einziges Fragebündel. Aber ich wusste, dass Gott mich nicht loslassen würde, sogar wenn ich eines Tages meinen Glauben verlöre. Diese Überzeugung hat mich durch mein Theologiestudium hindurchgetragen.

Wandlungen im Theologiestudium

Im Theologiestudium in Zürich lernte ich die historisch-kritische Methode kennen. Historisch-kritische Bibelwissenschaft las die Bibel ganz anders als ich sie bisher im stillen Kämmerlein gelesen hatte. Das führte zu einer grossen inneren Spannung. Aber ich lernte, dass Gott uns Menschen auch das Denken geschenkt hat. Denken hiess für mich immer auch: ehrlich bleiben vor mir selber. So lernte ich auch, kritisch über mich selbst nachzudenken. Ich wurde durch das Studium offener. Ich lernte auch, dass selbstkritisches Denken und Kirche sich nicht aus-, sondern einschliessen.

Nach dem Studium schrieb ich meine Doktorarbeit. Mein «Doktorvater» fand, sie sei viel zu lang. Er schlug vor, sie in zwei Teile zu zerlegen und den zweiten Teil als Habilitationsschrift einzureichen. So war ich plötzlich Privatdozent, ohne dass ich dies gewollt hätte. Mein «Doktorvater» fragte mich, was ich nun machen wollte. Meine Antwort lautete: «Am liebsten möchte ich einmal in einem nicht-christlichen Land leben, um meinen Glauben gleichsam ‹mit fremden Augen› anschauen zu dürfen.» So kam ich – bzw. inzwischen: so kamen meine Frau und ich – nach Japan. Das bedeutete den definitiven Abschied von Männedorf im Jahr 1969. Das bedeutete auch eine – wie sich dann herausstellte: endgültige – «Verschiebung» meines Wunsches, Pfarrer zu werden. Pfarrer war ich nur relativ kurze Zeit: in Zürich Seebach 1967/68 und in Bülach 1968.

Die Zeit nach Männedorf

Im Japan war ich Dozent für Neues Testament. Dort begegneten wir dem Buddhismus. Meine Frau und ich lebten, meditierten und «arbeiteten» eine Zeitlang in einem zen-buddhistischen Tempel. Zu Beginn dieser Zeit liess uns der Zen-Meister zu sich kommen und fragte, was wir eigentlich wollten. Was ich als Antwort stammelte, weiss ich nicht mehr. Der Meister sagte: «Meine Absicht ist es nicht, Sie zu Buddhisten zu machen. Das Einzige, was ich möchte, ist, dass Sie durch das Sitzen und Meditieren zu besseren Christen werden.» Das hat uns sehr beeindruckt. Wir haben in Japan Buddhisten getroffen, mit denen wir uns über unsere religiösen Grunderfahrungen austauschen konnten und mit denen wir uns viel näher verwandt fühlten als mit manchen Christen, besonders den zahlreichen Missionaren, die es in Japan gab und die mithilfe von Sprachkursen in «native English» versuchten, Seelen für das Christentum zu fischen. Die Zeit in Japan hat mich offener und neugieriger gemacht – offen für den interreligiösen Dialog, offen für die vielen Kinder Gottes in anderen Religionen, neugierig auf andere Menschen.

Nach unserem zweijährigen Aufenthalt in Japan sind wir nach Europa zurückgekehrt. Nicht in die Schweiz in ein Pfarramt, sondern an die Universität Göttingen, weil ich auf eine Professur für Neues Testament berufen wurde. Ich habe diesen Ruf angenommen, nicht, weil ich unbedingt Professor werden wollte, sondern weil ich einmal ausprobieren wollte, wie das ist und ob ich das überhaupt könne. Später kehrte ich in die Schweiz zurück, an die Universität Bern. Auch als Professor habe ich viel gelernt: nicht nur aus Büchern, sondern vor allem von Menschen, insbesondere von meinen Studentinnen und Studenten. Ich war neugierig auf Menschen, die ganz anders dachten als ich; manche von ihnen wurden zu sehr guten Freunden. Blicke ich zurück auf mein Leben, so denke ich, dass das Vertrauen auf Gott, dessen Herz viel weiter ist, als dass nur Christen darin Platz hätten, und die Offenheit für andere Menschen, die das eigene Leben bereichern und von denen man immer lernen kann, die beiden Grundpfeiler sind, die mein Leben bis heute prägen. Nach wie vor bin ich Christ: Mit Johannes 14,6 würde ich sagen: Ich danke Gott, dass Jesus *für mich* der Weg und die Wahrheit und das Leben war und ist, aber anders als Johannes 14,6 bin ich überzeugt, dass es noch andere Wege gibt, die zum Vater führen, nicht nur die auch sehr vielfarbigen christlichen. Nach Männedorf kehre ich als alter Männedörfler immer wieder einmal zurück: Bei schönem Wetter sitze ich auch gerne vor der Kirche. Schade, dass ich sie nie offen fand!

VERÄNDERUNGEN

Walter Rohr

Jeder Mensch erlebt in seinem Leben Veränderungen. Doch was heisst das: Veränderungen? Das kann alles heissen. Das können schöne, traurige, vorhersehbare, ungewollte ... Veränderungen sein.

Es gibt Veränderungen, von denen ich im Moment keine Ahnung habe, weil ich Gottes Wege gar nicht kenne, oder ich erst später merke, dass es Führung war.

So ist es auch mit meiner Geschichte: 1961 habe ich geheiratet und wir zogen geschäftehalber noch am Hochzeitsabend nach Männedorf. Meine Frau war in ihrer Jugend bei der Chrischona in Diessenhofen aktiv dabei. Ich so mehr oder weniger bei der Landeskirche. Aufgewachsen bin ich in Schaffhausen.

Wir beschlossen, eine Gemeinde zu finden, wo wir uns beide wohlfühlen können. So besuchten wir verschiedenen Freikirchen, das Bibelheim und natürlich auch die reformierte Landeskirche, wo wir schliesslich geblieben sind.

Als junges Ehepaar und ziemlich regelmässige Kirchgänger sind wir natürlich bald aufgefallen. Und so ging es nicht lange, bis uns der Pfarrer anfragte, ob wir nicht Lust hätten, die Junge Kirche in Männedorf wieder neu zu beleben.

Aber wie leitet man junge Menschen, wir als Neuzugezogene und ohne Erfahrung auf diesem Gebiet, wie gibt man die frohe Botschaft vom Evangelium diesen Jugendlichen weiter, wir waren ja noch selbst am «Suchen». Wie lebt man das Christsein? Eine grosse Herausforderung! Irgendwie hat uns diese Aufgabe aber angesprochen, wir wollten es versuchen und sagten zu.

Bald hatten wir mithilfe der Pfarrer eine ansehnliche Gruppe beieinander. Nebst Bibelarbeit und Singen haben wir viel zusammen unternommen. Wir leiteten jedes Jahr ein Pfingstlager, bauten unser Lokal im Untergeschoss des Kirchgemeindehauses nach eigenen Plänen um und beteiligten uns beim Weihnachts-Krippenspiel (die nachmalige Gemeindepräsidentin war die Maria). Meine Frau und ich waren die Sprecher auf der Kanzel. Dies zum grossen Erstaunen vieler, wir mit unserem «Schaffhuusertütsch».

Einige von unserer JK (Junge Kirche) kenne ich heute noch, andere weniger. Als wir, meine Frau und ich, Zwillinge bekommen haben, übergaben wir unsere Aufgabe als Leiter anderen.

Und jetzt machen wir einen Zeitsprung. Über 40 Jahre später. Es war das Jahr 2004. Im Januar haben wir meine Schwiegermutter zu Grabe getragen. An genau diesem Tag bemerkten wir, dass meine Frau ganz gelbe Augen hatte. Komisch, so von einem Tag auf den andern. Sie ging zum Arzt und der stellte fest, dass etwas mit ihrer Leber nicht in Ordnung war. Es folgte ein medizinischer Untersuch nach dem andern. Im Sommer war klar, dass nur eine Lebertransplantation Hilfe bringen konnte. Und so begann ein Warten und Hoffen, ein Beten vieler Freunde. Vor allem unser Hauskreis war für uns eine grosse Hilfe.

Im gleichen Jahr starb ein guter Freund von mir und im August meine Schwester.

Meine Frau starb im November. Mir wurde der Boden unter den Füssen weggezogen. Für mich war eine Welt zusammengebrochen. Um an Weihnachten nicht allein zu sein, fuhr ich zu meinem Bruder nach Schaffhausen und nachher zu meiner Schwägerin, der Schwester meiner Frau.

Einer meiner Söhne war in diesen Tagen in Thailand in den Ferien. Im Fernsehen brachten sie die Nachricht vom Tsunami in diesem Gebiet. Ich hatte keine Ahnung wie es meinem Sohn ging, keine Verbindung zu seinem Handy, nichts.

Gott, wer bist du, bitte das nicht auch noch! – Mein Sohn hat auf wunderbare Weise überlebt. Im Januar starb mein Schwager, der Bruder meiner Frau.

Für mich hatte das Leben keinen wirklichen Sinn mehr.

Aber warum erzähle ich diese ganze Geschichte? Um aufzuzeigen, dass Gottes Wege nicht unbedingt unsere Wege sind, dass ER aber uns nicht einfach fallen lässt. Er hat für uns einen Plan, aber nicht unbedingt so, wie wir denken. Nur – in diesen schlimmen Momenten sehen wir keinen Sinn in seinem Plan.

Und wieder ein Zeitsprung. Ein paar Monate später ruft mich der gleiche Sohn an. Er komme von den Ferien in Schweden zurück. Ob ich ihn mit seinem Gepäck am Bahnhof abholen könne. Natürlich konnte ich.

Der Bahnhoflautsprecher kündigte 7 Minuten Verspätung des Zuges an. Also warten. Da kommt eine Frau auf mich zu. Sie entschuldigte sich, dass sie an der Abdankung vor einem Jahr nicht dabei war, sie sei in den Ferien gewesen und habe erst später die

Todesanzeige in der Zeitung gelesen. Sie erkannte mich sofort. Im Gegensatz zu mir. Ich fragte sie nach ihrem Namen.

Sie sei vor vielen Jahren bei uns in der JK in Männedorf dabei gewesen. Sie könne sich noch gut erinnern, wie meine Frau und ich auf der Kanzel am Weihnachtsspiel so eine komische Sprache redeten, die man kaum verstand (gemeint war das «Schaffhuuser-tütsch»). Sie selber habe einen Soldaten gespielt.

Sie erzählte mir, dass es auch ihr nicht besonders gut gehe, sie sei in der Scheidung.

Da schon bald der Zug eintraf, vereinbarten wir ein Wiedersehen. «Ich rufe dich an», versprach ich und sie gab mir Name, Adresse und Telefonnummer.

Ich habe mein Versprechen eingelöst und sie zum Nachtessen eingeladen.

Ich holte sie am Arbeitsort ab, aber das Restaurant war geschlossen. So sind wir in ihre Wohnung gegangen und hatten Zeit, bei Käse und hartem Brot über unsere Probleme zu sprechen.

Bald zeigte sich, dass wir uns immer besser verstanden. Wir verliebten uns ineinander und wohnen nun schon 10 Jahre zusammen. Wir beide können miteinander versuchen, den Weg zu gehen, den meine verstorbene Frau kurz vor dem Tod gesehen hatte und ihn so beschrieb: «Ich gseh en Weg, es isch en lange Weg, aber en Schöne und wenn ich dört bi, rüef ich WUNDERBAR.»

Im Alter von über 70 Jahren habe ich eine Partnerin gefunden. Und warum?

Gott hatte schon vor vielen Jahren einen Plan mit mir, den ich aber zu jener Zeit nicht ahnen konnte. Einen wunderbaren Plan, und er gibt meinem Leben wieder Sinn.

Er hat auch einen Plan für jeden von uns. Wir sehen ihn vielleicht noch nicht, aber Gott meint es gut mit dir und mir.

Danke, Vater im Himmel.

ICH BIN ZEUGIN DES GÖTTLICHEN LICHTS

Reformation durch Nahtoderfahrung und Liebe

Maya Muraro

Ich bin Zeugin des göttlichen Lichtes, der Liebe, des Friedens und der Freude, die ich erlebt habe. Es liegt mir fern, irgendjemanden davon «über»zeugen zu wollen. Denn, wenn mich die Nahtoderfahrung etwas gelehrt hat, dann dies:

- Wahre göttliche Kräfte beinhalten keine Übergriffe, keine Gewalt, keine Eingriffe in die Freiheit des Denkens, Fühlens, Glaubens.
- Sie sind liebevoll, sich zärtlich ausdehnend, freilassend, zur Verfügung stehend, allumfassend, lebensnährend, alleinheitlich.

Wie es dazu gekommen ist, dass ich eine Nahtoderfahrung machen durfte, was ich in ca. 3 Wochen Koma erlebt habe und in welcher Form mich dies neu formiert hat, teile ich hier gerne mit Ihnen:

Als ich mich an diesem Samstag im Januar 2003 im Halbschlaf umdrehte, schrie ich laut auf vor Schmerz. Es fühlte sich an, als hätte jemand ein Messer tief in meinen rechten Oberbauch gestossen und diesen gegen oben hin aufgerissen. Alles war auf diesen Schmerz reduziert und mir schien, als hätte sich der riesige seelische Schmerz, unter dem ich aufgrund meiner damaligen

Lebenssituation schon seit 2 Jahren litt, ein körperliches Ventil gesucht. Obwohl es mir seit einigen Tagen körperlich schlecht ging, war ich in keiner Weise darauf vorbereitet, was nun kam. Als ich mich von meinen drei wunderbaren Kindern Andrea, Adrian und Nadine verabschiedete mit dem Hinweis, ich müsse zur Kontrolle ins Spital, kam mir kein Gedanke, dass dieser Abschied für länger oder auch für immer sein könnte. Im Spital angekommen wurde schnell klar, dass ich an einer schweren Lungenentzündung litt, deren grösster Herd sich im unteren rechten Lungenflügel befand. Am nächsten Tag zeigten die Tests, dass meine Sauerstoffsättigung so schlecht war, dass ich ins künstliche Koma versetzt werden musste, um an die Beatmungsmaschine angeschlossen werden zu können. Nun wurde es sehr hektisch um mich herum. In diesem Moment kroch in mir die Angst hoch: «Werde ich je wieder erwachen?» Auf meine diesbezügliche Frage erhielt ich die Antwort: «Das kann niemand sagen.» Dies klang wie ein Todesurteil und verstärkte die Angst. Glücklicherweise meinte jedoch der Anästhesiearzt voller Zuwendung: «Du hast den gleichen Jahrgang wie meine Frau – 1960er sind die Besten – du wirst es schaffen!» Damit kam auch wieder etwas Hoffnung zurück. Trotzdem war klar, dass ich nun mein Leben nicht mehr in der eigenen Hand hatte und mich dem hingeben musste, was kam.

Im Koma

Die Erfahrungen, die ich während meiner Zeit im Koma gemacht habe, waren höchst unterschiedlich. Sie sind auch nicht so einfach in Worte zu fassen, denn meine Erlebnisse fanden auf verschiedenen Ebenen – körperlich, psychisch, geistig, seelisch – statt und wurden jeweils unterschiedlich erlebt und empfunden. Manche Dinge waren völlig klar und manche auch zutiefst verunsichernd.

Gespräche, Besuch am Bett

Die Wahrnehmungen waren auch hier nicht immer gleich klar. Es gab viele ausserkörperliche Erlebnisse. Manchmal war ich da, sehr oft jedoch auch «unterwegs» – z. T. in anderen Ländern – es gab auch Zeiten, da hatte ich das Gefühl, ich würde dauernd herumgeschoben und umherziehen. Einmal stand ich daneben, als mein Vater mit dem Oberarzt meine Röntgenbilder besprach. Es war ein seltsames Gefühl, zu merken, dass die beiden meine Antworten auf die Fragen des Arztes nicht hören konnten – ja, nicht mal wahrnahmen, dass ich dabei war. Erst später hatte mir mein Vater – nachdem ich ihm diese Szene beschrieb – voller Erstaunen gesagt, dass dies für ihn beinahe unvorstellbar sei, sei dies doch mind. 4 Räume von meinem Zimmer auf der Intensivstation entfernt gewesen. Wahrnehmen konnte ich auch immer die Gefühle und Gedanken sowohl von Besuchern wie auch vom Spitalpersonal. Man kann sich vorstellen, dass dies teils sehr schön – wenn es sich dabei um Liebe handelte –, jedoch bei anderen Gefühlen nicht immer nur angenehm war.

Ich kann mich auch an Gespräche erinnern, die z. T. von Ärzten oder Pflegern geführt wurden. Zum Beispiel ging ein Arzt in die Sportferien und meinte, es würde ihn niemand hindern, sich darüber zu freuen und er sei froh, meinem ‹Sterben auf Raten› nicht mehr zusehen zu müssen. Ein Teil in mir stimmte ihm bei. Er und seine Familie hatten glückliche Ferien sicherlich verdient. Allerdings hat eine solche Bemerkung Auswirkungen. Es ist sehr wichtig, dass bei einem Koma- (oder auch Narkose-)Patienten keinerlei negative Prognosen oder Aussagen am Bett gemacht werden dürfen, da sie «negative Informationen/Bilder» enthalten, denen der Patient folgen könnte. Negative Aussagen und Gedanken wie «wir wissen nicht, ob er/sie stirbt» oder dergleichen fühlen sich an wie Todesurteile oder Angriffe auf das eigene Leben. Da sich nach meiner Erfahrung infolge der aufgelösten Verfassung verschiedene andere Wahrnehmungen (u. a. Hören) ausweiten, macht es auch Sinn, grössere räumliche Distanz zu den Patienten für solche Gespräche einzuhalten. Mir ist jedoch klar – aufgrund der oben geschilderten ausserkörperlichen Wahrnehmungen –, dass auch eine solche Distanz keine Sicherheit darstellt. Deshalb ist es grundsätzlich sinnvoll, im Sprechen, Denken und Fühlen über einen Koma-Patienten achtsam zu sein.

In meinem Fall haben mir die vielen liebevollen Besuche meiner Familie und Freunde gutgetan. Dies war für mich die einzige Zeit, in der ich mich «sicher» und «beschützt» fühlte und mich von meiner Angst erholen konnte. Ich bedanke mich hier vor allem bei meinen Eltern, meinen Schwestern, meinem Schwager Joaquin und Freunden für die vielen Stunden, die sie liebevoll an meiner Seite verbracht haben, massiert und gestreichelt haben, gemeinsame Geschichten erzählt haben. Sie haben mitgeholfen, mich am Leben zu erhalten.

Ich habe mich bei Menschen für ihre Besuche bedankt und dessen Verlauf beschrieben; für meine Besucher/-innen war aber völlig unklar, woher ich wissen konnte, dass sie da waren, da sie alleine mit mir im Zimmer waren. Über meine Aussage: «Ich war da, ich konnte euch sehen, hören, spüren und eure Gefühle wahrnehmen» waren sie sehr erstaunt, da meine leibliche Hülle dem Tode nahe und nicht ansprechbar war.

Segen, Liebe, gute Wünsche, Gebete

Die Wahrnehmungen im Koma sind manchmal auch wunderbar. Eine diakonische Mitarbeiterin kam jeweils herein und segnete mich. Dies drang immer irgendwie zu mir durch und hat viel Kraft, Licht und Zuversicht spürbar gemacht. Überrascht hat mich auch, dass Liebe und Gebete «ankamen» und mir halfen. Diese Zuwendungen waren für mich wie Licht, Sterne und Hoffnung – sichtbar, fühlbar und wirkungsvoll. Das galt auch für die guten Wünsche und Gebete von mir fremden Menschen – auch diese kamen an. Auch wenn ich nicht alle einzeln den jeweiligen «Gebern/Sendern» zuordnen konnte, war jedoch immer klar, dass es von meinen Lieben, von Freunden kommt. Oft hatte ich auch das freudige, überraschte Gefühl «Oh, von wem kommt ihr denn?», wenn ich gemerkt hatte, dass Gebete und Kräfte ankamen von Menschen, die ich nicht persönlich kannte. Dass dies so war, hatte sich nach meiner Genesung bestätigt, nachdem ich die «Sender» kennengelernt hatte. Diese guten Gaben waren alle in meinem Geist angekommen und hatten Kräfte zu einem Zeitpunkt bereitgestellt, als in mir keine Kraft mehr zum Überleben vorhanden war. Es gab im Spital auch eine ältere, südländische Putzfrau, die immer mit so viel Liebe und Mitgefühl ins Zimmer kam, dass dies spürbar war und beruhigte.

Bilder, Wahrnehmungen, Informationen

Die meisten «Bilder» im Koma waren grauenvoll. Beispielsweise Bilder von meinen in rechteckige Kisten abgepackten Körperbestandteilen wie Blut, Gewebe, Knochen usw. (eventuell ein archaisches Bild, denn dieses wurde mir in der REHA von einem anderen Patienten nahezu gleich geschildert). Da ich viele dieser Bilder bzw. Filme schon in im Krankenbett aufschrieb, konnte ich jedoch mit der Zeit aus den darin enthaltenen Informationen über mein Leben, meine Psyche und mein Charaktermuster sehr viel lernen. Die Bilder selber sind sehr persönlich und mit meinen persönlichen Erfahrungen von den 3 Jahren vor dem Koma stark verknüpft. Ich hatte dadurch zwar nicht das oft beschriebene Erlebnis, dass mein Leben nochmals vor mir ablief – es waren vielmehr klare Informationen darüber, wie ich mich verhalten hatte, wo ich mich nicht geliebt hatte und wo ich es unterliess, für mich selbst einzustehen. Aufgrund des Morphiums waren diese Bilder jedoch alle massiv überzeichnet. Das heisst, die meisten waren wie Horror- oder Albträume und brachten weitere Gefühle von Überwältigung, Angriffen, Lebensbedrohung und Angst mit sich. Eine lachende Stimme in mir kommentiert jetzt gerade, ich hätte dieses überzeichnete Ausmass auch gebraucht, damit ich überhaupt hinsehen und die Notwendigkeit der Veränderung erkennen und handeln konnte. So gesehen stimmt dies auch. Trotzdem waren in der Zeit die durch die Bilder entstandenen Emotionen, Gefühle und der Schrecken «real» spürbar und erlebt – mit entsprechenden Reaktionen des Körpers, des Nerven- und des Wahrnehmungssystems.

Liebe, Licht, Frieden und die Nahtoderfahrung

Als ich es nicht mehr aushalten konnte, habe ich in diesem Koma den in vielen Büchern über Nahtoderfahrungen beschriebenen «Tunnel ins Licht» durchschritten. Für mich war es jedoch kein Tunnel, sondern ich flog in einem grossen Heissluftballon ins Licht. Der Platz dort ist wundervoll und ich glaube nicht, dass Worte annähernd wiedergeben können, was da sicht- und spürbar wurde. Trotzdem versuche ich es. Das Licht ist unbeschreiblich schön und hell. Der ganze Körper wird mit reiner unendlicher Liebe durchflutet, umflossen, getragen. Durch den ganzen Körper und das ganze Sein fliesst ein wunderbarer, tiefer Frieden und eine grosse Freude. Einheit – keine Trennung mehr zwischen innen und aussen – alles Liebe. Diese Art der Liebe und des Friedens zeichnen sich durch reines SEIN aus. Diese Liebe fordert nichts, sie will nichts, sie ist da, sie trägt und liebt. Es war das reine Erkennen, «nach Hause gekommen zu sein». Eine grosse Erleichterung ging aus dem Gewahrsein hervor: «Es ist doch wahr!», es gibt diese wahre, allumfassende Liebe!

Eine der Schlussfolgerungen für mich selbst aus diesem Erleben ist unter anderem, dass man einem Schwerkranken oder Sterbenden mit tiefem Vertrauen und Zuversicht versichern kann: «Es wird alles gut» – denn für ihn selbst wird es gut, unabhängig, ob er den Weg des Todes oder des Lebens beschreitet. Im Falle der Wahl des Lebens sind solche Zusicherungen jedoch eine grosse Ressource für die spätere Heilung.

«Leider» haben meine Kinder, meine Familienmitglieder und meine Freunde Anker in meinen Heissluftballon geworfen, ihre Füsse in den Boden gestemmt und mich nicht vollends gehen lassen. In diesem Moment war ich sehr wütend auf sie, denn ich hatte keine Kraft mehr zu kämpfen und wollte nur noch in diesem Licht, dieser Liebe, der Einheit und dem Frieden bleiben. Wenn sie hier losgelassen hätten, hätte ich bestimmt nicht überlebt! Aus heutiger Sicht bedanke ich mich nochmals herzlich, dass ihre tiefe Liebe die Kraft aufbrachte, mir Zeit zu verschaffen! In einem weiteren Szenario wurden mir nun Lösungen gezeigt, wie ich für mich selbst einstehen kann. Mit dieser Erkenntnis wurde auch mein eigener Wunsch wach, zurückzukommen und meine Kinder weiterhin zu begleiten und vor allem ZU LIEBEN – auf diese neue Art, der allumfassenden Liebe, die ich kennenlernen durfte. Dazu kam der eher egoistische Wunsch, miterleben zu wollen, wie ihr und mein Leben weiter verläuft. Wie stark dieser Wunsch war, zeigte sich daran, dass ich – zum Entsetzen der Krankenschwester und im Kampf mit ihr – im Anschluss meinen Beatmungsschlauch selbst herausgerissen hatte.

Wer entscheidet, ob man überlebt? Technik, medizinisches Können, menschliches Umfeld oder Gott und Seele des Patienten?

Ohne Frage hätten mein Körper und meine Seele ohne die Technik der Intensivstation, ohne das medizinische Können der

Ärzte und des Pflegepersonals des Spitals Hirslanden sowie ohne die Medikamente keine Chance gehabt, überhaupt entscheiden zu können. Für all diese Hilfe bin ich auch zutiefst dankbar. Nach allem was ich am eigenen Leib gespürt und erfahren habe, bin ich jedoch auch überzeugt, dass alle Technik und alles Können nicht gereicht hätten, wenn a) nicht so viel Liebe von der Familie und Freunden zur Verfügung gewesen wäre und b) wenn ich (meine Seele) nicht hätte zurückkommen wollen/können. Persönlich bin ich der Meinung, dass dies nicht nur für mich selbst gilt, sondern für die meisten Menschen – es erklärt für mich auch, wieso Menschen mit schlechteren Prognosen überleben können und solche mit besseren manchmal sterben. Zudem entlastet es in meinen Augen auch alle Ärzte, da Gott und die Seele des Menschen in solchen Situationen das letzte Wort haben – zumindest habe ich das so erlebt.

Was mich meine späteren Nachforschungen im Bereich Nahtoderfahrung gelehrt haben, war auch, dass die Nahtoderfahrung selbst als Auslöser für die gute nachfolgende Heilung angesehen werden kann. Gespräche mit unterschiedlichen Medizinern zeigten auf, dass diese in meinem Fall alles andere als selbstverständlich war.

In welcher Art hatte mich diese Erfahrung neu formiert?

Ich könnte jetzt noch vieles schreiben – denn der Weg zur vollständigen Genesung an Geist, Körper und Seele war lang und dauert noch immer an. Neben der tiefen Gotteserfahrung bringt eine Nahtoderfahrung jedoch oft sowohl eine grosse Traumatisierung als auch einen riesigen Schmerz mit sich. Der gewaltige Schmerz, wieder von dieser Alleinheit, die doch unsere wahre Heimat ist, dieser Liebe, diesem Frieden und diesem unvergesslichen

Licht getrennt zu sein. Der Schmerz, zu erkennen, wie lieblos der menschliche Umgang hier auf Erden zum Teil miteinander ist. Der weitaus grösste Schmerz kam jedoch von der Erkenntnis, wie weit weg ich selber in Gedanken, Gefühlen, Worten und Taten davon bin. Nach meinem Erlebnis war mir das sehr bewusst, auch wenn ich noch nicht wusste, wie ich das ändern konnte. In mir entstand der Wunsch, der erfahrenen Liebe schon in diesem Leben so nahezukommen, wie es mir möglich ist.

Dabei musste ich erkennen: Einerseits bin ich nicht mehr die, die ich war. Die Erfahrung der wahren, alles transformierenden Liebe hat wirklich alles verändert. Andererseits bin ich trotzdem noch die, die ich war. Ich trage noch immer all meine alten Strukturen, Schattenseiten, Glaubenssätze, Verletzungen, Gefühle, Unverarbeitetes, Traumatisierungen und vieles mehr mit mir herum. Da war und ist noch immer «Erlösungs-Arbeit» angesagt. Also habe ich mich auf die Suche gemacht, was mich – und auch viele andere Menschen – davon abhält, in wahrer Liebe miteinander zu leben.

Dieser Weg ist lang und herausfordernd. Es war wie ein Hohn, dass das Göttliche mich mit einem so unvergleichlichen Erlebnis und Wissen ausgestattet hatte, damit ich mir anschliessend mit gleicher Wucht die gegenteilige Seite anschauen und nochmals erfahren musste. Ich musste mich allem stellen, was ich niemals im Leben wollte: Kampf um den Wert des Geleisteten, Kampf um Existenz, Kampf um Geld, Kampf um Selbstwert, Selbsthinterfragung, Ablösung, Auflösung, Trennung von vielem Geliebten, Trennung von der Vorstellung einer heilen Familie, einer vermeintlich heilen Welt. So erfuhr die in der Nahtoderfahrung begonnene Reformation eine Fortsetzung, die mein ganzes Leben neu formierte.

Ich absolvierte – neben meinem Dasein als Mutter und meiner Arbeit – viele Aus- und Weiterbildungen in Richtung Körper, Geist, Seelenschulung, Heilung, Trauma-Verarbeitung, Nahtodforschung usw., da ich jetzt wusste, welche Form von Liebe und Leben ich nun anstrebte. Unklar war mir jedoch, wie ich dahin gelangen könne. Gott sei Dank stand mir mein Humor bei, denn je mehr ich lernte, umso bewusster wurde mir, wie viel ich noch nicht weiss. Glücklicherweise begleiten mich die Liebe und das Licht auf diesem Weg weiterhin. Alles, was ich dabei gelernt habe, stelle ich heute mit Freude und Dankbarkeit den Menschen in meiner Arbeit zur Verfügung.

Was mich die Nahtoderfahrung lehrte und was mir bis jetzt zutiefst bewusstgeworden ist, teile ich hier gerne mit Ihnen:

- Göttliche, allumfassende Liebe ist die höchste Kraft.
- Geist und Seele eines Menschen reagieren auf Liebe und nicht auf Pflicht.
- Einheit und Allverbundenheit sind allgegenwärtig.
- Liebe, Gebete, Segen durchdringen Zeit und Raum.
- Wahre göttliche Kräfte beinhalten keine Übergriffe, keine Gewalt, keine Eingriffe in die Freiheit des Denkens, Fühlens, Glaubens – sie sind liebevoll, sich zärtlich ausdehnend, freilassend, zur Verfügung stehend, allumfassend, lebensnährend, alleinheitlich.
- Eine der grössten Kräfte, die uns hier auf Erden für ein glückliches Leben zur Verfügung steht, ist die Vergebung. Sie macht uns frei.
- Selbstverantwortung: Mein Leben und alles, was sich darin zeigt, hat mit mir zu tun – ich kann nicht immer beeinflussen, was mir geschieht – doch ich kann beeinflussen, wie ich damit umgehe.
- Was immer ich auch suche – ich finde es weder in Büchern, Ausbildungen, Aussagen anderer Menschen – es ist bereits in mir angelegt und zeigt sich in der göttlichen Stille.

- Wir alle sind – jeder auf seine Weise – Gottes Licht in Tätigkeit.
- Wir kommen aus dieser allumfassenden Liebe, diesem allumfassenden Licht und kehren auch dahin zurück. Wir haben jedoch auch die Möglichkeit, so viel, wie uns möglich ist, bereits in diesem Leben zu leben. Das Einzige, was wir dazu brauchen, ist unser freier Wille, den wir dafür nützen können, uns mit dem Guten, Schönen, Liebevollen und Lichtvollen zu verbinden.
- Wir haben die Wahl: Dies bedeutet, dass wir – unabhängig von anderen Menschen und Umständen – stets wählen dürfen, ob das, was wir mit unseren Gefühlen, Gedanken und Sprechen nähren, lebensspendend, heilend und erlösend oder lebenszerstörend und/oder -blockierend ist. Das, was wir wählen, wird in unserem Leben wirken und erblühen.

«Licht» © Maya Muraro. Digitale Bearbeitung einer Kombination der Fotobilder aus ihrer Serie «Lichtsamen des Lebens» und Aquarellen von Christian Diboky.

«EIN NEUANFANG!?» EINE WEIHNACHTSGESCHICHTE

Achim Kuhn

Sie fiel mir auf, als sie in die cta-red-Line an der unterirdischen Station State/Lake im Zentrum Chicagos, dem Loop, einstieg. Sie sah so erschöpft aus. Bleich, obwohl dunkler Hautfarbe. Sie war jung – vielleicht 17 Jahre alt; und wirkte so müde wie eine alte Frau. Mit schweren Schritten ging sie den Gang entlang. Sie setzte sich in die freie Bank hinter mir. Im Fenster sah ich gespiegelt, wie sie sich an das Fenster drückte und – weil sie so schlank, ja dünn war – kaum mehr als zwei Drittel eines Sitzes einnahm. Sie zog ihr Handy aus ihrer Jackentasche. Ein paar Sekunden später wurde ich unfreiwilliger Zeuge ihres Telefonats. Müde sagte sie:

«Hi, Megan, it's me.»

«...»

«Mir geht es nicht so gut. Es ist schwer. So viel. Und du – wie geht es dir?»

«...»

«Gehst du morgen in die Kirche?»

«...»

«Warum nicht?»

«...»

«Nein, nein, ich will nicht mit ihr reden.»

«...»

«O.k., dann gib sie mir halt. Bye.»

Und dann sagte sie kurz darauf viel wacher – aber es klang bemüht wach:

«Hi, Ma.»

«...»

«Ja, ich weiss, dass ich seit Monaten nichts mehr habe hören lassen. Jetzt reden wir ja.»

«...»

«Aber du hast mich doch aus unserer Wohnung geworfen.»

«...»

«Ja, genau, lassen wir das.»

«...»

«Mir geht es gut.»

«...»

«Doch wirklich gut. Ich bin gerade auf dem Weg zum Loop. Ich gehe in den Ausgang. Ein bisschen Spass haben.»

«...»

«Nein. Mit der Clique mache ich nichts mehr.»

«...»

«Nein, gerade wegen der. Die hat so mit ihrer Mutter gesprochen, wie man das nicht machen darf. Verstehst du? Sie hat ihr solche Worte an den Kopf geworfen, wie man das bei der Mutter nicht machen darf. Ich wollte dann nichts mehr von ihr wissen.»

«...»

«Nein. Auch nicht. Er ist weg.»

«...»

«Einfach weg! Es ging nicht mit uns.»

«...»

«Ich bin hier mit ein paar Leuten unterwegs.»

«...»

«Nein, ich lüge nicht. Ma, ich bin nicht einsam! Ich HABE gute Freunde; und mit denen bin ich gerade unterwegs in die Stadt.»

«...»

«Du kennst sie nicht. Sind nett.»

«...»

«Nein, ich kenne sie nicht von der Arbeit her. Ich ... ich habe gerade keine Arbeit. Aber ich bin sicher, dass ich nach Weihnachten wieder welche finde.»

«...»

«Ja, ich esse genug. Keine Angst.»

«...»

«Meinem Baby geht es gut. Er ist jetzt gerade bei einer Freundin.»

«...»

«Ich weiss, dass du ihn noch nicht gesehen hast. Er ist so süss.»

«...»

«Ma, ich muss jetzt aufhören. Ich bin gleich da.»

«...»

Sie stand auf. Im Vorbeigehen hörte ich sie sagen: «Ob ich Weihnachten kommen will mit meinem Kleinen? Natürlich. Gerne.»

«...»

Leise, fast schüchtern, sagte sie: «Danke. Danke, Ma, dass ich übermorgen kommen darf.»

Rasch legte sie auf und steckte das Handy weg. Die Bahn kam langsam an der 47th zum Halten. Sie schaute ihr Spiegelbild im Fenster an. Sie straffte ihre Schultern. Die Türen öffneten sich.

Sie war die Einzige, die ausstieg. Die Türen der Bahn schlossen sich. Das Bähnchen setzte sich rüttelnd in Bewegung. Als es an ihr vorbeifuhr, sah ich ein Lächeln auf ihrem Gesicht; aber sie lächelte niemanden an. Ich mag mich täuschen, aber ihre Schritte schienen mir fast leicht. So federnd, wie es nur eine spezielle Vorfreude auslöst. Manchmal, wenn wir spüren, dass die Liebe anderer grösser ist als unser Schmerz; und die Hoffnung stärker als unsere Wunden. Wenn Weihnachten ganz nahe ist. Wenn Gottes Liebe unsere Lebenslügen überdauert. Wenn uns Neuanfänge geschenkt werden.

Nach einer wahren Begebenheit während meines Sabbaticals in Chicago, kurz vor Weihnachten 2011

LIFE STORY

Raphael Roll

Ich war in der Oberstufe eher der Aussenseiter.
Vielleicht lag es daran, dass ich nach meinem Rausfall aus dem Gymnasium erst ein halbes Jahr später zu meiner Sekundarklasse stiess und sich dort die Cliquen bereits gebildet hatten.
Dass ich kein Interesse an Zigaretten und Hanf hatte ...
... und auch meine Hosen nicht gleich breit waren wie die meiner Mitschüler ...
Hust
Hust
?
... machte die Sache nicht gerade einfacher.

Na ja, zum Glück war da noch Manuel, der mit diesen Dingen genauso wenig anfangen konnte wie ich.
So waren wir wenigstens in den Pausen beide etwas weniger einsam.
Berührungspunkte ausserhalb der Schule hatten wir aber nie während dieser dei Jahre.

Nach Schulende begann ich meine Lehre.
Neue Frisur!
Neuer Lebensabschnitt ...
... neue Schule ...
Neue Freunde!

Dachte ich jedenfalls ...
Aber in der Berufsschule hatten alle schon ihre bestehenden Freundeskreise von früher her.
Nach dem ersten halben Jahr realisierte ich erstmals ...
... wie einsam ich war.

Während andere am Wochenende anfingen, zusammen den Ausgang zu entdecken, sass ich alleine zu Hause.
Wochenende für Wochenende.

In meiner Verzweiflung wandte ich mich nach dem ersten halben Jahr Lehre an Gott und betete ganz einfach:
Gott, bitte gib mir Freunde!
Da klingelte das Telefon ...
RING
RING
RING

Es war Manuel, mit dem ich letztmalig am letzten Schultag der Oberstufe geredet hatte.
Vor einem halben Jahr.
Er fragte mich, ob ich mit ihm und ein paar anderen zum Schlittenfahren mitkommen wolle!
Genau nach meinem verzweifelten Gebet um Freunde ...

Viel mehr Beweise, dass da ein Gott ist, der sich für mich interessiert und Gebete erhört, brauchte ich nicht.

So einen Zufall konnte es nicht geben.

Von diesem Tag an fehlte es mir nie wieder an Freundschaften.

Weder in der natürlichen Welt noch in der übernatürlichen.

REFORMIERT UND MANCHMAL EIN BISSCHEN *PROTEST*-ANTISCH

Dorothée Muriel Müller

Nochmals eintauchen in längst vergangene Tage! Heute? Nach 45 Jahren? Wie die Zeit vergeht!

Es ist der 8. September 1971, das Fest «Maria Namen». Ich trete in die Kongregation[1] der «Schwestern von der Göttlichen Vorsehung» ein. Es scheint mir kein Zufall zu sein, dass ich mich dieser Vorsehung so nahe fühle.

Ich bin 22 Jahre alt, habe meiner Mutter am Morgen die Make-up-Utensilien und alle Lippenstifte in die Hände gelegt, nachdem ich mich nochmals geschminkt hatte für die letzte weltliche Reise ins Kloster.

Wir sind acht Postulantinnen. Die Fruchtwähe zum Nachtessen schmeckt zwar gut, aber der Appetit reicht nicht für ein zweites Stück.

1 Kongregation: Katholisches offenes Kloster, d. h., das Kloster betreibt Schulen, Spitäler und andere soziale Institutionen. Die Schwestern haben also einen einschlägigen Beruf erlernt und üben diesen aus, nebst dem Engagement für das religiöse Leben.

Es gibt noch einen Schlafsaal zu dieser Zeit, der allerdings nicht so voll belegt ist wie in den Jahren der zahlreichen Klostereintritte. Weisse Vorhänge trennen die Bettplätze voneinander ab. «Jesus, jetzt bin ich endlich hier», bete ich glücklich in mich hinein ...

Nach einem ersten Einführungsjahr ins Ordensleben werden wir am 15. August 1972, dem Fest «Mariae Himmelfahrt», ins Noviziat aufgenommen. Die Einkleidungszeremonie während der Vesper ist einfach und feierlich. Ich erhalte das Ordenskleid und den weissen Novizen-Schleier, Symbol dafür, «Braut Christi» zu sein. Den neuen Namen «Muriel» trage ich fortan als Zeichen, dass ich den alten Menschen ablege und den neuen anziehe (Eph. 4,22–24).

Der Aufnahme ins Noviziat und später der Zulassung zur Profess gehen Gespräche mit der Frau Mutter und die Abstimmung der sieben Ratsschwestern über jede Kandidatin voraus. Meine oft nicht allzu diplomatische, ja geradezu kritische Meinungsäusserung poliert mein Image nicht immer in gewünschtem Masse auf.

Im ersten Noviziats-Jahr leben wir ganz im Kloster. Es ist quasi die Ordensausbildung. Gott in weiblicher Gestalt zu denken, ist zu dieser Zeit noch kein Thema. Ein Gott-Vater ist für mich das aktuelle Bild.

Die früheren Ängste vor der Beichte sind zwar Geschichte, aber für ein wöchentliches Sündenbekenntnis, wie es im Kloster üblich ist, sind die Gelegenheiten zur Sünde nicht in genügendem Masse gegeben. Und die ständige Suche nach kleineren Fehlern – ob die mich wirklich weiterbringt?

Eigentlich ist es mir damals schon nicht ganz einsichtig, immer in meinen «Sünden» wühlen zu müssen. Heute sind Fehler für mich Gelegenheiten, um zu lernen. Erneuerung und Entwicklung sind damit möglich.

Das zweite Noviziats-Jahr verbringen wir auf einem Aussenposten im Beruf. Als Dentalassistentin kann ich nicht arbeiten, hingegen als Schwesternhilfe im Spital, ehe ich nach der ersten Profess – der vorläufigen Aufnahme in den Orden – die Ausbildung zur dipl. Pflegefachfrau absolviere.

In der Hl. Profess lege ich die drei Gelübde ‹Ehelosigkeit›, ‹Gehorsam› und ‹Armut› ab. Zuerst für 5 Jahre, danach auf Lebenszeit.

Als ich zu dieser «Ewigen Profess» nicht zugelassen werde wegen Schwierigkeiten mit einer Oberin, stürze ich in eine tiefe Krise. Es ist wie eine geplatzte Hochzeit.

Ich überlege auch einen Austritt, aber schliesslich bin ich ja wegen Jesus hier und nicht (nur) wegen der Frauen. Es ist eine Prüfung, und nicht die erste ...

Ich habe Mühe mit dem Gefälle zwischen den Menschen. Gott selbst hat dieses durch Jesus aufgehoben. Er will uns auch nicht klein und nichtig und auf den Knien herumrutschen sehen. Wir sind durch ihn göttliche Wesen. Wir könnten gar ebenfalls über das Wasser gehen, würden wir vollkommen vertrauen. – (Wenn nur die Schwerkraft nicht wäre ...)

Zwei Jahre später darf ich die Ewigen Gelübde ablegen. Das ist für mich das absolute Glück, so etwas wie die Zielerreichung meiner Berufung. Für diesen Zustand finden sich wirklich keine Worte.

Im Rahmen einer Psychoanalyse verlasse ich 1985 – nach 14 Jahren – den Orden.

Es ist ein schwieriger Start, wieder draussen im anderen Leben Das Kloster gibt eine absolute Sicherheit in vielen Bereichen. Die Bibelstelle, in der Jesus sagt: «Jeder, der um meines Namens willen alles verlassen hat ...» (Mt 19,29) bedeutet für Ordensleute so viel wie eine Bestätigung ihrer Berufung. Es fühlt sich unglaublich gut an, aus Liebe zu Jesus alles verlassen zu haben ...

Nun aber habe ich versagt! Was ist aus meiner Berufung geworden? Sind meine Gebete gestorben?

Das Stundengebet ist weg. Die tägliche Heilige Messe (d. h. die Eucharistiefeier) ist nicht mehr Pflicht und die Sonntagsmesse zieht mich nicht mehr an. Keine Beichte mehr. Was sollte ich auch schon zu beichten haben im Fegefeuer meines neuen Lebens?

Doch, wie war das noch, mein Gott? Jetzt habe ich doch tatsächlich *alles* verlassen – die ganze existenzielle Sicherheit, den «Uterus». Ich befinde mich gerade im freien Fall, muss meine Rechnungen bezahlen und mein Brot ganz alleine verdienen. Das Leben ist sehr handfest und realistisch ...

Die Bibelstelle über die Nachfolge erhält plötzlich eine neue Dimension. Ich finde eine persönliche, eigenständige Interpretation der Nachfolge für den eben begonnenen Lebensabschnitt. Diese Erfahrung trägt mich ...

Ja, es geht weiter, das Leben ... Es ist mir immer noch wichtig, ein gutes und vor allem auch ein selbstverantwortetes Leben zu führen.

Nach und nach gibt es mehr Geheimnisse in meinem Glaubensleben. Dinge, die ich nicht erklären kann. Ich glaube nicht mehr an ein direktes Eingreifen Gottes in mein Leben.

Gott ist nicht mehr «so fassbar» als Vater. Gott ist Energie, Licht, Geheimnis ...

Aber es gibt trotzdem keine Zufälle, ausser es fällt mir etwas im richtigen Moment zu. Ich fühle mich irgendwie universal mit allem verbunden. So kann Gott auch nicht mehr verantwortlich gemacht werden für irgendwelche Misere. Es kann nicht sein, dass er mir Knebel zwischen die Beine wirft, und ich schreie dann wieder zu demselben Gott um Hilfe. Ich brauche einen Gott, der mir hilft zu leben. Gott ist nicht allmächtig, er ist All-Liebe.

Jesus bleibt mein guter Freund – ich muss nicht seine Braut sein. Seine Botschaft ist mir Programm für den Alltag.

Doch lebe ich zeitweise auch völlig «gottlos». Dann ist alles weg. Es ist Nacht in meiner Seele. Dies auszuhalten ist eine Herausforderung! «Vergib uns unsere Schuld, wie auch wir vergeben unseren Schuldnern – und uns selber», bete ich heute.

Nun also habe ich alles getan, was Rom verboten hat: Habe Gelübde gebrochen, halte mich nicht mehr an die katholischen Verpflichtungen, und habe in aller Selbstverständlichkeit einen geschiedenen Protestanten geheiratet in einer reformierten Kirche mit einem reformierten Pfarrer.

Und es fühlt sich wunderbar an. – Protest oder Reform?

Es fällt mir auf, dass wir früher in der Familie immer von den «Protestanten» gesprochen haben, nie von den «Reformierten». Sie waren die Abtrünnigen und Abgefallenen ...

Es war völlig klar, dass wir den einzig richtigen Glauben haben.

Die Überzeugung, in der Kirche nur Veränderungen herbeiführen zu können, wenn ich dabei bleibe, hindert mich vorerst noch, auszutreten. Ich bin geprägt von dieser Konfession und erfahre auch Heimat darin.

Von den Dogmen der katholischen Kirche befreie ich mich weitgehend, durch intensive Auseinandersetzung mit meiner Biografie und mit eben dieser Kirche. Ich habe mich reformiert und protestiere gegen den Umgang der katholischen Kirche mit den Frauen (Frauenordination, Familienplanung), den Geschiedenen und Wiederverheirateten (Verweigerung der Sakramente); ich kann mich damit nicht mehr identifizieren. Schliesslich trete ich aus der katholischen Kirche aus. Es liegt für mich dann nahe, bei der reformierten Kirche anzuklopfen, ob ich hier als Konvertitin aufgenommen würde ... Das geschieht 1995.

In der Gewissheit, dass über die Jahre die Reformation viel Menschlichkeit und Entwicklungsmöglichkeiten gebracht hat, freue ich mich, evangelisch-reformiert zu sein – und ich reformiere mich weiter.

DER LEIB CHRISTI UND SEINE GLIEDER

Jasmin Meier

In meinen 21 Jahren habe ich bereits eine ganze Reihe an Kirchenbewegungen erlebt. Aufgewachsen bin ich in einer traditionellen Freikirche, konfirmiert wurde ich in der reformierten Kirche Stäfa und nun besuche ich nochmals eine andere Gemeinde. Trotz der verschiedenen Hintergründe wurde ich immer vom gleichen Gott begleitet.

Im ersten Korintherbrief beschreibt Paulus die Gemeinde Christi als einen Leib, der aus verschiedenen Gliedern zusammengesetzt ist.

> «So wie unser Leib aus vielen Gliedern besteht und diese Glieder einen Leib bilden, so ist es auch bei Christus: Sein Leib, die Gemeinde, besteht aus vielen Gliedern und ist doch ein einziger Leib. Denn wir sind alle mit demselben Geist getauft worden und gehören dadurch zu dem einen Leib von Christus, ganz gleich, ob wir nun Juden oder Griechen, Sklaven oder Freie sind; alle sind wir mit demselben Geist erfüllt worden. Nun be-

steht ein Körper aus vielen einzelnen Gliedern, nicht nur aus einem einzigen. [...] Angenommen, der ganze Körper bestünde nur aus Augen, wie könnten wir dann hören? Oder der ganze Leib bestünde nur aus Ohren, wie könnten wir dann riechen? Deshalb hat Gott jedem einzelnen eine besondere Aufgabe gegeben, so wie er es wollte. Was für ein sonderbarer Leib wäre das, der nur ein Körperteil hätte.» (1. Kor 12,12–19)

Dieser Text spricht meiner Meinung nach zwei verschiedene, wichtige Aspekte an. Einerseits handelt er von den individuellen Gaben, andererseits vom Zusammenhalt aller Christen auf der Welt. Womöglich fragen Sie sich nun, weshalb mir diese Textpassage auf dem Herzen liegt. Um dies zu verstehen, muss ich meine Leidenschaft und von Gott geschenkte Gabe erläutern.

Seit meiner frühen Kindheit spielt Musik in meinem Leben eine zentrale Rolle. Mit elf Jahren begann ich, eigene Lieder zu komponieren und Songtexte zu schreiben. Seither ist das Songwriting nicht mehr aus meinem Leben wegzudenken. Ich liebe es, mithilfe des Klaviers, der Gitarre und meiner Stimme eigene Melodien zu erfinden und sie zu ganzen Liedern zu erweitern. Zu Beginn drehte sich meine Musik vor allem um das junge, naive Verliebtsein. Doch nach einem besonderen Erlebnis änderte sich dies. Im Alter von 15 Jahren ging ich mit der Konfirmationsklasse ins Lager. Dort hatten wir eine Gitarre dabei und sangen gemeinsam mit einem Leiter verschiedene Lieder – auch christliche. Ich hatte zuvor noch nie moderne Lobpreismusik gehört und war deshalb überrascht und begeistert. Kurz später verbrachte ich ein Wochenende bei meiner besten Freundin und wir hörten uns gemeinsam einen Song namens «Like A Fire» von den Planetshakers an. Während des Songs spürte ich zum ersten Mal eine gewaltige Art von Liebe, die ich zuvor noch nie gefühlt hatte. Diese in Worte zu fassen ist schwer – himmlisch scheint eine untertriebene Beschreibung dafür zu sein. Ich hatte eine tiefe Freude und Zufriedenheit in mir. Ich wusste, dass dies die spürbare Gegenwart Gottes sein musste. In diesem Moment wurde mir bewusst, dass Gott durch die Musik reden und wirken kann. Er ist zwar immer da, aber er kann einem auch besondere Begegnungen mit ihm schenken – und diese schenkte er mir durch die Musik. Durch diesen Moment hat sich meine Sichtweise auf die Musik und auf das Leben komplett verändert. Meine Lieder haben seither oft einen geistlichen Inhalt. Begegnungen mit Gott während des Schreibens von Lobpreisliedern sind für mich besonders intensiv. Schon mehrmals gab mir Gott aus dem Nichts eine spezielle Inspiration, leitete meine Worte und liess mich beim Schreiben der Texte und Komponieren der Melodien seine Liebe und Gegenwart spüren. Ein besonderes Geschenk daran ist, dass die Lieder schlussendlich ein Ergebnis dieser Momente und gleichzeitig eine Erinnerung daran sind. Zudem werden andere Menschen oft ebenfalls durch genau diese Lieder berührt und finden einen neuen Zugang zu Gott – so wie ich damals. Dass Gott mein Talent in diesen Dimensionen nutzen kann, hätte ich mir niemals zuvor träumen lassen. Ein Lied, das ich vor zwei Jahren mit einer Konfirmandin geschrieben habe, ist das beste Beispiel dafür. Es heisst «Freiheit» und wir haben es zu zweit für ihre Konfirmation geschrieben. Dort wurde es anschliessend gespielt und erfreute Jung und Alt. Wenige Monate später landete das Lied an einer christlichen Konferenz mit 2000 Jugendlichen. Die ganze Halle sang aus voller Kehle mit und proklamierte die Zeilen.

Nun, dies mag bloss nach einem belanglosen Zeugnis klingen. Doch die Reise, die das Lied gemacht hat, ist für mich unfassbar. Zudem ist es für mich ein Wunder, wie Gott durch mich etwas bewirken kann. Ich bin ein individueller Teil des Leibes. Ich habe eine Gabe von Gott bekommen, wie jeder andere Teil des Leibes Christi auch. Ich setzte diese Gabe zur Ehre Gottes ein und sah, wie etwas passierte. Ich sah, wie Jugendliche sich neu von ihren Stühlen erhoben und ihr Fundament verkündeten. Ich sah, wie sie sich gegen die weltlichen Reichtümer entschieden. Ich sah, wie sie sich von Menschenfurcht losketteten.

Dini Liebi zeigt eus täglich,
dass du elleige Gott bisch
Lueged nümm uf Macht und Riichtum,
sind ned bunde a die Welt
Hend kei Angscht vo dene Mensche,
wo sich geg eus wendet
Mir lönd los vo eusne Sorge
mit dir a de Hand

Ich glaube, dass Gott jedem Menschen eine spezielle Gabe geschenkt hat, die etwas bewirken kann. Sind Sie sich bewusst, dass Sie solch eine wertvolle Gabe erhalten haben? Ich bin überzeugt: Wer seine Gabe einsetzt, wird sehen, wie sich etwas tut. Obwohl alle verschiedene Gaben haben und sie unterschiedlich einsetzen – einige leben sie alleine im Stillen, andere in der Öffentlichkeit mit anderen –, bewirken sie in der Welt eine kleine oder manchmal gar grosse Veränderung. Es geht also vor allem darum, seine Gabe oder sein Talent zu finden und sich zum Umsetzen und Einsetzen der Gabe zu überwinden. Wenn wir alle unsere Gaben bewusst und mit Freude einsetzen, würden wir als Christen nicht zusammenwachsen durch die vielen Veränderungen, die passieren würden?

Im Römerbrief 12, Vers 4–5 wird betont, dass nicht alle Glieder die gleiche Aufgabe haben, als Glieder aber trotzdem zueinander gehören. Genau darin liegt die Stärke.

> «Denn wie wir an einem Leib viele Glieder haben, aber nicht alle Glieder dieselbe Aufgabe haben, so sind wir, die vielen, ein Leib in Christus, aber untereinander ist einer des andern Glied.» (Röm 12,4–5)

Wie zu Beginn erwähnt, war ich bereits Teil von verschiedenen Kirchen. Ich habe unterschiedliche Interpretationen von Bibeltexten, Ansichten und Traditionen gesehen. Trotzdem sehe ich in jeder Kirche ihre Stärken, teilweise genau in ihrer Eigenheit. Ich sehe, dass alle drei Kirchen Früchte bringen und dass sie durch ihre Taten einen mehrheitlich positiven Einfluss auf ihr Umfeld haben.

Dies ist für mich sehr schön zu sehen und in der heutigen Welt ebenfalls ein wichtiger Punkt. Wir sind umgeben von Atheisten, anderen Religionen und verschiedensten Lebensstilen. Es ist wichtig, ihnen allen mit Freundlichkeit, Warmherzigkeit, Offenheit und in Nächstenliebe zu begegnen. Wir sollten ihnen zuhören und sie unterstützen. Aber es ist auch wichtig, dass wir in gewissen Momenten keine Angst davor haben, zu unseren Werten als Christen zu stehen und als Leib Christi zusammenzuhalten.

Allzu oft spielen wir uns meiner Meinung nach gegen andere Konfessionen aus und vergessen dabei, dass wir alle an denselben Gott glauben. Wir fokussieren uns auf die Unterschiede, anstatt uns über die Gemeinsamkeiten zu freuen und die Unterschiede hinzunehmen. Wir übersehen, dass nicht nur jeder gläubige

Mensch ein Glied des Leibes ist, sondern auch jede Kirche, die an den dreieinigen Gott glaubt.

Ich bin davon überzeugt, dass wir als Christengemeinde wachsen würden, wenn wir uns noch mehr auf die positiven Funktionen der anderen Glieder ausrichten würden: Wenn wir uns bewusst dafür entscheiden, einander nicht als Konkurrenz zu betrachten, sondern als Hand, Fuss und Kopf. Wir müssen nicht eine Kirche werden – das ist nicht realistisch und hat früher bereits nicht funktioniert (sonst hätte die Reformation nicht stattfinden müssen). Aber es ist bestimmt hilfreich und fruchtbringend, wenn wir uns als eine Gemeinde betrachten. Wir sind alle ein Leib. Lasst uns zusammenhalten als Christen und gemeinsam eine kleine oder grosse Veränderung auf der Welt anzetteln.

MEIN REFORMIERTES CREDO

Ernst Werner Widmer-Göseli

Der Jude Jesus von Nazareth, Zimmermann und Sohn Gottes, ist an Ostern auferstanden und lebt in meinem Herzen. Ich erfahre seine Liebe und seine Gnade. Das gibt mir Kraft und Sinn. Der Katholik und Reformator, Huldrych Zwingli, ist mir sehr vertraut. Buddha führt mich zum Urgrund allen Seins. Von diesen grossartigen Ausnahmepersönlichkeiten lernte ich Bescheidenheit, Zivilcourage, Weisheit und Wahrheit.

Meine Berufung war Zimmermann und Pflegefachmann. Als vierzehnjähriger Jüngling sah ich, wie die reformierte Kirche in Kirchberg/BE zwecks Aussenrenovation bis über die Turmspitze hinaus eingerüstet war. Betreten verboten! An einem Samstag schlich ich unbemerkt zum Gerüst und stieg bis über die Turmspitze hinauf. Wunderbares Wetter! Blick in die Kornkammer des Mittellandes bis zum blau-weissen Jura. Hier hatte ich die Eingebung, Jesus nachzufolgen und Zimmermann zu werden. Der Samariter in den Evangelien war mir ein Vorbild. Ich engagierte mich im Samariterverein. Hier wurde ich motiviert, armen, ausgestossenen und kranken Menschen zu dienen. Als Zwanzigjähriger begann ich mit der Ausbildung zum Pflegefachmann. In diesem Beruf erfuhr ich Erfüllung. Ich machte Karriere bis zum Direktor Pflege und später zum Verwaltungsdirektor. Ich wurde ein gefragter Dozent für psychiatrische Krankenpflege und Geschichte der Psychiatrie. Für diese Aufgaben schöpfte ich Kraft im täglichen Gebet und in der Gnade Gottes.

Ich musste nicht bekehrt werden. Ich kam in einer gläubigen reformierten Familie in einem Bauernhaus zur Welt. An einem Sonntag. Meine Mutter nahm mich als Kleinkind oft an ihrer Hand mit in den Gottesdienst. Anschliessend führte sie mich zum Grab meines älteren Bruders. So wurde ich mit dem Werden und Vergehen vertraut, auch als mein Vater mit vierzig Jahren an Tuberkulose starb.

Ich war glücklich verheiratet. Uns wurden zwei gesunde, wunderbare und tüchtige Söhne geschenkt. Wir erzogen sie im Glauben, wie ich selber erzogen wurde. Nach dreissig Jahren versagten wir in der Ehe und liessen uns scheiden. Nun bin ich seit achtzehn Jahren zum zweiten Mal glücklich verheiratet.

Zwölf Jahre Präsident der Kirchenpflege Meilen. Das war meine intensivste, schönste und erfüllteste Zeit in der Kirche. Nach dieser Zeit wollte ich ganz bewusst kein kirchliches Amt mehr.

Die mir noch verbleibende Lebenszeit wollte ich nutzen, um mich im Glauben zu vertiefen. Dreissig Tage ignatianische Exerzitien mit einem Jesuitenpater halfen mir dabei. Nach zwei ausführlichen Aufnahmegesprächen wurde ich aufgenommen. Jeden Tag schweigen, auch beim Essen. Einzige Lektüre war die Bibel. Fünf Stunden pro Tag kontemplatives Gebet. Unter dreissig Katholiken – Ordensfrauen, Theologen und Priester – war ich der einzige Reformierte und ohne Theologiestudium.

Nachher studierte ich vierzehn Jahre ZEN-Buddhismus in einwöchigen Sesshin mit Zazen, Teisho, Sutra, Samu und Koan. Hier wurde ich motiviert, Kontemplationslehrer Via Integralis zu werden und mit der Inauguration (Weihe) abzuschliessen. Ich erfuhr, wie sich mein Bewusstsein erweiterte. Die Ausbildung dauerte insgesamt zehn Jahre mit den vier Modulen ZEN-Meditation, Kontemplation, Theologie und ignatianische Exerzitien. Mein spiritueller Hauptlehrer war der Jesuit Pater Niklaus Brantschen.

Seit Jahren leide ich täglich an unheilbaren starken chronischen Schmerzen. Nebst Morphium hilft mir das Jesus-Gebet (1 Thessalonicher 5,17), meine Behinderung zu ertragen. Ich darf auf ein erfülltes Leben zurückblicken. Ich bin bereit zum Sterben im Bewusstsein, dass ich auferstehen werde, wie es uns Jesus Christus verheissen hat. Also: Ich bin durch und durch ein überzeugter, gläubiger reformierter Christ.

MEINE GESCHICHTE

Ursula Johanna Hartmann

Auch im hohen Alter immer noch diese interessierte Neugierde: Was passiert denn da am 29.10.2016 vor der Migros mit grossen Plakaten, Ständen und Bratwurstduft? «Schreib doch auch etwas aus deinem Leben für unser Buchprojekt», wurde ich angefragt. «Wandel und Veränderung hast du sicherlich erlebt.»

Hier nun meine Geschichte:

1935 in Berlin geboren, mit zwei Brüdern fröhlich in einer 2-Zimmerwohnung ohne Bad, zum Glück aber mit Etagentoilette, aufgewachsen.

Dieses unbeschwerte Leben endete mit dem Ausbruch des Zweiten Weltkriegs. Die Kriegserinnerungen versetzen mich noch immer in Angst und Schrecken: Fliegeralarm, wir hören die Bomber kommen. Ich in Panik, ob Mutter es mit uns Kindern bis in den rettenden Bunker schafft. Aufatmen, wenn der Alarm vorbei ist und unsere Wohnung von den Bomben nicht getroffen wurde. Kurze Zeit später Evakuierung aus der Grossstadt nach Westdeutschland, Bad Ems, wo wir wieder vor den Fliegerbombern, diesmal in den Bergstollen, rannten. Dessen Eingang wurde einmal zugebombt und verschüttet. Die Angst der vielen Mütter und der Kinder, keine Luft mehr zu bekommen, nicht mehr raus zu können! Grosse Erleichterung, als wir freigeschaufelt wurden und grosse Freude: 1945 endlich Kriegsende! Dankbarkeit, als der Kältewinter, in dem viele Menschen erfroren sind, und auch die elende Hungerszeit vorbei war.

Endlich konnten Zukunftspläne geschmiedet werden. Unsere ersten Ferienreisen führten uns mit der Jugendgruppe EC «Entschiedenes Christentum» nach Adelboden zu deren Freizeitzentrum. Was für eine schöne, friedliche Schweiz. Wir genossen unsere Ferien.

1960/61 gab es wieder eine grosse Veränderung: Die Russen bauten in Berlin die Mauer, um die Flüchtlingswelle von Ost- nach Westberlin zu stoppen. Wir fürchteten, dass eines Tages auch Westberlin von den Russen besetzt wird. Deshalb suchten wir unsere Zukunft in der Schweiz und zogen nach Neuenhof. Die Töchter und Enkelkinder sind hier geboren (der jüngste im Libanon) und mittlerweile gross und selbstständig.

Der nächste Wechsel fand 1988 statt. Ich zog nach Stäfa. Durch meine Arbeit als Sozialpädagogin in der Villa RA fühlte ich mich hier bald zu Hause und freute mich nach 12 Arbeitsjahren auf meine Pensionierung. Und siehe da, die Veränderungen in meinem Leben hören nicht auf.

«Nie wieder Krieg», dachten wir alle 1945. Doch an vielen Ecken und Enden der Welt noch immer dieser Bombenhagel oder das Ertrinken der Menschen im Meer! Um an allem Elend nicht zu verzweifeln und ein wenig Hilfe zu leisten, betreue ich jetzt eine kurdische Flüchtlingsfamilie mit zwei Schulkindern aus dem Irak, die ich im Info-Café (Treffpunkt für Migrantinnen und Migranten) im Kirchgemeindehaus kennen gelernt habe.

Anfangs konnten wir uns nur mit «Händen, Füssen und Gebärden» verständigen. Die Schule und die Deutschkurse haben Tolles geleistet. Wir machen zusammen fleissig Hausaufgaben. Gemeinsames Spielen, auch im Info-Café, kommen aber nicht zu kurz. Da ich so gerne schwimme, sprach es sich in Stäfa schnell herum, dass unser Treffpunkt bei schönem Wetter die Badi ist. Aber oh Schreck: Keines der Kinder konnte schwimmen. Einige Mütter picknickten auf der Wiese, die Väter kamen selten vorbei. Jetzt hiess es: Ab ins Nichtschwimmerbecken und üben, üben, üben. Zum Schluss der Saison sprangen alle grossen Buben vom Turm und schwammen im See.

Immer wieder bin ich von der Gastfreundschaft der Flüchtlingsfamilien beeindruckt. Sie sind so stolz auf ihre Spezialitäten, die sie am fröhlichen Tanz-Sommerfest im Kirchgemeindehaus präsentieren konnten. Avan, die Mutter der Flüchtlingsfamilie, die ich betreue, knüpfte sogar Kontakte zu den Weinbauern, um Blätter für ihre feinen Dolmades zu bekommen. Nach den Hausaufgaben werde ich öfters zum Essen eingeladen. Avan kocht so gerne und alle freuen sich, wenn es mir schmeckt. Neulich fragte ein Bekannter der Familie den Sohn, ob er traurig sei, weil die Grosseltern im Irak bleiben mussten. Da antworte er: «Eine Nana habe ich ja hier.» Möge Gott mir noch eine Zeitlang Gesundheit Kraft und Unternehmungslust schenken.

Was bleibt? Was bleibt, wenn die Prognosen stimmen, dass die Kirchen «ärmer, älter und kleiner» werden? Hat die Kirche in unserer Gesellschaft überhaupt eine Chance? Und wenn ja, wie müsste sie gestaltet werden, damit sie in einer pluralistisch-religiösen Landschaft sowohl ihr Eigenprofil bewahren als auch dialogfähig und zugänglich bleiben kann? Wo suchen die Menschen der Zukunft ihr Heil? Das Angebot ist gross – doch Zwingli zeigt immer noch auf das Kreuz und weist die Sinnsucherinnen und -sucher mit der Heiligen Schrift auf Jesus Christus hin.

Die Kirche braucht eine ständige Erneuerung – der Slogan «ecclesia reformata semper reformanda» (eine reformierte Kirche ist immer zu reformieren) zeigt, dass die Reformation nie abgeschlossen sein wird. Eine reformatorische Kirche wird – im Geiste der Reformation – immer wieder zu ihrem Grund umkehren, zu Jesus Christus.

Im dritten Kapitel finden sich Visionen zu einer Kirche in rund 50 Jahren neben Zukunftsgedanken, Utopien und futuristischen Fantasiegebilden – oft mit einem schalkhaften Bezug zur aktuellen Realität.

Zukunftsvisionen:
Kirche im 21. Jahrhundert

morgen

DIE REFORMIERTE KIRCHGEMEINDE MÄNNEDORF IM JAHR 2059

Felix Kuhn

Seit Jahren oder gar Jahrzehnten wird viel über die Zukunft der reformierten Landeskirche diskutiert. Mit zunehmender Zahl an Kirchenaustritten, verstärktem Wachstum der Freikirchen und einer geradezu religiös anmutenden säkularen Abwendung von der traditionellen Kirche muss das Christentum sich neu formieren. So auch wohl oder übel in der Geburtsstätte der reformierten Kirche, in Zürich.

Gerade als Theologiestudent kommt man regelmässig in Kontakt mit der Frage, ob man noch an eine Zukunft der reformierten Kirche glaube. Oft höre ich Fragen wie: «Willst du wirklich Pfarrer werden? Ist das nicht ein toter Beruf?» Tja, was soll ich da antworten? Ich gebe mich dann bewusst hoffnungsvoll und antworte: «Ja, gerade als junger Mensch fühle ich mich in der Pflicht, die traditionelle reformierte Kirche weiterzuführen. Auch wir können in unserer Kirche etwas erreichen, wir sollten nicht stillschweigend zuschauen, wie unsere Tradition zugunsten der Freikirchen oder anderer religiöser Formen wie zum Beispiel eines ‹Schein-Buddhismus› wegschmilzt. Und nein, die reformierte Kirche ist noch lange nicht tot und somit auch der Beruf der Pfarrperson nicht.»

Traditionen dürfen sich verändern, ja, sie müssen es sogar, da man sonst in einem steifen Konservativismus landet. Viele wollen ihre Traditionen bewahren, der Mainstream des Westens aber verpönt seit geraumer Zeit diesen Traditionalismus in der Kirche stark. Es gehen Traditionen verloren, neue bilden sich heraus, indem sich alte (beispielsweise ein Sonntagsgottesdienst mit Orgelmusik) auch verändern lassen. Im Zentrum der Traditionen steht jedoch immer der Mensch, beziehungsweise stand er jedenfalls bis heute, da Traditionen menschgemacht und damit auf den Menschen ausgerichtet sind. Heute verändert sich dies, weshalb sich uns in der Moderne eine Frage vermehrt stellt. Verändern wir momentan unser Menschenbild? Oder lassen wir uns von einem «moderneren» Menschenbild verändern? Verändert also die Technik den Menschen?

Die Kirche benötigte im 16. Jahrhundert eine Reformation sowie in den folgenden Jahrhunderten eine Aufklärung. Sie geriet durch selbsternannte Kirchen- und Religionskritiker in eine bis dahin nicht gekannte Tiefe einer Krise. Es folgten starke Schwankungen an Mitgliederzahlen und an einer Volksfrömmigkeit, ohne behaupten zu wollen, dass fromme Menschen besser als Säkularisierte sind! Aber gerade durch diese Krisen kam es zu Veränderungen, welche die Kirche seit 2000 Jahren leben lässt und immer wieder neu ins Leben rief.

Der Auslöser dieser Krisen des Gottesgedankens und des menschlichen Konstrukts der Kirche hängen mit einem wunden Punkt zusammen, der alle Menschen irgendwann in ihrem Leben betrifft: die Theodizee-Frage. Regelmässig bilden sich neue Kirchen heraus, andere gehen wieder ein, es kommt zu Mitgliederaustritten – aber auch zu Eintritten. Gerade diejenigen, die vollständig aus der Kirche austreten, suchen weiterhin nach Gemeinschaft, nach einem Ort der Ruhe und in einem gewissen Sinne suchen sie auch weiterhin den Glauben.

Damit setze ich nun 550 Jahre nach der Reformation in Zürich ein und walte in der Kirchgemeinde Männedorf gedanklich als Reformator und Visionär.

Schon seit Jahren bin ich in Männedorf Pfarrer, den Namen Kuhn kennt man hier schon lange. Plötzlich frage ich mich: «Verwaltest du eigentlich die Kirchgemeinde nur? Nein, du schaffst auch Neues, denn so viel hat sich seit damals verändert in der Welt. So auch in der Kirche.»

Nachdenklich blicke ich auf den See und betrachte die Schiffe. Sogar diese haben sich verändert: Seit den neuen Auflagen aufgrund der Klimaerwärmung sind keine Motorboote mehr erlaubt. Weit und breit sieht man nur noch einen einzigen Bootstyp, der nach wie vor zugelassen ist. Dies sind fliegende Boote, genannt «Fliegende Holländer». Eine Art Luftkissenboote, die mithilfe von Wind und Solarkraft angetrieben werden. Schade nur, dass die meisten Leute nicht mehr wissen, wieso diese Boote auf diesen Namen getauft wurden.

Apropos Taufe: Ich sollte wieder zurück an die Arbeit gehen und den Taufgottesdienst fertigstellen.

Zurück vor dem Büro suche ich meinen Schlüssel. Ach, alte Angewohnheit. Das braucht man heute ja nicht mehr, die Türe zum Kirchgemeindehaus öffnet sich neuerdings nur noch mit einem Augenscanner. «Verrückt diese neue Technologie. Zum Glück haben wir hier noch keine Roboter angestellt, von denen gibt es ja mittlerweile Massen!», murmle ich genervt von der unnötigen Verkomplizierung vor mich hin. Ich betrete mein Büro und werde unangenehm überrascht. Drei Gestalten der SAKZH, der Säkularen Aufsichtsbehörde des Kantons Zürichs, warten dort bereits auf mich. «Wie sind denn Sie hier reingekommen?», frage ich sie perplex. Wie aus der Pistole geschossen und gefühlslos wie immer antwortet einer von ihnen: «Neuerdings hat der SAKZH offiziell Zutritt zu allen öffentlichen Gebäuden der Kirche, also auch hier. Wussten Sie das nicht? Naja, egal. Spielt eh keine Rolle, jetzt wissen Sie's ja. Wir brauchen Ihren neusten Bericht, inklusive Mitgliederzahlen, Vermögen der Kirchgemeinde und der Einnahmen und Ausgaben.» Mürrisch blicke ich sie an und verurteile insgeheim die SAKZH. Sie sind schon ein komisches Völkchen, diese Bürokraten: einerseits erwarten sie von uns die Erfüllung des sozialen Auftrags der Kirche, andererseits knöpfen sie uns das Geld ab. Nun gut, die Bürokratisierung hat ehrlich gesagt auch eine positive Seite: Gebäudesanierungen und grosse Events werden vom SAKZH, und damit vom Kanton bezahlt. In Zeiten finanzieller Schwierigkeiten kommt einem das nur zugute.

Ich gebe ihnen die verlangten Dokumente und endlich verlassen sie mein Büro. Ich schüttle meinen Kopf und frage mich, wie unverschämt man eigentlich sein kann.

Noch während ich über die drei Käuze nachsinne, setze ich mich an meinen Schreibtisch und vergesse langsam meine griesgrämige Stimmung, indem ich immer mehr in der Vorbereitung der Taufe versinke.

Vor kurzem wurde ich gefragt, was ich am liebsten als Pfarrer an der Kirche hätte. «Mit Abstand unsere Gottesdienste und die sozialen Dienste. Auch unsere zwei Sakramente sind für uns sehr wichtig, spürt man hier doch eine starke Gemeinschaft.» Ausserdem ist die Kirche dann immer gerammelt voll, denke ich mir. Die Kirche lebt sozusagen noch von ihren sozialen Outputs und den Traditionen. Taufe und Abendmahl schenken Gemeinschaft und eine Verbindung zu Gott und dies wird ja massiv gesucht von dieser allzu privaten Gesellschaft. Die Kirche dient quasi noch als Berührungspunkt der Gesellschaft, als Ort der Begegnung und als «Krafttankstelle». Hierbei gab es in den letzten Jahrzehnten eine wahre Kehrtwende: Eine Hinwendung zu Kirche und Christentum. Sicher auch als Abgrenzung von den vielen Moslems und anderen Religionsanhängern, die mit der nie wirklich abflauenden Flüchtlingswelle ins Land schwappten. Eine gesunde Wiederauffrischung der eigenen Traditionen folgte.

Wir konnten als Kirche durch diese für viele Bürger als prekäre Einwanderungssituation bezeichnete Flüchtlingswelle sehr profitieren und haben dies auch genutzt. Vor 10 Jahren war es endlich so weit, die katholische, orthodoxe und evangelische Kirche spannten zusammen: Wir unterzeichneten ein ökumenisches Dekret, mit dem wir nun zusammen Abendmahl und Taufe feiern können. Gegenseitige Anerkennung der Glaubensgemeinschaft mit unterschiedlichen Ausformungen, gemeinsam und im gleichen Glauben! Das war eine absolute Neuheit und ein riesiger Schritt für das globale Christentum, indem es gleichzeitig zu einer Annäherung der Kirchen und Bewahrung der eigenen Traditionen kam. So weichten die orthodoxe und katholische Kirche ihren Absolutheitsanspruch auf, während alle evangelischen Kirchen sich den Strukturen der zwei anderen Konfessionen annäherten. In der Schweiz setzte man einen Bischof als Oberhaupt der reformierten Kirche ein. Als ich ein Jugendlicher war, schien dies noch sehr unvorstellbar! Doch in den 30er Jahren des 21. Jahrhunderts gab es riesige Fortschritte, wohl als Reaktion auf die Säkularisierung und Migration. Einzelne Gemeinden wie Männedorf waren schon sehr vorbildlich, als ich noch zur Schule ging. Auf dieser Basis konnte Männedorf später aufbauen und siehe da, heute feiert man alle zwei Wochen gemeinsam einen Gottesdienst. Eine Woche stärkt man die eigenen Traditionen und

Werte, die nächste Woche feiert man die Gemeinsamkeiten und die gleichen christlichen Grundwerte in einem ökumenischen Gottesdienst.

Aber nicht nur die innerchristliche Ökumene funktioniert nun prächtig, auch der interreligiöse Dialog wurde intensiviert, nachdem die Politik bemerkt hatte, dass man die zunehmende terroristische Bedrohung nur mithilfe der Religionen und mit Frieden statt mit Krieg abwenden könnte. So erhielten die Religionen und in erster Linie das Christentum den Auftrag, die Friedensbotschaft erneut in die Welt zu tragen. Nicht im Sinne von Mission, sondern im Ausbau und Erneuerung der Kirchen mitsamt den Gottesdiensten und der Zusammenarbeit aller Religionen.

Ich setze meinen letzten Punkt und schliesse damit die Vorbereitung der Taufe ab. Nach einem Blick auf die Uhr entscheide ich mich, bereits jetzt zu einem Seelsorgegespräch loszugehen.

Die Seelsorge funktioniert auch heute noch genau gleich, wie es mir im Studium beigebracht wurde. Sie spielt heute eine wichtigere Rolle denn je zuvor, da die ganze Gesellschaft eine enorme Digitalisierung erfuhr. Früh erkannte man die bahnbrechenden Innovationen, jedoch zu spät die negativen Folgen: es kam zur Vereinsamung und einer enormen Privatisierung und Abkapselung des Einzelnen in der Gesellschaft.

Doch gerade diese Situation führte zur Suche nach Gemeinschaft in Sport, Musik, Kultur und Kirche.

Mit abnehmenden Mitgliederzahlen sollten Kirchen geschlossen werden, aber die Bevölkerung wehrte sich dagegen. Bis heute werden sie praktisch tagtäglich zwischengenutzt, um die drohende Geldnot abwenden zu können. So gibt es nicht mehr nur noch Gottesdienste in Kirchen, sondern auch Restaurants, Bars, Konzerte und vieles mehr. Zu Beginn war ich sehr skeptisch bei dieser ganzen Sache und distanzierte mich davon. In Zusammenarbeit mit den Partnergemeinden, einem Projekt, das in den 20er Jahren anlief, entwickelte sich daraus jedoch ein unglaubliches Potenzial. Projekte wurden aufgeteilt auf die vier Gemeinden Hombrechtikon, Stäfa, Männedorf und Uetikon, wobei jede Gemeinde ein Schwerpunktthema der Kirche zugewiesen bekam. Skepsis begleitete zu Beginn dieses Unterfangen. Man befürchtete einen erneuten Einbruch der Mitgliederzahlen, da man weit reisen müsse für die Gottesdienste. Diese Befürchtungen bewahrheiteten sich glücklicherweise nicht.

Endlich Sonntag! Ich sitze auf meiner Bettkante und freue mich auf den bevorstehenden Gottesdienst. Heute wirkt unsere Jugendband mit, wir feiern einen reformierten Tauf-Gottesdienst. Die Jugendband gibt es nun schon 50 Jahre in Männedorf und ich durfte zu Beginn bereits mitwirken.

Die Anzahl Pfarrpersonen wurden in allen Gemeinden stark reguliert und neu verteilt, so dass ich nun mit vier anderen Pfarrpersonen in Männedorf aktiv sein darf, zwar mit weniger als 100 %, aber das ist o.k., kann ich meine Zeit so doch für Familie und Politik in Bern im Bundeshaus einsetzen.

Ich verabschiede mich nach einem feinen Frühstück von meiner Familie und fahre mit einem batterielosen Fahrrad zur Kirche. Mittlerweile eine wahre Seltenheit.

Der Gottesdienst beginnt in einer vollen Kirche. O.k., ehrlicherweise muss ich zugeben, dass die Kirche halb so gross ist wie zu meiner Jugendzeit aufgrund der Zwischennutzungen. Aber ich sehe es lieber positiv und denke mir: «Schön, eine volle Kirche!» Weniger Mitglieder, aber dafür umso mehr ehrenamtlich Aktive. Der Gottesdienst beginnt …

Die Jugendband spielt sehr gut: Pop, Hip-Hop, die neue Musikrichtung Alternativ-Klassik (eine Mischung aller gängigen Musikrichtungen mit der altbewährten klassischen Musik) und ein wenig Worship-Lieder und natürlich die traditionellen Kirchenlieder erklingen in der Kirche. Wohltuende Musik untermalt den Gesang der Band und erfrischt den Gottesdienst. Das haben die Freikirchen schon immer gut gemacht: Musik, die dem Volk in den Ohren liegt. Das habe ich gerne aufgenommen in die Landeskirche. So entwickelte meine Pfarrersgeneration einen eigenen Stil und konnte so eine Annäherung der evangelischen Kirchen in der Schweiz über die Musik erreichen.

Auch hier folgten wir wieder der altbekannten Devise: Traditionen bewahren in der Liturgie, Neuerungen einführen in der Musik, ohne unsere schönen Orgeln aus den Kirchen schmeissen zu müssen. Viel Musik, eine gute Predigt, gemeinsames Beten in der Gemeinde und das Feiern der Sakramente: Was braucht es mehr für einen gelungenen reformierten Gottesdienst?

Ein paar Jahre später – ich befinde mich bereits in einem meiner letzten Amtsjahre – darf ich ein letztes Mal eine angehende Pfarrerin namens Pauline in ihrem Vikariat begleiten. Meiner Meinung nach ist dies eine wunderbare Aufgabe, darf ich so doch mein Wissen weitergeben an die nun jüngste Pfarrersgeneration. Ich bin gerührt, dass sich nach wie vor Leute für den Pfarrberuf entscheiden. Zwar werden es immer weniger, aber die Abnahme ist schleichend und geht langsam vonstatten, weshalb wir uns nicht beklagen können und für jeden einzelnen jungen Menschen froh sein sollten, der oder die sich für diesen Beruf entscheidet. Gerade die jungen Menschen, die sich für den Pfarrberuf entscheiden, sind so wichtig für den wichtigen Slogan der Reformation «semper reformanda». Die Kirche braucht eine stetige Erneuerung, eine kontinuierliche Reformation, die nie abgeschlossen sein wird. Die Kirchen brauchen also frischen Wind und den bringen in erster Linie die jungen Leute mit!

Pauline schaut mich auf unserem Spaziergang am Zürichsee lange und nachdenklich an und fragt schliesslich: «Felix, wie hast du in meinem Alter reagiert, wenn dich Leute über die Zukunft des Pfarrberufs ausfragten? Hast du ihnen die Leviten gelesen und sie zurechtgewiesen? Oder hast du dich hoffnungsvoll gezeigt und ihnen das Positive aufgezeigt?» Plötzlich bin ich hellwach und schaue ihr direkt in die Augen. Die gleiche Frage, die ich mir in ihrem Alter gestellt hatte, die gleiche Unsicherheit, ob es der richtige Weg ist. «Wie reagierst denn du in der Situation, Pauline?», will ich von ihr mit zitternder Stimme wissen. Sie holt tief Luft und erwidert klar und überlegt: «Ich versuche, mich hoffnungsvoll und zuversichtlich zu geben. Ich sehe es als meine Aufgabe an, Gott zu dienen. Ich will mich bei ihm dafür bedanken, dass er mir das grösste Geschenk überhaupt gegeben hat, dass er mir das Leben geschenkt hat. Und für mich gibt es nur einen Weg, diese Dankbarkeit vor Gott auszudrücken: Ich will seiner Schöpfung, also auch meinen Mitmenschen und damit Gott dienen und einfach nur für sie da sein. Ihnen also eigentlich eine helfende Hand und ein offenes Ohr sein.»

Gerührt von dieser Parallelität unserer Geschichten und dankbar für unsere Geborgenheit in Gottes Händen schaue ich mit Tränen in den Augen auf den Zürichsee. Ich will Pauline erzählen, dass mir in ihrem Alter die gleichen Fragen auf der Zunge brannten, doch ich bringe nur ein Wort über die Lippen: «Schön!»

TRAUMVISION FÜR 2033

Die zukünftige Reformationsbewegung ist ökumenisch

Andreas Doepfner

Die Reformationsjubiläen sind vorbei. Mir geht die Zeit von Renaissance und Reformation unter die Haut, vor allem, weil ich mich mit den Vorläufern, den Reform- und Ketzerbewegungen innerhalb der Kirche seit dem 10. Jahrhundert befasse. Franz von Assisi nimmt breiten Raum ein – er ist mir so wichtig geworden wie Luther und Zwingli, steht mir näher als Calvin. Persönlich bin ich seit Jahrzehnten ökumenisch eingestimmt.

In einer milden Mittsommernacht werde ich von einer Vision ins Jahr 2033 entführt. Der Traum beginnt mit einem Gespräch; ich kenne das Gegenüber in meinem Traum nicht. Es ist ein Secondo-Tamile namens Tanapal, ökumenischer Seelenhirte der Gemeindepfarrei Stäfa-Uetikon-Männedorf-Oetwil SUMO. Er erzählt mir, wie sehr er sich freut, dass die ökumenische Gemeinde im Rahmen der umfassenden Zürcher Kirchenreform aller christlichen Konfessionen und freien Gruppen zustande gekommen ist. Tanapal fügt an: «Dass Hombrechtikon formell zum Bezirk Oberland kam, stört mich kaum, weil die Zusammenarbeit eng bleibt. Die Familienbeiz in der Kirche Hombi hat viel Kundschaft, nicht zuletzt, weil sie kirchenferne Menschen mit Frommen zusammenbringt. Hombi-Stubeten finden Anklang», sagt der Hirte.

Tanapals Vater wirkt in theologisch-politischen Gesprächspodien in der Hombi-Beiz; er kämpfte in den 1980er Jahren auf Sri Lanka mit den Tamil Tigers für Freiheit. Als die Guerillaführer herrschsüchtig wurden, floh er mit seiner Frau, bekam mit knapper Not den Flüchtlingsstatus. Heute zieht er von Schule zu Schule, um über seine Erinnerungen an den Schrecken des Kriegs, über Missbrauch von Macht im Krieg und in der Politik zu berichten. Im Traum sagt mir der einstige Guerillakämpfer: «Ich möchte überall Demokratie und Freiheit. Gott verspricht uns Gerechtigkeit, die eines Tages kommen wird.»

Die SUMO-Seelenhirtin Barbara steigt aus einer barocken Wolke in meinen Traum. Sie berichtet: «Der junge Tanapal ist eine glückliche Ergänzung des Teams, weil er neben seinem soliden Schweizer Studium die sanfte Weite asiatischen Denkens und Fühlens mitbringt. Sein Temperament lebt auf in Gesprächen, in Seelsorge und Predigt; er ist ein Geschenk als Nachfolger des mit 66 in den Unruhestand getretenen Pfarrers Achim.» Der weit herum geschätzte Achim kümmere sich weiterhin im Teilzeitpensum um die zahlreich ansässigen Künstlerinnen und Künstler, die sich in der offenen Atmosphäre SUMOs ungestört und akzeptiert fühlen.

Nachdem Ökumene in Männi-Uetikon schon viele Jahrzehnte lang blüht, ist Tanapal dankbar für die nun formell ökumenische regionale Gemeindeleitung: «Mit mir amtieren in SUMO die bisherigen Barbara und Domenic und Monika, Alexander hat zusätzlich ein Teilpensum Wort-und-Musik-Gottes am Grossmünster. Der Seelenhirte und Komponist Alexander leitet Musikgottesdienste in SUMO mit dem Stephans-Chor oder dem Jazzchor in den Kirchen und Kulturzentren, begleitet von Frédéric an Keyboard, Piano, der Truhenorgel oder von Sabine am Cello.»

Dankbar ist SUMO dem Dirigenten Christof für die umsichtige Chorleitung: «Seine überragende Musikpädagogik zieht nach wie vor junge und alte Singende an!» Wie in der Zeit vor SUMO sei geistliche und weltliche Musik aus allen Zeitaltern gefragt. Die zwei verbliebenen Chöre am See haben eine A-Cappella-Gospel-Gruppe gebildet, in der die jüngsten Sängerinnen und Sänger sich engagieren. «Meine Frau und ich veranstalten alle Jahre», fügt Tanapal scheu hinzu, «eine srilankische Festmusikwoche, mit Achim und seiner Frau Regina als Meditationsleitern.»

Tanapals Begeisterung lässt meinen Traum real werden, bis ich erwache, geweckt von Alexanders Dichtung und Komposition «Halleluja» im Ohr. Ich schlafe bald wieder ein.

Die Pfarreigemeinde SUMO ist der ökumenisch und sozial lebendigste Teil des grossen Kirchenbezirks Zürichsee zwischen Stadt, Oberland, Innerschweiz. Tanapals Frau Ulla erzählt freudig, sie sei aus Sachsen zugewandert, habe hier endlich ein Single-and-Orphans-Home aufbauen können: «Bei uns finden allein gelassene Junge Aufnahme sowie einsame Alte, die Generationen übergreifend wohnen möchten.» Die Heimstätte werde weitherum «das Waisenhaus» genannt, in Erinnerung an das einst berühmte Männedörfler Armen- und Waisenhaus, fährt Ulla fort: «Wir kümmern uns um Benachteiligte am äussersten Rand der nicht mehr so reichen Goldküste.» Ein Freiwilligarbeiter kommt dazu, sagt: «Wir freuen uns, dass wir das Waisenhaus im ehemals katholischen Kirchenzentrum Stäfa unterbringen konnten.»

Aus einer Mondsichel tritt die Hirtin Monika in den Traum: «Um Ullas Haus und andere Gemeinschaftswohnheime zu finanzieren, hat SUMO Kirchen und Gemeindehäuser im Baurecht oder zur Miete abgegeben. So den Käsebissen ob den Kirchreben von Männedorf; er ist am Tag Schulturnhalle, am Abend Freizeitsportraum. Der Dachstock ist in drei Lofts umgebaut.»

Jugendkulturarbeiter Res meldet sich zu Wort: «Der Turm ist mit einem Zeltanbau zum Jugendtreff und für ökumenischen Unterricht ausgestaltet; die vorreformatorische Stephansstube ist die Lieblingskammer der Mädchen. Die Jungs werkeln lieber zuoberst, in der Glockenstube. Der Jugendtreff ist sozial ins Sportzentrum integriert.» Tanapal ergänzt: «Da sind sie für sich, können sich trotzdem bei erwachsenen Sportlern melden, wenn's Zoff gibt.»

Der Traum wird immer lebhafter. Alle überbieten sich in ihrer Begeisterung, mir die inneren und äusseren Reformen zu erklären: «Das Schiff der Stephanskirche ist SUMO-Kern für grössere Festlichkeiten; Chor und Unterkirche bleiben kirchlich-meditativ für SUMO reserviert. Du musst wissen: Anders als in Grossbritannien, Deutschland, Frankreich dürfen Kirchen aus Heimatschutzgründen nicht abgerissen und nur innen umgebaut werden.»

Barbara fährt fort: «Sport, Geldmittel, Allgemeinkultur gehören zum täglichen Brot jeder Gemeinschaft. Dass die Christenheit damit offen umgehen kann, ohne es zu einer Hauptbeschäftigung werden zu lassen, finde ich gut. Doch das Wesen des täglichen Brots ist, die Liebe im Wort Gottes zu verkünden, sie den Menschen verständlich zu machen, zu zeigen, dass Nächstenliebe göttlich ist, dass in göttlicher Liebe Gerechtigkeit zu finden ist. Der Hunger danach fordert ebenso wie der Hunger der Armen in der Welt nach einem Stück Brot, wie der Durst nach dem Saft der Trauben, den Christus in der Kelter presst. Dass die Traubenpresse oft als Kreuz dargestellt wird, ist nicht nur ein bildliches Symbol seines für uns vergossenen Bluts, nein, Presse als Kreuz, Wein als Blut weisen in der reichen Sprache einer vergangenen Welt auf den Einbruch der Gottesherrschaft ins Diesseits: Selig sind die hungern und dürsten nach der Gerechtigkeit, denn sie werden gesättigt werden.»

Tanapal erinnert seine Kollegin: «Vielleicht sollten wir unseren träumenden Zuhörer wieder mal aufwachen lassen.»

Tatsächlich weckt mich ein Flugzeug mit Sonderbewilligung für einen spätnächtlichen Anflug. Eine zauberhafte Melodie lässt mich bald wieder schlummern:

Ich sehe die emsigen Mitarbeiterinnen der einstigen Kirchgemeinde- und Pfarreibüros; sie erledigen ihre vielfachen Tätigkeiten nun im Home Office. Besonders stolz ist Tanapal auf die rege Zusammenarbeit mit den politischen Behörden. So sind das reformierte KGH und der Leuensaal Männedorf ein gemeinsames Mehrzweckgebäude für Umschulungen und Fortbildungen durch staatliche, kirchliche, private Fachstellen. Es sind auch Ausbildungen für muslimische Prediger möglich, die an den theologischen Fakultäten der Zürcher und Berner Universitäten keinen Studienplatz finden. Der Leuensaal und die Aula Blatten werden abwechselnd für Bildung und Kultur genutzt. Männedorf bleibt seiner Tradition als Akropolis am Pfannenstiel treu.

SUMO bedeutet längere Wege zu Gottesdiensten, Fortbildungen, anderen Anlässen. Die nötigen Fahrten werden halbberuflich mit Solarvelos und Solarautos gemacht, so etwa zur Saalkirche Stäfa. Sie wie das daneben stehende Kirchgemeindehaus sind zum SUMO-Kulturzentrum geworden. «Kultur ist nicht unbedingt performance, sondern im antiken Sinn Pflege – und Hilfe zum Aufblühen in vielerlei kreativen Aktivitäten», strahlt Tanapal.

Weil Uetikon im Gymnasium am See genügend kulturelle Angebote hat, wurde die Kirche in einträgliche Lofts verwandelt. Solche Einnahmen brauche es, erläutert Pastor Tanapal nüchtern, weil die sozialen Leistungen der Kirchen nur noch ungenügend aus Steuergeldern gedeckt werden könnten.

Umso mehr freut sich Hirtin Barbara, dass die Franziskus-Kirche in Uetikon ein Raum der Stille geblieben ist; die Wohnung und die Nebenräume bilden ein flexibles Obdachlosenhaus. Die Kirche Oetwil ist als Ort für Totengedenkfeiern und Halle der Stille der einzige ausschliesslich religiös genutzte Raum in SUMO. Der dortige Friedhof ist viel grösser als einst, weil die andern bisherigen Dorffriedhöfe zu grünen Oasen mit Ruhebänken und zu Kinderspielplätzen wurden. Alle andern einstigen Gemeinderäume in SUMO sind mangels Bedarf verkauft worden.

«Welcher Geist weht denn 2033?», fragt mich Nächte später ein weiterer Traum. Wir singen den vertrauten Psalm «Der Herr ist mein Hirte, mir wird nichts mangeln». Christof dirigiert nicht, er singt mit – im Bass, wie schön!

Barbara und Tanapal predigen im Dialog: «Es ist der Heilige Geist von Friede und Gerechtigkeit – der einzige Heilige, den die Reformatoren gelten liessen. Er weht, wo er will, auf Erden wünschen wir ihn uns möglichst franziskanisch. Franz von Assisi ist nahe als menschlich-religiöses Vorbild an Selbstbescheidung, skeptisch um Glauben Ringender – und als Dichter. Göttlicher Geist weht aus seinem Einstehen für eine bessere Welt. Solch einen Weg zeichnet auch Huldrych Zwinglis ‹Von menschlicher und göttlicher Gerechtigkeit› für das 21. Jahrhundert.»

Die Predigt führt diese Zwinglischrift nicht weiter aus, der Traum schweift ab, wird grausam. Durchdringende Mollklänge in den Ohren lassen mich nicht mehr schlafen, die Vorhänge wehen zum Fenster hinaus:

War da eben jemand? Der altböse Feind, wie er Luther und Faust erschienen ist? Stellte Zwingli seine Fragen an unvollkommene menschliche Gerechtigkeit oder an eine vollkommene himmlische? Kannte er beides? War die Kappeler Milchsuppe ein Friedensfest? Wohl doch nicht; es folgte ja ein zweiter Krieg. – Wie viele Kriegsopfer? Wie viele werden es noch sein? – Sind wir mitschuldig? – Was sollen wir tun?

Die Traumbilder werden wirr – sie führen mir ein Bombardement der Kirchenlofts vor das innere Auge. Laserraketen, abgeschossen von so was wie fliegenden Untertassen voll grüner Männchen. Uetikons spätgotische Kirche wird dem Erdboden gleichgemacht. Seit Jahrzehnten lebe ich von Berufs wegen mit Terrorismus – und will mich nicht daran gewöhnen. Warum schlagen die Mars-Terroristen wieder zu? Nach Attentaten aus der Luft auf Moscheen in Nordafrika und auf französische Kathedralen – diesmal am ruhigen Gestade des Zürichsees – unbegreiflich. Ich bekomme Beistand vom See her – im Mondlicht gleitet die unverwechselbare Gestalt des Denkmals, Huldrych Zwingli, heran; erregt sagt er: «Ich habe vor fünfhundert Jahren gegen den Krieg gepredigt – und bin selbst in der Schlacht umgekommen. Hört endlich auf mit sinnloser Gewalt!»

Erschrecktes Erwachen. Ich stehe schweissgebadet auf, trinke am Kühlschrank Milch, schau in den Vollmond, um mich zu beruhigen. In der Fortsetzung des Traums wird Vergangenheit Zukunft. Was hat mein Professor für Reformationsgeschichte wirklich über Zwingli gewusst? Er kannte die erst 2030 aufgetauchten Akten nicht, die vor Jahrhunderten in Zürich zum Verschwinden gebracht worden waren.

Wieder träumend höre ich eine junge Professorin dozieren: «Der Weg schlichter Erkenntnis kostete den Reformator Zwingli vielleicht das Leben. Der Aktenfund in einem Innerschweizer Familienarchiv im Jahr 2030 erzwingt eine unerwartete Neubewertung seines Todes und der Stärke seiner Gegner: Zwingli ist in Kappel von den eigenen Leuten umgebracht worden, weil er den Zürcher Räten zu radikal wurde. Die neuen Dokumente zeigen seine wenig bekannte Kritik an der selbstgerechten Elite Zürichs, an wankelmütiger Herrschaft von Zünftern und Patriziern.»

Da – die Studenten sehen ihn zuerst – aus den Wolken vor dem Fenster tritt erneut Zwingli, er sagt: «Mein Predigen über göttlich-jenseitige und menschlich-irdische Gerechtigkeit wurde jenen, die mich als Leutpriester ans Grossmünster geholt hatten, zu viel. Meine umwälzenden Gedanken waren der Zeit allzu weit voraus.» Die Gestalt des Reformators verschwimmt mit der Professorin in einem Exkurs über die friedlich-freiwilligen Zusammenschlüsse aller Konfessionen.

Mein Traumwunsch wird von einer Frau aus der Pfarreigemeinde aufgenommen, einer Freiwilligarbeiterin: «Die Rückbesinnung auf Franziskus von Assisi und Theresa von Avila, Erasmus von Rotterdam, Martin Luther und Huldrych Zwingli ist Anfang einer Erneuerung. Sie baut auf die grundlegenden Texte der guten Botschaft Jesu Christi. Wir sind gefordert, diese Reform weiterzuführen, im Sinne der sich stetig erneuernden christlich vereinten Gesamtkirche. Kirche nicht als Institution, sondern als lebendige Gemeinschaft der Menschen.»

Nach diesen Traumvisionen erwache ich endlich ganz, höre das Morgenkonzert der Vögel, frage mich, was ich zur Reform-Ökumene beitragen will. Und was wollt ihr einbringen, freundlich Lesende dieses Traumtextes?

PROJEKT SUMO

Herbert Graf

Die vier kirchlichen Vertreter der SUMO-Gemeinden[1] haben sich den Bahnhof Uetikon als Treffpunkt für ihren montäglichen Gedankenaustausch ausgesucht.

Pünktlich um neun Uhr treffen sie sich auf dem Bahnhofplatz, begrüssen einander, tauschen Nettigkeiten aus und überlegen sich, an welchem Ort sie sich über ihre Erfahrungen der letzten Wochen austauschen wollen. Die Wahl fällt einstimmig auf den Flosspavillon vor dem Gymnasiumareal. Nun gibt es zwei Möglichkeiten, dorthin zu gelangen. Einmal den Shuttle zu nehmen oder sich zu Fuss auf den Weg zu machen.

Weil vor dem voraussichtlich längeren Sitzen noch etwas Bewegung guttun würde, wählen sie den Fussweg. Dieser führt sie unter dem Bahntrassee hindurch zur Seestrasse. Das Lichtsignal steht auf Rot, weshalb sie dem Fliessen des Verkehrs zuschauen. In den meisten Autos sitzen die Leute wie um einen Tisch und

1 Die SUMO-Projektgemeinden sind Stäfa (Stefanie), Uetikon (Ueli), Männedorf (Manuela) und Oetwil (Otto).

unterhalten sich. Die Fahrgeschwindigkeit beträgt sicher nicht mehr als 20–30 km/h, was die Wartezeit für die Fussgänger etwas verlängert.

Ein Geräusch, wie es Fahrzeuge mit Explosionsmotoren verursachen, nähert sich; und tatsächlich, ein schon ausgestorben geglaubtes Gefährt passiert ihren Standort. Stefanie stösst Otto an und bemerkt halb fragend halb erstaunt: «Sind diese Motoren nicht schon seit Jahren verboten?» «Ja», meint dieser, «aber weil es sich um einen Oldtimer handelt, hat er eine Sondergenehmigung und abgesehen davon: Lässt dieses Geräusch nicht auch etwas Nostalgie in uns aufkommen? Es erinnert nämlich an eine Zeit, die unseren Grosseltern noch sehr vertraut war. Haben wir nicht manchmal das Gefühl, der Staat mische sich immer mehr in unsere Privatheit ein, als wolle er uns zeigen, wie wir unser Leben zu gestalten hätten?»

Das Lichtsignal schaltet nun auf Grün und verhindert weitere Bemerkungen zum Thema. Mit ihrer synthetischen Sprache fordert die Signalisation die Wartenden auf, die Strasse zu überqueren.

Eine grosszügige Hafenanlage empfängt sie auf der anderen Strassenseite und auf einer Orientierungstafel wird ihnen ihr Weg zum Gymnasiumplatz aufgezeigt, denn um zum Steg zu gelangen, der sie zum Flosspavillon führen soll, müssen sie den Gymiplatz, wie er allgemein genannt wird, überqueren.

An den historischen Industriebauten vorbei führt sie der Weg zu einem Platz, der von diesen selbst und dem Gymnasium einerseits und dem See andererseits umgeben wird.

In den historischen Industriebauten haben sich eine Vielzahl von Start-up-Firmen zum sogenannten Zürichsee-Valley vereint und bilden mit dem Gymnasium zusammen eine Symbiose mit internationaler Ausstrahlung.

«Ist das nicht ein herrlicher Platz?», schwärmt Manuela.

Der Platz ist gut besucht. Nebst den Schülern des Gymnasiums sieht man immer viele Einheimische oder Touristen an diesem Ort, der so einmalig ist und alles bietet, was man sich nur vorstellen kann. Nebst den Schülern und den Mitarbeitern der Start-ups wohnen und arbeiten noch viele andere Menschen hier, und für Gaumen und Augen gibt es genügend Möglichkeiten des Geniessens.

Die vier schauen zum gegenüberliegenden Ufer und den kleinen Flecken auf dem See, die aussehen wie Seerosenblätter in einem Teich. Einer davon, der am nächsten liegende, ist ihr Ziel. Er ist gekrönt mit einem Pavillon aus natürlichen Materialien, aber durchaus befähigt, die Besucher vor Regen und Wind zu schützen.

«Gehen wir!» Mit diesen Worten meldet sich auch Ueli, der besonders stolz ist auf all das, was die Zeit mit seiner Gemeinde so angestellt hat.

Vom Platz aus kann man gut erkennen, dass sich auf dem Flosspavillon noch keine Besucher aufhalten. Da gesellt sich ein Roboter zu ihnen. Eine weibliche Stimme verrät: «Ich heisse Nina! Kann ich euch helfen?»

Ueli, als Einheimischer fühlt sich angesprochen und entgegnet: «Wir haben uns vorgenommen, zum Flosspavillon zu gehen.»

«In diesem Fall möchte ich euch noch mit ein paar Bedingungen vertraut machen und euch etwas über die Geschichte dieses Ortes erzählen.» Und der Roboter erklärt ihnen, wie man sich im Pavillon verhalten soll, wann und von welchem Sponsor die Plattform mit dem Pavillon gebaut respektive gestiftet wurde und wie man sich bei Sturmwarnung verhalten muss.

«Nun wünsche ich euch einen schönen und unfallfreien Aufenthalt hier am See und anschliessend auf dem See.»

Die vier hören gespannt zu, was ihnen berichtet wird. Ueli dankt dem Roboter höflich: «Danke, Nina, für deine Hilfe». Der Roboter quittiert ebenso höflich: «Ist gern geschehen.»

Sie steigen die Treppe hinunter, die zum Wasser führt. Etwa drei Stufen über der Wasserfläche betreten sie den Steg. Dieser sei ganz aus hiesigem Holz erstellt worden, haben sie eben gelernt, und so steht es auch auf der Plakette, die am Geländer angebracht ist. Der Steg führt zum etwa 200 m^2 grossen Floss, auf dem der Pavillon steht. In einer Reihe hintereinander gehend erreichen sie dieses in aufgeräumter Stimmung nach etwa 40 Metern.

Eigentlich ist Floss der falsche Ausdruck dafür, steht es doch auf Pfählen und entspricht eher einer Plattform. Dessen Ränder sind so gestaltet, dass ihre Verkleidung bis unter die Wasseroberfläche reicht, was den Eindruck erweckt, sie schwimme im Wasser, was sie aber nicht tut.

Ab einer gewissen Windgeschwindigkeit werden die Besucher mit akustischen Signalen aufgefordert, das Floss und den Steg innert einer bestimmten Zeitspanne zu verlassen. Dass dieses Szenario an diesem sonnigen Morgen Realität werden könnte, ist kaum anzunehmen, denn die Blicke zum Himmel und auf die Meteo-App verheissen nur Sonne pur.

Auf dem Floss tummeln sich ein paar Enten, die sich kurz über die ungebetenen Gäste aufzuregen scheinen, sich nach kurzem Geschnatter jedoch wieder beruhigen.

Der Eingang zum Pavillon ist mit transparenten Schiebeelementen versehen, die sich wohl mittels elektrischer Impulse über ein computergestütztes Netzwerk, das alle notwendigen Verrichtungen im öffentlichen Raum koordiniert und regelt, bewegen und beiseiteschieben lassen. Der wohnzimmergrosse Innenraum, mit hexagonal angeordneten Wandelementen gegen aussen begrenzt, wirkt luftig, denn die meisten dieser Elemente sind transparent. Bei Bedarf gibt es die Möglichkeit der Beschattung mittels Storen.

Auf einer Theke mit Unterbau stehen zwei Kaffeemaschinen. Becher aus recyceltem Material sowie Zusatzmittel für den persönlichen Kaffeegeschmack sind im Unterbau der Theke verstaut. Mit einer App kann man die Kaffeemaschinen in Betrieb nehmen. Diese Gegenstände und Einrichtungen sollen aus einer unpersönlichen Einrichtung ein persönliches Ambiente schaffen. Ein gegen den See hin gestellter Tisch mit vier Stühlen entspricht in grossen Teilen diesem Ziel.

Wie in jeder öffentlichen Einrichtung hat man auch hier nicht das Privileg der Ausschliesslichkeit und so kommt es, dass weitere Personen auf dem Steg erscheinen, um auf das Floss zu gelangen. Was immer diese Neuankömmlinge veranlasst haben mag, denselben Weg zu gehen, kann die SUMO-Vertreter nur in ihrer Überzeugung bestärken, nicht allein unterwegs zu sein.

Die Wahl des Gesprächsortes scheint allen zu gefallen. Otto, Leader of the day, bittet um eine lockere Konzentration in den Voten und zitiert noch Martin Luthers These, dass es die grösste Torheit sei, mit vielen Worten nichts zu sagen. Er stellt das Aufnahmegerät in die Mitte des Tischs und meint dazu: «Das Gerät kann die Stimmen erkennen, denn sie sind gespeichert, so erhält jeder und jede die eigenen Voten, getrennt von den übrigen auf das Handy gesendet.»

Die Kirchgemeinden des SUMO-Projekts sind nicht die Einzigen, die sich immer wieder folgende Fragen stellen: «Kirche wie weiter?» und «Mit wem?» und auch «Warum?». Um sich darüber Gedanken zu machen, wurden die vier Vertreter/-innen von ihren jeweiligen Kirchgemeinden ausgewählt. Der Gedankenaustausch sollte dann anlässlich einer nächsten Sitzung erfolgen.

Die vier haben sich nicht weiter um die Neuankömmlinge und die Enten gekümmert, sie sind ganz mit sich selbst beschäftigt, umso erstaunter stellen sie nun fest, dass es sich die einen Neuankömmlinge ausserhalb des Pavillons gemütlich machen. Und was machen die Vögel? Ganz verdutzt, staunend und doch neugierig nehmen sie zur Kenntnis, dass sich einer davon scheinbar in den Pavillon verirrt hat. Ueli will sich gerade daran machen, ihn zu vertreiben, als dieser zu sprechen beginnt: «Ich würde mich auch wundern, begänne einer von euch mit uns zu schnattern.» Und weiter: «Ihr habt vor, euer Verhältnis zu Glauben, Kirche und Staat wieder einmal zu überdenken. Zum wievielten Mal versucht ihr dies? Was, um alles in der Welt wollt ihr herausfinden?»

«Wer bist du eigentlich, wer hat dich geschickt und wie kommt es, dass du unsere Sprache sprechen kannst?», will der Leader wissen.

«Ich bin die Personifizierung eurer Gedanken, die euch im Vorfeld des heutigen Treffens so beschäftigt haben. Meine Worte sind eigentlich nur die hörbare Entsprechung eurer eigenen, unausgesprochenen Überlegungen zum Thema. Weil es sich auf dem See doch anbietet, spreche ich zu euch im Körper einer Ente. Nun aber würde ich gerne zum Thema weiterfahren. Es scheint so, als würdet ihr euch im Kreis drehen. Zu Zeiten Zwinglis wurde noch nach dem richtigen Glauben gefragt, doch schon der grosse Reformator hat sich mit seinem beinahe apodiktischen Ausruf, doch um Gottes Willen etwas Tapferes zu tun, den Leuten ins Gewissen reden müssen. Und heute? Was wäre denn heute überhaupt etwas Tapferes? Vielleicht hinzustehen und zu sagen: Hey, ich glaube an Gott als mein Gegenüber und will nicht der üblichen Phrase das Wort reden, die da heisst: Es wird schon ein Wesen im All geben, das in irgendeiner Weise sich von Zeit zu Zeit einmischt; aber soft, damit mein selbst gebasteltes Weltbild nicht in Schräglage gerät. Ein Wischiwaschigott soll es sein, denn wie komme ich dazu, mir am Zeug flicken zu lassen; ja genau, dies ist mein Anspruch. Einen, der mir nach dem Mund redet und sich für meine Interessen nutzen lässt, einen Gangogott eben.»

«Du redest mir wahrhaftig aus der Seele», rief ihm Ueli zu.

«Was höre ich in den Kirchenräumen – man solle doch bitte schauen, dass die Leute wieder zu den Gottesdiensten kommen mögen –, aber wie sag ich's meinem Kind? In welcher Sprache soll ich denn die Beleidigten, die Überdrüssigen, die Selbstgerechten, die Übersättigten und Selbstzufriedenen ansprechen? Habt ihr schon mal darüber nachgedacht, welche Form der Sprache euch mehr anspricht, eine mit Biss, eine Sprache eben, die mich erschüttern lässt, mein Tun und Lassen hinterfragt, mich als Individuum ernst nimmt, aber auch in die Pflicht? Oder aber eine weichgespülte, nach Mundgeruch riechende, muffige und nach aufgekochtem Kaffee schmeckende Form der Sprache?»

«Weiter so, diese Fragen sollten uns besonders umtreiben», unterbrach ihn Manuela.

«Was hat denn die Menschen von der Kirche entfernt? Die Befragungen der XY-Meinungsforschungsinstitute zeigen die üblichen Bilder, etwa, dass man nicht an einen Gott glaube, die Sprache Kanaans nicht ernst nehme, dass sowieso alles Habakuk sei und man sich nicht verarschen lassen wolle und überhaupt Gescheiteres zu tun habe, als eine Stunde lang auf harten Bänken zu sitzen und dem Geschwafel einer Person zuzuhören, deren Glaube an der Kirchentür ende. Der christliche Glaube ist zur Beliebigkeit verkommen und ihn daraus zu befreien wird zur Herkulesarbeit. Die meisten Menschen möchten sich beheimatet wissen, möchten irgendwo zu Hause sein. Der Mainstream der Zeit bietet dies an, das stärkt viele in ihrem Selbstbewusstsein, wenn sie sich mit andern unterwegs wissen, mit jenen, die etwas zu sagen haben, auf die man hört.»

Otto meldet sich nun mit den Worten: «Genau, wir müssen den Menschen zuhören und sie in ihrer Unsicherheit abholen, denn viele klopfen nur grosse Sprüche, weil sie unsicher sind; vielleicht aber auch, weil sie zweifeln, am Wahrheitsgehalt der biblischen Geschichten oder überhaupt an der Sinnhaftigkeit eines Glaubens an Gott.»

«Es gab einmal eine Zeit», spricht der Vogel weiter, «in der sich Menschen im Glauben nahe standen und ihn an gemeinsamen Orten ausdrücken konnten, damals, als Glaube noch nicht in Konkurrenz zu den Wissenschaften stand; sondern wo beides nebeneinander seinen Platz hatte und als gleichwertig erkannt wurde. Helft mit, die Kirche mit der immer noch vorhandenen Kraft des Evangeliums wieder auf dieses Nebeneinander zu heben. Nicht als Nebenschauplatz für Verhinderte und geistig Zurückgebliebene, sondern für Menschen, die sich durch die Errungenschaften der Wissenschaft nicht blenden lassen wollen, und auch keine Antworten über die nicht zu beweisende Anwesenheit Gottes von ihr erwarten. Was ist nötig, dass die Menschen ihre Herzen wieder öffnen für einen Glauben, der nicht vom Machbaren beherrscht wird, sondern Platz lässt für das Wachstum der Seele? Es muss ein Angebot sein, das uns dazu befähigt, keine Angst davor haben zu müssen, von unserem Umfeld als Abgehängte apostrophiert zu werden, aber viel Selbstbewusstsein vermittelt, damit Ausgrenzungen solcher Art mühelos pariert werden können.»

«Yes, we can», ruft Stefanie begeistert. «Dass das Laute nicht zwingend die Wahrheit verkörpert, war schon zu Zeiten der ersten Christen bekannt und dass nicht jedes Rezept dem Gusto aller entspricht, versteht sich von selbst. Lasst das scheinbar Alte, das dem christlichen Glauben zugrunde liegt, wieder auferstehen und es in unserer Zeit mit dem Humus der Hoffnung versehen und wiedererstarken. Nicht als alt oder neu, sondern als immerzu wahr.»

«Ich hoffe, dass es mir gelungen ist, euch ins Grübeln zu bringen, aber auch anzuspornen, euren ganzen Elan in die Sache Gottes zu investieren, die die eigentliche Legitimation unserer Kirche ist – und nun adieu.»

Der Vogel verlässt schnatternd und flügelschlagend den Pavillon und lässt die vier nachdenklich, doch voller Enthusiasmus zurück.

«Ciao», rufen die vier wie aus einem Munde hinter ihm her und in ihren Augen leuchtet die Überzeugung, auf dem richtigen Weg zu sein.

«Wenn ihr einverstanden seid, möchte ich das gemeinsam Erlebte an unsere Kolleginnen und Kollegen des Projekts weiterleiten und als Thema unseres geplanten Treffens vorschlagen.»

Alle nicken und wollen gleich anpacken, stehen auf und sammeln all die Utensilien ein, die sie nach dem Eintreffen im Pavillon benutzt haben, säubern den Tisch und die Theke, so wie sie instruiert wurden und verlassen den Pavillon. Die Sonne empfängt sie mit ihren wärmenden Strahlen und das Erlebte lässt ihre Gedanken in ihren Köpfen Purzelbäume schlagen.

Die Besuchergruppe, die nach ihnen das Floss betritt, macht sich auf, um in den Pavillon zu gehen. Man begrüsst sich und es ist unschwer festzustellen, dass es sich um asiatische Touristen handelt.

«Menschen kommen und gehen, aber der Geist des Ortes bleibt.»

Mit diesen sinnigen Worten macht sich Stefanie mit ihrer Truppe auf den Weg über den Steg zum Gymiplatz zurück, wo sie sich voneinander und vom Ort ihres gemeinsamen Erlebnisses verabschieden.

BLÜHENDE LANDSCHAFT

Sonderausgabe der Zürichsee-Zeitung vom 4. Januar 2045

Matthias Krieg

Zu ihrem 200. Geburtstag hat sich die *Zürichsee-Zeitung* vorgenommen, Veränderungen in Erinnerung zu rufen, die seit der Jahrtausendwende in verschiedenen Bereichen der Gesellschaft eingetreten sind. Allen täglich bewusst sind sie im Bereich des Verkehrs: Die Zugstrecke der S-Bahn ist seit 2020 zweispurig ausgebaut, das Rollmaterial um nahezu die Hälfte lärmreduziert. Die S7 fährt seit 2030 im Takt von zehn Minuten von 5:00 morgens bis 2:00 nachts. Ebenfalls seit 2030 ist die Seestrasse bis auf Velos, Segways und Vespas verkehrsfrei. Die Schwäne zwischen Meilen und Horgen sind, bis auf einen im Luzerner Verkehrsmuseum, verschwunden, denn seit 2040 ruht auf dem Seegrund die mittlerweile berühmt gewordene Autoröhre mit Zugängen in Zürich und Rapperswil, Meilen und Horgen.

Ein Bereich, der weniger breit bekannt ist, aber besonders tiefgreifende Veränderungen erlebt hat, ist im ganzen Kanton das kirchliche Leben. Auch im südlichen Teil der Goldküste, zu denen die ehemaligen Kirchgemeinden Uetikon, Männedorf, Stäfa und Hombrechtikon zählen, waren sie einschneidend. Es erinnern sich heute Altpfarrer Achim Kuhn (82), seinerzeit Gemeindepfarrer in Männedorf, wohnhaft in Uetikon, Matthias Krieg (90), damals Theologischer Sekretär des Kirchenrats, wohnhaft in Männedorf, und Luzi Bernet (82), Sohn eines Theologieprofessors, als es an der Universität Zürich noch eine Theologische Fakultät gab, von 1998 bis 2001 Chefredaktor der *Zürichsee-Zeitung*, heute ebenfalls wohnhaft in Männedorf. Um aber nicht nur drei verdienten alten Männern das Wort zu geben, sondern auch drei junge Frauen zu hören, die heute gleichsam im Genuss der Veränderungen stehen, nehmen an der Gesprächsrunde teil: Mia Hürlimann (29), Eventmanagerin aus Hombrechtikon, Emma Nkruma-Häderli (25), Bloggerin und Influencerin aus Stäfa, und Sofia Jensen (18), Maturandin aus Uetikon. Das Gespräch fand in der *Cafékirche*, dem ehemaligen Kirchgemeindehaus von Männedorf, statt. Geführt und aufgezeichnet hat es Theodor Gut III.

GUT: Drei Alte, drei Junge, drei Frauen, drei Männer, wie geht es Ihnen mit dieser Zusammensetzung?

JENSEN: Also ich finde sie geil. Mit meinem Grossvater zu reden, ist immer cool. Mit meinem Vater nicht ganz immer ...

BERNET: Womit wir schon bei einer wesentlichen Veränderung wären. Seit etwa zwanzig Jahren ist intergenerationelles Leben selbstverständlich geworden. Früher gab es Altersheime oder Alterssiedlungen. Von meiner Generation will aber keiner mehr in ein solches Ghetto. Das hat sich zum Glück überlebt.

KUHN: Das kann ich nur unterstreichen. Gleich und gleich gesellt sich gern, das ist ein Spruch von früher. Junge halten heute Alte jung und nutzen deren Erfahrungen. Alte lassen sich heute von Jungen inspirieren und beraten sie.

KRIEG: Die Ablehnung des Altersghettos habe ich sogar in den Neunzigerjahren schon erlebt. Mein damaliger Schwiegervater, Landwirt und Seebueb in Stäfa, BGB-Präsident und SVP-Wähler, fragte auf meine Empfehlung, mal einen Seniorennachmittag der Kirchgemeinde Stäfa zu besuchen, was er bei so vielen alten Leuten denn zu suchen habe. Da war er bereits 87.

HÜRLIMANN *(kichernd):* Seniorennachmittag ... Wie uncool das nur schon tönt.

GUT: Womit wir auch schon mitten im Thema sind. Damals gab es ja noch vier Kirchgemeinden, darunter die von Stäfa. Seit 2020 ist es nur noch eine, die Kirchgemeinde Goldküste-Süd. Inoffiziell wird sie auch *Golden Delicious* oder einfach *GD* genannt. Für Insider heisst das ja auch *Gottesdienst.* Hat sich die Fusion von 2020 gelohnt?

NKRUMA-HÄDERLI: Na ja, damals war ich fünf. Ich kenne nichts anderes als die GD. Und die finde ich wirklich gut. Als Mischling mit Züriseedialekt fällst du ja immer noch auf. Bei Kontrollen am Zoll oder im Tram gibt's immer noch *racial profiling* ...

BERNET *(erregt):* ... was auch immer noch eine Schande ist! Schon 2018 hatten wir in der Presse eine öffentliche Diskussion darüber, aber nichts hat sich geändert. Mal ein Beispiel für nicht eingetretene Veränderung.

NKRUMA-HÄDERLI: Also, ich wollte nur sagen, dass *Golden Delicious* für eine wie mich richtig gut ist. In der *bluechurch* von Stäfa kann ich den Groove ausleben, der mir von meinen Wurzeln in Ghana her im Blut liegt. Viele tolle Leute aus aller Welt. Texte, die mit mir zu tun haben. Gebete und Predigten, die mir aus der Seele sprechen. Vor allem aber kein *racial profiling.*

KUHN: Vielleicht wissen nicht alle, was *bluechurch* ist. Matthias und sein Berliner Freund haben sie 2017 gegründet. Als virtuelles Netzwerk von jazznahen Kirchenleuten und kirchennahen Jazzleuten. Es gibt sie immer noch.

KRIEG: Ja, unsere Kirche hat die Homepage damals finanziert, und ich bin ziemlich stolz, dass von den Zielen das wichtigste ausgerechnet in meiner Bürgergemeinde zum ersten Mal realisiert worden ist: eine Jazzkirche, in der ausnahmslos Jazz die Kirchenmusik ist. *Jazz Ministry* in Stäfa wie es sie vorher nur in Saint Peter's auf Manhattan gegeben hat. Damals ein heimliches Abschlussgeschenk, pünktlich zu meiner Pensionierung.

NKRUMA-HÄDERLI *(überrascht):* Ach, du warst das? Deshalb bist du so oft bei uns zu sehen! Die Leute kommen ja nicht nur aus unseren vier politischen Gemeinden.

GUT: War es schwierig, so etwas wie eine Musikkirche durchzusetzen? Manche mögen Jazz ja gar nicht.

KUHN: Ja, es war sehr schwierig. Immerhin, schon 2018 waren sechs Goldküstenpfarrer Mitglieder bei *bluechurch*. Und die soziologische Studie von 2012, *Lebenswelten* hiess sie, Matthias hat sie seinerzeit initiiert, die zeigte schon klar, dass im Bezirk Meilen ein Potenzial von damals 53 % der Bevölkerung jazzaffin war. Potenzial heisst zwar nicht, dass die alle Jazz mögen, aber dass es unter ihnen besonders viele hat. Da lohnte sich der Versuch. Genauso auch bei der Jugendkirche, die ich auf Boldern aufbauen konnte, oder bei der *Cafékirche*, in der wir gerade sitzen und für die meine Frau und Luzi sich damals sehr eingesetzt haben. Nichts war einfach, nichts.

KRIEG: Ja, das Neue war nur auf dem Papier klar. Weil aber lebensweltliche Kirche damals einen vollen Paradigmenwechsel bedeutete, nämlich weg vom flächendeckenden Monopol der sogenannten Volkskirche, die es ja auch erst seit 1848 gab, und hin zu einer menschennahen Vielfalt, wie die Menschen sie seit 1950 überall sonst, nur nicht in der Kirche, entwickelt hatten, weil es also um Neuland ging, deshalb hatten alle Angst.

BERNET: Das Problem lag aber auch daran, dass der Kirchenrat am 10. Juli 2012 mit dem Stichwort Fusion das Ross am Schwanz aufgezäumt und daher alle kopfscheu gemacht hatte. Damalige Kirchgemeinden sollten fusionieren, um Geld zu sparen, hatten aber keine inhaltliche Vorstellung, was sie denn nachher tun würden. Eine Strukturreform ohne Vision. Ich habe nachgesehen: Die NZZ berichtete am 16. September 2012 darüber.

KRIEG: Wobei der Kirchenrat objektiv tatsächlich unter Druck stand. Von 1910 bis 2015 war der Anteil der Reformierten in der Schweiz von 56.2 % auf 24.9 % zurückgegangen. Zürich war 1850 zu 97.7 % reformiert, 2016 gerade noch zu 29.6 %. Allen in der Kirchenleitung war 2018 klar, dass die Landeskirche ihren öffentlich-rechtlichen Status verlieren würde, wenn sie die 20%-Marke erreicht hätte. Nach damaligen Hochrechnungen wäre das 2026 der Fall gewesen, wenn es keinen Paradigmenwechsel gegeben hätte. Die Ansage war also völlig richtig gewesen, der Einstieg mit dem Reizwort Fusion hingegen völlig falsch, da hast du völlig Recht.

JENSEN: Also ich verstehe nur noch Bahnhof. Wozu die Aufregung? Wir haben heute in Stäfa die Jazzkirche, in Uetikon das Hospiz, in Hombrechtikon die Kindertagesstätte, in Männedorf die *Cafékirche* und alle haben einen tollen Aufschwung hinter sich. Die Ritterhauskapelle in Stäfa hat sich zur beliebten Hochzeitskirche gewandelt und das ehemalige Studienzentrum auf Boldern zum Kinderkulturzentrum unter der Woche inklusive einer unüberhörbaren Jugendkirche am Wochenende. Zusammen mit dem Kino *Wildenmann* in Männedorf betreiben wir die *Kinokirche*. Das Stäfner Pfarrhaus ist umgebaut zum attraktiven Kirchenrestaurant mit Alpenblick. Ausserdem nimmt *Golden Delicious* aktiv teil an *Contemplative Fire*. Und für alle, die es immer noch am liebsten so haben wie im 19. Jahrhundert, gibt es in Uetikon eine zwar traditionelle, dafür aber lebhafte Parochie.

HÜRLIMANN: Jetzt bin ich aber platt, was du alles weisst.

JENSEN *(lachend):* Hab gerade eben meine Maturarbeit zum Thema Mixed Economy in der Kirche geschrieben.

GUT: Das klingt zwar alles ganz gut, aber auch ziemlich verwirrend. Hat da noch einer den Überblick? Gibt es da überhaupt eine Strategie? Und last but not least, wer bezahlt das alles? Es sollte doch auch gespart werden.

KRIEG: Momol, den Überblick konnte man schon 2018 haben, wenn man lesen wollte. Ich hatte zum Stichwort Gemeinde eine lebensweltliche Typologie entworfen, sie an einer internationalen Tagung von Missiologen vorgestellt und anschliessend publiziert. Fusionierende Gemeinden konnten sie für ihre Planungen abrufen, auch elektronisch. Manche haben das getan.

HÜRLIMANN: Echt? Auch elektronisch? Ich hab nämlich noch nie ein Buch in der Hand gehabt, ehrlich. Erklär mir mal, was ihr mit *Gemeinde* gemeint habt, und was bedeutet *lebensweltlich*?

KUHN: Naja, bei der Kirche geht es seit biblischen Zeiten darum, dass Menschen von sich aus eine Gemeinschaft bilden. Um es theologisch und lateinisch zu sagen: Eine *communio* entsteht durch *communicatio*.

NKRUMA-HÄDERLI: Ach, das ist Latein. Das versteh ich ja sogar. Meine Jazzkirche ist ja auch so eine *community*.

HÜRLIMANN *(begeistert):* Und *communication* ist mein Alltag als Eventmanagerin.

KUHN: Genau. Menschen suchen Gemeinschaft, und die Gemeinde Jesu Christi ist seit Urzeiten die Gesprächsgemeinschaft der Glaubenden.

KRIEG: Nur dass die Glaubenden heute ganz verschiedene Leute sind. Hier kommt nun der Begriff der Lebenswelt ins Spiel. Die Musik in der Stäfner Jazzkirche zum Beispiel hat eine andere Expressivität als die Musik in der Jugendkirche von Boldern, für die Achim die Texte entworfen, die Kompositionen organisiert und ganze Musicals einstudiert hat. Andere zieht es eher dorthin als nach Stäfa. Lebenswelten haben verschiedene mental-habituelle Profile. Was einer denkt und sich vorstellt, mental also, und wie einer sich und sein Leben gestaltet, habituell, das ist in jeder Lebenswelt verschieden.

BERNET: Welche Zeitung eine liest und welche Magazine, welche elektronischen Medien sie nutzt und wozu, auch das macht diese Unterschiede deutlich.

GUT: Und das Geld?

KUHN: Mir hatte damals eine Zusatzausbildung in Fundraising viel geholfen, über alternative Geldquellen überhaupt nachzudenken und sie dann auch zu erschliessen. Traditionell waren es ja nur die Kirchensteuer und der Staatsbeitrag. *Self organising* und *self governing* gilt seither für die verschiedenen Kirchenorte. Das dritte Prinzip ist *self financing*. Die verschiedenen Kirchenorte in der Kirchgemeinde Goldküste-Süd haben da heute natürlich einen unterschiedlichen Grad erreicht. Manche sind Stiftungen, andere Vereine, wieder andere Zweckverbände. Einige konnten Joint Ventures mit staatlichen Stellen eingehen, andere mit dem ansässigen Gewerbe. Legate werden auch immer häufiger vergeben.

JENSEN: Das eben gehört auch zur Mixed Economy. Weil mein Vater von Seeland ist, spreche ich ganz gut Dänisch. So konnte ich für meine Maturarbeit die *uKirke* in Vesterbro besuchen. Das ist seit 2012 eine Jugendkirche in einem hippen Quartier von Kopenhagen. Ich wollte an einem bewährten Beispiel recherchieren, wie sie es machen, auch finanziell. Deren Selbstfinanzierungsgrad liegt inzwischen bei 30 %. Die Staatskirche zahlt 40 % aus der Steuer, und weitere 30 % tragen die Region Hovedstaden und die Stadt Kopenhagen wegen der guten Kulturarbeit mit Jugendlichen zwischen fünfzehn und dreissig.

GUT: Es ist wohl an der Zeit, einzelne Kirchenorte mal genauer anzuschauen, nicht alle, aber natürlich die, mit denen die Teilnehmenden dieser Runde persönlich verbunden sind. Wollen Sie, Frau Nkruma-Häderli, den Anfang machen? Ich meine nicht die Stäfner Jazzkirche, bei der Sie mitmachen und die ja schon genannt wurde, sondern *Contemplative Fire*. Worum geht es da?

NKRUMA-HÄDERLI: Das ist eine Internet-Community. 2004 in England entstanden und weltweit in der anglikanischen Welt präsent. Als Bloggerin hab ich sie eines Tages entdeckt. Inzwischen machen aus GD rund zweihundert Leute mit.

GUT: Was heisst da mitmachen, wenn alles virtuell ist?

NKRUMA-HÄDERLI: Also, beim Niedergang von Facebook ab 2018 oder so, da haben viele nach einer Alternative gesucht. Als ich zehn war, also 2030, war es ganz verschwunden. Mit fünfzehn stiess ich dann auf *Contemplative Fire*. Da wird gebloggt, aber themenbezogen. Es geht um Spiritualität. *New Monasticism* nennen sie es. So was wie ein virtuelles Kloster. Man verpflichtet sich selbst zu einem Lebensrhythmus. Auch mit Beten und so. Aber man trifft sich auch, mal auf Iona in Schottland, mal in Kalifornien. Vor zwei Jahren waren wir von der GD die Gastgeber. Siebzig Leute aus aller Welt trafen sich für eine Woche in Kappel. Zum Abschluss zogen wir am Samstagabend in die Stäfner *bluechurch*. Jazz und Spiritualität, das funktioniert gut.

GUT: Danke für die kurze Einführung. Da muss man aber Englisch können, oder?

NKRUMA-HÄDERLI: Also, in meiner Generation kann das sowieso fast jede.

GUT: Achim Kuhn, Sie waren in der Zeit der Fusion irgendwie auch mit der Frage befasst, was mit Boldern geschehen soll. Heute sind dort gleich zwei Kirchenorte zu Hause, das Kinderkulturzentrum und die Jugendkirche.

KUHN: Ja, ich erinnere mich, wie das dauerte. Vorübergehend war Boldern mal einfach ein Hotel. Dank der neuen Kirchgemeinde kam es zu einem Energieschub. Die Frage war unumgänglich, ob ein Jugendstandort möglich und sinnvoll wäre. Und wo. So kam Boldern wieder in Betracht.

GUT: Jugendkirche, davon hat man auch 2020 schon gehört. Aber Kinderkulturzentrum, wie kommt man denn auf so was?

KUHN: Auf Reisen. Meine Frau und ich schenkten uns, 2025 war es, glaube ich, ein Wochenende in Berlin. Beim Spazieren auf dem Prenzlauer Berg kamen wir an der Eliaskirche in der Senefelderstrasse vorbei und stutzten. Sie enthielt das *MACHmit! museum für kinder*. Es war seit 2003 als Holzgebäude im Steingebäude der Kirche eingebaut, eine begehbare Erlebnislandschaft. Kinder konnten dort mit alten Setzkästen selbst Plakate drucken, viele andere Entdeckungen machen, Dinge ausprobieren, klettern oder rumlümmeln. Auch viele Eltern waren da. Der Schönheitsfehler war nur, dass eine gemeinnützige Gesellschaft und nicht die Kirche dieses Zentrum betrieb.

GUT: Auf Boldern ist es aber nun die Kirche. Warum? Und was ist der Unterschied?

BERNET: Darf ich mal dazwischenwerfen, dass Kultur, seit es Menschen gibt, erstens schon bei den Kleinsten beginnt und zweitens immer auch religiöse Motive hat. Ich hätte in der NZZ am Sonntag kein Feuilleton machen können, wenn ich das ignoriert hätte. Religion ist kulturbildend, und Kultur ist religionshaltig.

KUHN: Danke für den Exkurs, mein Lieber! Ja, es brauchte vor allem einige Überzeugungsarbeit, dass die Investition auch gemeindebildend ist. Das war für mich das Entscheidende. Kulturelle Events gab es zur Genüge. Die musste man nicht vermehren. Aber Orte, an dem das ganze Menschsein vorkommt und alle sich beteiligen, darum geht es. Heute sieht jeder, dass sich mit den Kindern auch die Eltern und Verwandten, mit ihnen auch Nachbarn und Freunde zusammenfinden. Nicht *für* sie, sondern zusammen *mit* ihnen haben wir entwickelt, wie wir singen und beten, wie wir verkündigen und feiern, wie wir trauern und uns helfen.

JENSEN: Easy, ohne Boldern wäre ich nicht bei der Kirche. Als Kinder sind wir mit den Eltern von Uetikon her hinaufgewandert und haben oben gespielt und gesungen. Als Jugendliche habe ich dort meinen Leiterausweis gemacht, Gruppen geleitet, überhaupt alles. Jetzt mach ich dort bei der Jugendkirche mit.

GUT: Gute Überleitung. Achim Kuhn, Sie waren ja fast noch mehr bei der Jugendkirche engagiert.

KUHN: Die war auch einfacher aufzugleisen. Gegen Junge hat ja niemand was. Und wenn die was für sich haben, stören sie andere nicht. Klingt etwas zynisch, spielt aber eine Rolle. Die Musik zum Beispiel. In Stäfa hatte mal einer, Altpfarrer Thomas

Schaufelberger, mittlerweile auch schon 77, eine tolle Jugendarbeit aufgebaut, mit *Sofagottesdienst* und *Langer Nacht der Kirche*. Dein Sohn, Matthias, war als Jugendlicher doch voll dabei, erinnerst du dich?

KRIEG: Ja, immer wenn ich beim Heimkommen spät abends eine rot angestrahlte Kirche sah, wusste ich, dass er wieder am Werk war. Für ihn war das übrigens das bleibende Kirchenerlebnis, das für viele Jahre vorhalten musste. Nur lief es in Stäfa damals leider so wie überall: Man hielt diese Arbeit für das Hobby des Pfarrers, und mit seinem Abgang war alles wieder vorbei. Es war halt die Ausnahme, nicht die Regel.

KUHN: Deshalb bedeutete der Paradigmenwechsel 2020, dies quasi vom Kopf auf die Füsse zu stellen. Die Ausnahmen sind jetzt die Regel: Sofia hat ihre Maturarbeit darüber geschrieben. Und die Regel ist jetzt die Ausnahme: Am Standort Uetikon gibt es noch eine Gemeinde vom Typ der traditionellen Parochie. Die aber ist jetzt vital und sammelt alle, für die das ihr überzeugender Kirchenort ist.

GUT: Zurück zur Jugendkirche, für die, glaube ich, auch diese dänische *uKirke* Patin stand, oder?

KUHN: Richtig. Wegen der Musik war ich abgeschweift. Ich wollte sagen, dass damals für die Musik alles mühsam aufgebaut und wieder abgeräumt werden musste. Ein Riesenaufwand, weil die Kirche nach den Jugendanlässen wieder sauber und aufgeräumt auszusehen hatte.

KRIEG *(lachend):* ... was die Presbyterians in Amerika treffend *decently and in order* nennen.

KUHN: In Kopenhagen haben wir also gehört, dass sie einen DJ statt eines Organisten angestellt und auf der Kanzel dessen Technik statt eines Rednerpults installiert hatten. Musik ist für

Jugendliche Verkündigung, Stimme ihres Herzens. So schrieb ich eine Weile Texte, und sie komponierten oder fabrizierten dazu ihre Musik. Eine Reihe von Musicals entstand von 2020 bis zu meiner Pensionierung 2028. Inzwischen haben sie Freiwilligenteams für alles und organisieren sich selbst.

KRIEG: Nur, um auch das mal grundsätzlich einzuflechten: An den neuen Kirchenorten passiert strukturell genau dasselbe wie in den alten Kirchgemeinden. Auch dort wird gesungen und gebetet, verkündigt und bekannt, geheiratet und getauft. Das volle Programm. Nur wird nach dem Paradigmenwechsel die konkrete Gestalt wie auch die lebensweltliche Gestaltung *mit* denen erarbeitet, die sich dort jeweils vergemeinschaften. Nicht *für* sie wie damals im Zeitalter des Konsums. Entsprechend verschieden sind die Gestaltungen und Abläufe.

KUHN: Teilweise hatten wir das in Männedorf auch vorher schon probiert. Variationen der Predigt gab es, Einblendungen von Bildern, Unterbrechungen mit poppigen Orgelstücken. Für die meisten blieben das aber die Ausnahmen. Heute ist es die Regel. Gebet ist strukturell überall Gebet, in seiner konkreten Gestalt aber je nach Lebenswelt sehr verschieden.

GUT: Nun zu Ihnen, Frau Hürlimann, wo sind Sie denn engagiert und wieso?

HÜRLIMANN: Als Eventmanagerin habe ich meistens einen hohen Tonus. Es sind viele Projekte, ich bin viel unterwegs. Alles wie in einem Durchlauferhitzer. Privat brauche ich da eher das Gegenteil: etwas Langsames und Langfristiges, auch etwas Persönliches und Beruhigendes. Auf meinen Reisen bin ich schon früh Kindertagesstätten und Sterbehospizen begegnet. Anfang und Ende interessieren und bewegen mich. Da mein Grossvater Pfarrer war, fragte ich mich, warum es Modelle, die in

Deutschland von der Kirche betrieben wurden, und zwar mit viel Erfolg und öffentlicher Anerkennung, bei uns überhaupt nicht gab. Ich fand, dass unsere Schweizer Kirchen da zu provinziell wären und gute Möglichkeiten schlicht verpennt hätten.

BERNET: Und das bei besten Aussichten. Die Bevölkerungsprognosen für den Kanton Zürich, die das Statistische Amt sorgfältig erarbeitet, hatten 2017 vorausgesagt, dass bis 2040 die Geburtenrate bei Schweizer Frauen steigen würde, aber auch ihr Alter bei der Erstgeburt, eine wichtige Auskunft für Kitas, und dass bis 2040 die Lebenserwartung weiter steigen würde, und zwar bei Frauen und Männern um dreieinhalb Jahre, eine wichtige Auskunft für Hospize. Die *NZZ am Sonntag* hatte darüber berichtet.

HÜRLIMANN: Eben. Von meinen Eltern liess ich mir erzählen, wie um 2020 herum überall die Kitaplätze fehlten, während die Kirchgemeindehäuser weniger als 30 % Eigennutzung aufwiesen. Hier Notstand, dort Leerstand. Und natürlich auch, wie man damals über den sogenannten Sterbetourismus diskutierte und die Schweiz sich durch Einrichtungen wie *Exit* oder *Dignitas* einen fragwürdigen Ruf erworben hatte.

BERNET: Ich bin froh, dass nach so langer Zeit das Politische wieder mal in Erinnerung kommt, das mit dem Paradigmenwechsel verbunden war. Die Kirche hatte 2020 den Mut, politische Lücken für ihre eigene Arbeit zu nutzen. Im Jahr 2000 wäre das noch undenkbar gewesen. Inzwischen hat auch die Tagespresse dieses Engagement der Kirchen anerkannt. Dass erst *Dignitas* und dann auch *Exit* ins Ausland abwandern musste, ist auch das Verdienst der Kirche. Zusammen mit *Palliative Care*, damals noch recht neu, bietet das Hospiz eine Alternative, in menschlicher Würde und im eigenen Umfeld zu sterben.

GUT: Jetzt lassen wir aber mal Frau Hürlimann erzählen! Wie kam es denn in Hombi zur Kita und in Uetikon zum Hospiz?

HÜRLIMANN: Mit vereinten Kräften, würde ich sagen. Das Kirchgemeindehaus Blatten in Hombi war geradezu ideal für eine Kita: bereits 2020 überall rollstuhlgängig, mit einer Vielzahl von Räumen, draussen ein Parkplatz für fünfzig Autos, weniger als zweihundert Meter von der Bushaltestelle. Damals, liess ich mir sagen, gab es ja den Trend, dass Eltern ihre Kinder mit dem eigenen Auto in die Schule fuhren. Horgen und Meilen seien morgens regelmässig verstopft gewesen. Hombi lag da in der Gegenrichtung und versprach gute Erreichbarkeit. Beim Hospiz hingegen war die Nähe zur *Wäckerlingstiftung* entscheidend, auch die bereits bestehende ökumenische Arbeit im *Franziskuszentrum*. So kam es in Absprache mit Stiftung und Pfarrei zum Hospiz unter dem guten Namen des Franz von Assisi. Ich engagiere mich heute vor allem im Management, manchmal aber auch als Laienseelsorgerin.

GUT: Und was ist jetzt in diesen beiden Fällen die Gemeinde?

HÜRLIMANN: Die Familien und Freunde der Kinder bzw. der Alten bilden eine Gemeinde, natürlich zusammen mit denen, für die das Hospiz oder die Kita weitgehend der erste oder letzte Lebensort ist. Der Bedarf nach Sinn, Nähe, Gemeinschaft und Orientierung ist ja in beiden Fällen gross, und das nicht nur bei denen, die quasi den Kasus liefern, sondern erst recht bei deren Angehörigen und Freunden. Für mein hektisches Leben als Eventmanagerin bieten diese beiden Orte die wunderbaren und einmaligen Geschichten, die mir festen Boden unter meinen Füssen geben.

KRIEG: Da gratuliere ich. Mit neunzig wird man schnell zum Fall, und da ist es gut zu wissen, dass man darüber hinaus noch immer Mensch sein darf.

GUT: Bei Frau Hürlimanns Engagements hat sich der Journalist eingemischt. Da frag ich ihn doch gleich mal, ob er sich denn auch engagiert. Tut er das?

BERNET: Er tut! Aber nicht mehr politisch, nur noch gastronomisch. Und etwas kulturell. Als Freiwilliger im Alter darf ich ja sagen, was mir guttut und was nicht.

GUT: Jetzt läuft unseren Leserinnen und Lesern sicher das Wasser im Mund zusammen. Wo muss ich hingehen im Land des *Golden Delicious*?

BERNET: Ins ehemalige Stäfner Pfarrhaus, wo wir jetzt ein Kirchenrestaurant betreiben, oder ins ehemalige Männedörfler Kirchgemeindehaus, wo es heute eine *Cafékirche* gibt.

GUT: Ist es denn Aufgabe der Kirche, ein Café und ein Restaurant zu betreiben? Und gibt es nicht schon genug von beidem?

KRIEG *(seufzend):* Ja, das waren beim Paradigmenwechsel die Standardfragen ...

BERNET: Ich hatte diese Fragen auch. Doch als ich mal einem englischen Freund das junge Zürich zeigen wollte, das war damals alles limmatabwärts hinter dem Platzspitz, da tranken wir im *Sphères* eine Latte macchiato, damals das Modegetränk der Flaneure. Beim Betrachten der Location fiel mir auf, dass das viel mehr war als nur ein Café. Ein Szenetreff für junge Alternative, für linke Künstler, für Gymnasiasten und Studenten. Es gab da eine Bar, auch mit Snacks, natürlich jede Menge Bücher, aber schon zum Blättern und Diskutieren, nicht nur zum Kaufen. Sie luden ein zu Autorenlesungen und Kleinkunstanlässen. Dafür gab es eine kleine Bühne. Da dachte ich, wenn es dem *Sphères* gelingt, eine community zu bilden, die sich dort trifft, warum nicht einem kirchlichen Café, wenn es nicht auf drei Meilen nach Kirche mieft. So haben Regina, Achims Frau, Friederike, die Frau eines Arztes im Männedörfler Spital, und ich die

Cafékirche aufgebaut. Ich war zuständig fürs Gastronomische und Kontakte zu Politik und Presse. Regina, von Haus aus Germanistin, besorgte engagierte Bücher und Autoren. Friederike versah die Bereiche Ökologie und Gesundheit, und natürlich nutzte sie dafür ihre Beziehungen zum Spital.

GUT: Es wohnen ja genug Akademiker an der Goldküste. Wie ist das mit den Expats, die ja meistens Englisch reden?

BERNET: Problemlos. Wir waren die Ersten am See, die das ungeheure Potenzial genutzt haben. Die Angelsachsen waren begeistert, dass sich Schweizer endlich auch ausserhalb der Arbeit mal für sie interessierten. Und sie taten uns gut, weil sie nur halb so nervös waren gegenüber Religion und Kirche wie damals die Schweizer Intellektuellen.

NKRUMA-HÄDERLI: Also, ich geh natürlich immer hin, wenn sie mal einen Gottesdienst oder eine Lesung auf Englisch haben. Das ist Fun, und ich brauch den!

KRIEG: 2020 hatten viele Institutionen begonnen, den hohen Anteil an Ausländern nicht nur als Belastung wahrzunehmen, sondern auch als Bereicherung. Die Kirche aber meinte, Fremde vor allem diakonisch und damit als Fälle betreuen zu sollen. Etwas böse gesagt, war das damals die klerikale Variante von Fremdenfeindlichkeit. Gut, dass sich das inzwischen total geändert hat. Fremde können auch mal Diakonie benötigen, klar, aber zuerst bringen sie uns viel mit. Geschichten immer, oft auch Wissen, Geld sowieso.

BERNET: Ja, dieser Exkurs zu den Expats ist wichtig. Sie als Menschen, aber auch alle Kooperationen der Kirchenorte mit ihren Kontexten haben verhindert, dass Kirche, die 2020 schon halb in der Provinz oder gar im Ghetto steckte, vollends drin ersoff.

GUT: Zum Restaurant noch, Herr Bernet!

BERNET: Ja, das kam etwas später, aber durch denselben Engländer, mit dem ich im *Sphères* gewesen war. Man musste den Pfarrherrn hier erst mal plausibel machen, dass es Pfarrhäuser wie zu Gotthelfs Zeiten nicht mehr geben würde. Oder anders gesagt: Nur wie zu Gotthelfs Zeiten, nämlich als öffentliche Räume und nicht, wie 2020 üblich, als privates Réduit.

GUT: Überhaupt, wie war das mit dem Pfarrstand 2020 bis 2030? Hat der einfach so alle Veränderungen mitgemacht? Offenbar nicht ...

KUHN: Ich werde jetzt kein Kollegen-Bashing betreiben, wenn Sie das erwarten. Aber ja, es war schwer für uns. Man muss das verstehen wollen. Bis 2020 war die theologische Ausbildung noch in Lehr- und Lernformen des 18. Jahrhunderts gefangen. Schon die Wörter sagten alles: *Sozietät, Seminar, Kolleg*. Und diese konditionierten einen fast zwangsweise zum Solisten. Die Berufserfahrung zeigte zudem, dass immer mehr Leute eine Konsumhaltung gegenüber den pfarramtlichen Leistungen einnahmen. So waren wir doppelt in der Klemme: als Solisten auf uns selbst gestellt und als Dienstleister unter der Fuchtel von Kunden.

GUT: Das *Restaurant*?

BERNET: Na ja, das Pfarrhaus in Stäfa bot dafür die beste Lage. Mit der Hochzeitskirche in der Ritterhauskapelle haben wir einen Vertrag. In Männedorf hat übrigens die *Cafékirche* einen mit dem *Wildenmann* und der Kinokirche. Es gibt auch viele Passanten, die hier essen oder trinken. Plötzlich lernen sie die alte Kirche von einer jungen Seite kennen. Dieser Engländer damals schwärmte von *Alma de Cuba*, einer entweihten und umgenutzten katholischen Kirche von 1788. Sie steht im renovierten Zentrum von Liverpool. Die Kirchenbänke seien raus, erzählte er, dafür gebe es im Kirchenschiff die längste Bar Grossbritanniens. Auf die Empore komme man nur mit Vorbestellung des Diners. Sie böten *Gospel Brunch* am Sonntag, *Alma de Cuba Weddings*. Er gehe am liebsten hin, wenn im Chor eine Band Jazz oder Blues oder Soul spiele. Da geniesse er den Raum, den Drink, die Musik, das Alleinsein.

GUT: Warum dann nicht gleich in der Kirche? Dort sind die Bänke ja inzwischen auch raus.

BERNET: Damals ging das nicht so schnell. Denkmalpflege und Heimatschutz verhinderten fast alles und schmetterten jeden Fall einzeln ab. Bis endlich der Kirchenrat von Behörde zu Behörde einen Vertrag erreichte, der im Kanton die Schutzwürdigkeiten und Nutzbarkeiten regelte, ohne dass in jedem Fall der ganze Spiessrutenlauf zu absolvieren war. Aber ja, heute finden in der Stäfner Kirche auch Bankette, Feste, Tanzabende statt, natürlich immer mit Jazz. Sie ist ja die Jazzkirche.

KUHN: Als wir damals in Berlin waren, hatten wir übrigens auch die *Zwinglikirche* in der Oberbaum City besucht, ganz in der Nähe vom Bahnhof Warschauer Strasse. Ein ähnlicher Fall. Eine sogenannte Eventlocation, wie in Liverpool professionell und attraktiv betrieben, wie dort aber nicht von der Kirche.

KRIEG: Dabei sind doch Essen und Trinken bereits in der Bibel ein Herzstück des Menschseins, wenn ich das mal einwerfen darf. Die Gastgeschichten, etwa von Sara und Abraham, zeigen doch klar die religiöse Bedeutung der Gastfreundschaft. Warum um Gottes Willen hätten wir das der kommerziellen Gastronomie überlassen sollen und dann erst noch in unseren eigenen Räumen? Nein, der Paradigmenwechsel war auch so etwas wie die Rückeroberung des eigenen Geländes.

BERNET *(lachend):* ... womit der Krieg mal ganz martialisch war ...

GUT: Zu guter Letzt nun aber doch noch die Gretchenfrage: Hat seit 2020 und vor 2026 die Mitgliedschaft der Reformierten Kirche Zürich einen Break-even oder gar einen Turnaround erlebt? Sie nannten es einen *tollen Aufschwung*, Frau Jensen. Hat sich der bei der Mitgliedschaft bemerkbar gemacht?

KUHN: Nicht sofort. Subito ging gar nichts. Im Gegenteil, wir mussten die Behörden in einem langen Prozess davon überzeugen, dass ein Paradigmenwechsel eine Generation braucht. Die ganz Alten werden sich erinnern, dass nach dem berühmten Fall der Berliner Mauer von 1989 im deutschen Osten nicht sofort blühende Landschaften entstanden sind.

BERNET: Das war einfach Kohl.

KUHN: Auch bei uns brauchte es eine Generation, also etwa zwanzig Jahre, bis das Neue sich etablieren konnte. Es ist ja auch vieles misslungen, was mit wehenden Fahnen begonnen hatte.

GUT: Zum Beispiel?

KRIEG: Die Stadtakademie in Zürich oder die Kulturkirche in Winterthur, Projekte, an denen ich beteiligt war, deren Zeit aber 2014 bzw. 2015 noch nicht gekommen war. Hier im *Golden Delicious* ist der *Treffpunkt für Kader* gescheitert, weil es die Interessenten zwar gab, sie aber zu wenig im Land waren. Einige wollten das Modell der *Messy Church* etablieren, das im angelsächsischen Raum sehr erfolgreich ist, doch hier am rechten Ufer gehören einfach zu wenige zur Lebenswelt der bürgerlichen Mitte.

KUHN: So haben wir, gewiss nicht ohne Schweiss und Tränen, gelernt, erstens dass gut Ding Weile haben will, wie man früher richtig sagte, und zweitens, dass auch in der Kirche nichts ewig und lebenslänglich ist, wie man es früher fälschlich von ihr erwartete.

JENSEN: Das klingt wie aus meiner Maturarbeit! Mixed Economy heisst ja gerade, auch im Non-profit-Bereich unternehmerisch zu denken, nämlich etwas zu riskieren, aber auch etwas zu beenden, wenn es nichts bringt.

GUT: Zurück zur Gretchenfrage, bitte.

KUHN: Ich denke, den Break-even hatten wir so um 2030, vier Jahre nach der damals hochgerechneten Krise, die zum Glück so nicht kam. 2030 gab es so viel Zuwachs wie Verlust. Ab 2035 kam der sogenannte tolle Aufschwung, der Turnaround. Die Mitgliedschaft wuchs wieder, nachdem der Kirchenrat sie 2026 diversifiziert hatte. Heute kann man aus diversen Mitgliedschaftsformen diejenige auswählen, die den eigenen Lebensumständen am besten entspricht. Auch hier kein Monopol mehr!

KRIEG: Da denk ich doch immer an den sprichwörtlichen Seufzer meiner pietistischen Tanten, als ich ein Bub war: *Dass wir das noch erleben dürfen!*

BERNET: Diesmal also kein Kohl! Obwohl der alte Goethe, als er in Stäfa war, nicht etwa Räuschling oder Klevner, sondern die *Kohlköpfe* der Züriseebuben gepriesen hatte ...

GUT: Kommen wir zur Schlussrunde. Drei Alte, drei Junge, drei Frauen, drei Männer, mir hat diese Zusammensetzung viel Spass gemacht. Nun bitte ich Sie alle um ein Schlusswort. Frau Hürlimann, was soll noch in die Sonderausgabe der *Zürichsee-Zeitung*?

HÜRLIMANN: Gemeinschaften sind vital, wenn in ihnen Geschichten sprudeln, heitere und traurige, grosse und kleine, beschauliche und nachdenkliche, aber Geschichten. Wo es nichts zu erzählen gibt, ist die Landschaft vertrocknet.

NKRUMA-HÄDERLI: Dasselbe gilt für die Musik. Wo dem *Herrn kein neues Lied gesungen wird,* sondern immer nur dieselben Konserven aufgelegt werden, wo kein Groove entsteht, dass man nicht mehr sitzen bleiben kann, da herrscht tote Hose.

JENSEN: Provinz vermeiden, nicht ins Ghetto gehen, vor allem mit und zwischen den Generationen unterwegs sein, wie hier zwischen dem alten Matthias und der jungen Sofia, das lässt die Landschaft blühen *(mit Handkuss zu Krieg)*.

BERNET: Ich will für die Leserinnen und Leser der Sonderausgabe noch nachtragen, dass natürlich jeder Kirchenort, über den wir hier geredet haben, einen Eigennamen hat. Die *Cafékirche* in Männedorf ist vom Typ her zwar eine Cafékirche, sie nennt sich aber *Jerusalem am Pfannenstil*. Die Eigennamen haben es zum grösseren Teil geschafft, wie Labels und Brands verwendet zu werden.

KRIEG: Genau. Für Verantwortliche ist es sinnvoll, die lebensweltliche Typologie zu kennen. Wir haben hier Kirchenorte aus verschiedenen Ordnungen und Familien besprochen. In der Kirchgemeinde selbst spielen diese Arten und Unterarten natürlich keine Rolle. Aber Sie hatten ja gefragt, ob jemand den Überblick habe ... Ja, Kirchenrat und Kirchensynode haben vor fünf Jahren für den ganzen Kanton eine *Kirchliche Raumplanung* publiziert, aus der heute jede Frau und jeder Mann erkennen kann, wo es eine Hochzeitskirche gibt, wo ein Hospiz, wo eine Kulturkirche, eine *Pop-Ministry*, ein Brockenhaus usw.

GUT: Danke für den Hinweis. Wir müssen aber nun zum Ende kommen. Achim Kuhn, Sie haben das letzte Wort.

KUHN: Vor bald dreissig Jahren hatte ich mal ein Buchprojekt, an dem auch Luzi und Matthias beteiligt waren, Prominente halt *(grinsend)*, und im Vorwort schrieb ich als ersten Satz etwa so: *Versöhnung ist ein Schlüsselwort. Sie ist das, was unsere Welt heute braucht.* Gerade eben denke ich, das *Heute* von damals ist auch das *Heute* von heute. Die tiefgreifenden Veränderungen im Bereich des kirchlichen Lebens haben auch vieles zerrissen und viele verletzt. Auf einmal schien alles, was einer mit viel

Einsatz über Jahre geleistet hatte, falsch gewesen zu sein. Auf einmal musste man einen seit der Kindheit lieb gewordenen Ort verlassen oder mit anderen teilen. Auch diese Geschichten gehören zur blühenden Landschaft. Ja, *Versöhnung* soll das letzte Wort sein, auch hier und heute, *Versöhnung*.

DIE AUTORINNEN UND AUTOREN

ANDREAS DOEPFNER, Jahrgang 1945, war 34 Jahre Auslandredaktor der NZZ und ist nun als Buchschreiber tätig. Er hat zuletzt 2016 den Bildband «Souvenirs. Origens erste Jahre» über das wichtigste Bündner Kulturfestival publiziert. In den letzten Jahren erschienen überdies die regionale Spitex-Geschichte «Säule im Gesundheitswesen» sowie Texte über Max Frisch, Ingeborg Bachmann, Adolf Muschg am Zürichsee. Andreas Doepfner ist verheiratet, hat drei Töchter und sechs Enkel. Er lebt in Männedorf.

MARTIN GABATHULER, Jahrgang 1954, ist promovierter Historiker und Inhaber einer Einzelfirma für Beratung und Dienstleistung in den Bereich Information und Dokumentation und Geschichte. Er arbeitete über 25 Jahre in verschiedenen Funktionen an der Universität Zürich, und unterrichtete angehende Bibliothekare, Archivare und Dokumentalisten in Zürich und Chur. Als Mitglied der Baukommission für die Kirchenrenovation in Stäfa 2010/11 verfasste er einen Beitrag zur damaligen Festschrift. Seit 2015 ist er Mitglied der Bezirkskirchenpflege Meilen. Martin Gabathuler ist verheiratet, hat drei erwachsene Töchter und wohnt in Stäfa.

MONIKA ELISABETH GÖTTE, Jahrgang 1985, studierte Theologie in Zürich und promovierte 2016 im Neuen Testament. Seit 2011 ist sie Pfarrerin der evangelisch-reformierten Landeskirche des Kantons Zürich in Stäfa.

HERBERT GRAF, Jahrgang 1939, ist freiberuflicher Architekt. Er lebt in Männedorf und war dort auch während 20 Jahren im Gemeinderat. Seit etwa 15 Jahren schreibt er Kurzgeschichten, Erzählungen und Gedichte.

URSULA JOHANNA HARTMANN, Jahrgang 1935, ist ursprünglich aus Berlin. Sie kam 1961 wegen des Mauerbaus in die Schweiz. Ursula Johanna Hartmann hat zwei Töchter und drei Enkelkinder und lebt in Stäfa.

MATTHIAS KRIEG, Jahrgang 1955, studierte Evangelische Theologie, Neuere deutsche Literatur und Kunstgeschichte in Tübingen und Zürich. Er promovierte zweimal und habilitierte einmal, immer in Zürich. Seit 1988 arbeitet er für die Reformierte Kirche Zürich, bis 2015 als Leiter der Bildungsabteilung und seither als Theologischer Sekretär des Kirchenrats. Er publizierte allerlei, manches allein und vieles mit Teams, darunter auch den Doppelband «Lebenswelten» (TVZ, 2012), der inzwischen als Arbeitsinstrument bei der Modernisierung der Kirche dient. Matthias Krieg lebt in Männedorf.

ACHIM KUHN, Jahrgang 1963, ist seit 2014 evangelisch-reformierter Pfarrer in Männedorf. Er absolvierte Zusatzausbildungen in Fundraising und Leadership, PR/Kommunikation und Journalismus. Er ist Autor bzw. Herausgeber diverser Bücher: u. a. der drei Anthologien «Was der Mensch braucht» (TVZ, 2010), «Deadline» (TVZ, 2014) und «Kann ich damit leben?» (TVZ, 2017). Er schrieb zwei Musicals (zur Fussball-Euro [2008] und zum Reformationsjubiläum [2017]) sowie drei Kriminalromane mit gesellschaftspolitisch aktuellen Themen und ethisch-theologischer Ausrichtung

(2005/2010/2015). Achim Kuhn ist verheiratet und hat drei Söhne. www.achim-kuhn.ch

FELIX KUHN, Jahrgang 1998, studiert seit Sommer 2017, nach einem Zwischenjahr mit einem dreimonatigen Arbeitsaufenthalt in Hongkong mit der Mission21 und der Rekrutenschule als Sanitäter, Theologie an der Universität Zürich. Seit Februar 2017 ist er Mitglied der EVP, Delegierter des Bezirks Meilen im Kantonalvorstand Zürich und seit Frühling 2018 Mitglied beim Jugendparlament Zürich. Seit Juli 2018 ist er zuständig für das Ressort Ökumene und Mission in der Kirchenpflege in Uetikon am See, wo er auch wohnt.

UELI LUZ, Jahrgang 1938, ist emeritierter Professor für Neues Testament an der Universität Bern. Neueste Publikation: Das Neue Testament – Wer, Was, Wo für Einsteiger, unter Mitarbeit von Nicht-Theologinnen und Nicht-Theologen, (Patmos / TVZ, 2018) Ueli Luz wohnt in Laupen.

JASMIN MEIER, Jahrgang 1997, absolvierte 2016 für fünf Monate ein Praktikum in der reformierten Kirche Stäfa und ist nun in der Ausbildung zur Lehrperson. Jasmin Meier lebt in Uerikon am See.

ERNST MENET, Jahrgang 1948, war Lehrer für Philosophie und Deutsch an einem Gymnasium und daneben viele Jahre Kirchenpfleger in der Kirchgemeinde Neumünster. Jetzt engagiert er sich in Projekten mit Migranten. Er lebt in Stäfa.

DOROTHÉE MURIEL MÜLLER, Jahrgang 1949, dipl. Pflegefachfrau, ist seit 2013 pensioniert. Sie engagiert sie sich als Freiwillige in der Betreuung älterer Menschen im kirchlichen Projekt «Vabene». Dorothée Muriel Müller hat einen Stiefsohn und eine Enkelin. Sie lebt in Stäfa.

MAYA MURARO, Jahrgang 1960, war von 2010 bis 2018 in der Kirchenpflege Stäfa, Ressort Familien, Jugend und Kinder. Hauptberuflich ist sie tätig im Lichtregenbogen mit Bewusstseinsarbeit, Seelenarbeit, Vergebungsarbeit, Lichtarbeit. Seit ihrer Nahtoderfahrung bemüht sie sich, die dabei erlebte allumfassende Liebe, das erfahrene Licht, den tiefen Frieden und die grosse Freude auch im Leben auf Erden erfahren und weiterschenken zu dürfen. Maya Muraro hat drei Kinder und ein Enkelkind. Sie lebt in Stäfa.

WALTER ROHR, Jahrgang 1932, ist aufgewachsen in Schaffhausen und seit 1961 wohnhaft in Männedorf. Er ist verwitwet, hat zwei Söhne und lebt seit 2004 mit seiner neuen Partnerin in Uerikon am See.

RAPHAEL ROLL, Jahrgang 1982, arbeitet tagsüber in einem Stäfner Architekturbüro und zeichnet nachts leidenschaftlich gerne Bilder, die Geschichten erzählen (www.goodbook.ch). Er wohnt zusammen mit seiner Frau und drei Kindern in Uerikon.

MADELEINE STRUB-JACCOUD, Jahrgang 1946, ist Präsidentin des Trägervereins Boldern, pensionierte Direktorin von Mission 21 evangelisches Missionswerk Basel sowie ehemalige Kirchenpflegepräsidentin in Männedorf. Sie ist Mutter von zwei Söhnen und einer Tochter und Grossmutter von drei Enkelinnen und drei Enkeln. Sie lebt in Männedorf.

ERNST WERNER WIDMER-GÖSELI, 1937–2018, war gelernter Zimmermann, Pflegefachmann und Dozent für Psychiatrische Krankenpflege und Geschichte der Psychiatrie. Er war von 1982 bis 1994 Präsident der Kirchenpflege in Meilen. Ernst Werner Widmer-Göseli lebte bis zu seinem Tod am 9. November 2018 in Stäfa.

Die Texte zu «damals» (S. 12), «heute» (S. 110) und «morgen» (S. 194) stammen von Monika Elisabeth Götte, die Illustrationen dazu von Raphael Roll.